질문하시는 하나님

질문하시는 하나님

지은이 | 김경진
초판 발행 | 2025. 4. 16
등록번호 | 제1988-000080호
등록된 곳 | 서울특별시 용산구 서빙고로 65길 38
발행처 | 사단법인 두란노서원
영업부 | 2078-3333   FAX | 080-749-3705
출판부 | 2078-3331

책값은 뒤표지에 있습니다.
ISBN 978-89-531-5078-2 03230

독자의 의견을 기다립니다.
tpress@duranno.com   www.duranno.com

두란노서원은 바울 사도가 3차 전도여행 때 에베소에서 성령 받은 제자들을 따로 세워 하나님의 말씀으로 양육하던 장소입니다. 사도행전 19장 8-20절의 정신에 따라 첫째 목회자를 돕는 사역과 평신도를 훈련시키는 사역, 둘째 세계선교(TIM)와 문서선교(단행본·잡지) 사역, 셋째 예수문화 및 경배와 찬양 사역, 그리고 가정·상담 사역 등을 감당하고 있습니다. 1980년 12월 22일에 창립된 두란노서원은 주님 오실 때까지 이 사역들을 계속할 것입니다.

답을 찾는 이들에게

질문하시는
하나님

김경진 지음

두란노

차례

서문

티베트어로 '인간'은 '걷는 자' 혹은 '걸으면서 방황하는 존재'라는 의미입니다. 이 말은 인생이 순례의 여정임을 뜻합니다. 인간은 쉼 없이 걷는 자입니다. 끊임없이 걷고 있지만 그 목적지를 알지 못해 방황하고, 걷는 자신이 누구인지를 알지 못해 불안해하는 존재입니다. 방황하는 순례자라고 할 수 있을 것입니다. 그런 까닭에 필연적으로 인간은 '나는 누구인가? 나는 어디로 가고 있는가?'라는 근원적인 질문을 던질 수밖에 없습니다.

그러나 그리스도가 없는 '나'에 대한 탐구는 결국 '자아'라는 감옥에 자신을 가두게 마련입니다. 성경은 "진리가 너희를 자유롭게 하리라"(요 8:32)라고 말합니다. 그리고 그 진리가 예수 그리스도라고 증언합니다. 길이요, 진리이신 예수께 뿌리내릴 때야 비로소 인간은 불안이 소망으로 바뀌고, 더는 홀로 방황하는 자가 아닌, 주님이라는 동반자와 목적지에 도달할 수 있기 때문입니다. 주님께서도 제자들에게 물으셨습니다. "너희는 나를 누구라 하느냐"(마 16:15). 주님은 한 번도 "너는 누구냐?"라거나 "너, 어디로 가느냐?"라고 물으신 적이 없습니다. 오로지 "너는 나를 누구라 하느냐"라고 물으실 뿐입니다. 그리스도인은 바로 이 물음의 답을 찾아 나서는 자들입니다. 그러므로 우리는 '나는 누구인가'라는 질문에 자신을 가두지 않습니다. 한 걸음 더 나아가 이렇게 묻는 자들입니다. "나에게 그리스도는 누구이신가?"

나치 정권에 저항하다 투옥된 디트리히 본회퍼(Dietrich Bonhoeffer)는 그리스도인의 이 존재론적 물음에 자신을 던진 사람이었습니다. 사형장으로 끌려가는 마지막 걸음을 내디디면서도 그를 버티게 해 주었던 것은 '내가 누구에게 속해 있는가' 하는 본원적 되새김이었습니다. 그가 감옥에서 쓴 〈나는 누구인가〉라는 고결한 시에서도 그는 수없이 '나는 누구인가'를 되묻고 있으나, 마지막에는 단 하나의 고백만을 남깁니다.

나는 누구인가
이 고독한 물음이 나를 비웃는다
하지만 내가 누구이든, 신은 안다
내가 그의 것임을

감옥에 갇혀 있던 순간에도 그는 말했습니다.

중요한 것은 우리네 삶의 단편을 마주하여, 전체가 원래 어떻게 계획되었고, 어떤 재료로 만들어지는지를 고려하는 것이라고 보네.

_《옥중서신: 저항과 복종》(복있는사람)

그의 자기 인식은 '단편'이었습니다. 자신의 삶이 큰 작품의 '한 조각'일 뿐임을 알고 있었습니다. 주께서 그리시는 큰 그림에 일생을 맡겼고, "내가 그리스도를 만난다면 둘 중에 하나는 죽어야 한다. 내가 죽으면 그리스도가 살고, 내가 살면 그리스도가 죽는다"라는 결단으로 '그리스도께 속한 자'로서의 자기 정체성을 분명히 했습니다. 그렇기에 비록 인생의 장면 하나하나는 불완전하고 애달플 수 있어도, 주 앞에 이르는 날 "제가 여기서 당신의 보좌로 나아갑니다"라는 고백을 드릴 수 있다면, 그 단편조차 기쁨으로 받아들일 수 있노라 확신했습니다.

주님의 물음에 시몬 베드로도 고백했습니다. "주는 그리스도시요 살아 계신 하나님의 아들이시니이다"(마 16:16). 이 고백을 듣고 주님은 두 가지 중요한 말씀을 해 주셨습니다. 먼저는 시몬의 이름을 베드로로 바꿔 주시더니, 그 반석 위에 당신의 교회를 세우리라 약속하셨습니다. 또 당신이 예루살렘에 올라가 당할 십자가 수난을 예고해 주셨습니다. 예수를 '그리스도'로 고백한 자, 곧 '그리스도께 속한 자'가 어디에 있어야 하는지, 그 사명을 가르쳐 주신 것입니다. 베드로의 순례의 길은 그렇게 시작되었습니다. 때로 주께 올려 드린 고백이 무색할 정도로 넘어지고 실패하기도 했으나, 그는 다시 일어서서 걸어 나갔습니다. 뒷걸음쳐 물러선 적도 있었지만, 그에게 찾아와 손잡아 일으켜 주시는 주님의 은혜에 의지해 다시 그분의 뒤를 따라나섰습니다. 그 여정의 끝에 그가 남긴 것 역시, 오직 '그리스도'였습니다.

우리는 순례자입니다. 순례자는 질문하는 사람입니다. 단, 그리스도를 만난 순례자에게 수많은 질문은 효력을 잃어 갑니다. 공허한 모든 질문은 사라지고, 오직 하나의 질문만 남게 됩니다. 바로 "너희는 나를 누구라 하느냐?"라는 질문입니다. 이 물음에 베드로는 여물어 가는 자신의 삶으로 신앙을 고백했습니다. 주님은 이제 우리에게도 그 응답을 기대하며 물으십니다. "너는 나를 누구라 하느냐?" 이 숭고한 질문에 우리가 올려 드릴 수 있는 대답은 무엇이겠습니까? 주님 앞에 그리고 세상을 향하여 겸허히 자세를 낮춰 봅니다. 그리고 순종의 약속을 담지한 이 외침을 고백으로 올려 드릴 뿐입니다. "주여, 어디로 가시나이까"(Quo vadis, Domine?)?

흩어져 있던 설교를 한 권의 책으로 엮을 수 있도록 기획과 편집을 맡아 준 두란노서원에 진심 어린 감사를 전합니다. 무엇보다 이 혼란스러운 시대에도 믿음의 자리를 지키며 성실히 살아가고 있는 소망교회 모든 성도에게 깊이 감사드립니다. 부족한 글이지만 함께 믿음의 길을 걷고 있는 이들에게 작은 울림이 될 수 있기를 바라며, 또 주님이 가신 길을 뒤따라 일보씩 전진해 나가는 우리 모두가 되기를 바라는 마음으로 이 책을 세상에 내놓습니다. 이 책이 순례자로 이 땅에 보내어진 우리의 소명을 깨우는 작은 등불이 되기를 간절히 소망합니다.

2025년 4월

김경진

1부

그대,
누가 복을 주는가

①

'받은 복'을 누릴 때
'받을 복'이 임한다

정말 복 받은 인생인가

"나는 복 받은 사람이다!" 누가 이런 말을 할 수 있을까요? 당신은 스스로 복 받은 사람이라고 생각하며 살아가고 있습니까? 갑자기 궁금했습니다. 그래서 최근에 이런 말을 한 사람이 있을까 싶어 인터넷을 검색해 보았습니다. 몇 개의 기사가 올라와 있었습니다. 그중 2024년 9월 12일자 기사에 방탄소년단(BTS) 멤버인 RM(본명 김남준)이 그의 나이 29세가 되는 날에 "이 얼마나 복 받은 생인가요"라며 생일을 맞은 심경을 전했습니다. 자신의 예술성을 프로그램에서든, 인터뷰에서든, 춤으로든 뭐가 되었든지 남김없이 발휘할 수 있으니 얼마나 값진 인생이겠습니까. BTS 정도 되면 "복 받은 사람이다"라고 말할 수 있을 것 같습니다.

소녀시대 최수영 양이 가진 팬 미팅이 9월 11일자 신문에 기사화되기도 했습니다. 기사는 "팬들을 만날 때마다 늘 설렌다"라는 말과 함께 "나는 복 받은 사람입니다"라고 이야기하는 그녀의 심경을 밝히고 있었습니다. 정말 그럴 만도 하다는 생각이 듭니다. 얼마나 아름답고 젊습니까. 재능은 또 얼마나 출중합니까. 팬들의 사랑까지 듬뿍 받고 있으니 "복 받은 사람이다"라는 말이 절로 나올 것 같습니다.

이처럼 우리 주변에는 부러운 인생이 참 많습니다. 돈이 많은 사람을 보면서 우리는 "복 받았구나"라고 말하곤 합니다. 건강한 사람이나 단란하고 행복한 가정을 꾸리는 사람을 보면서도 '복 받은 인생이네' 하고 생각합니다. 훌륭한 자리, 높은 자리에 오른 사람을 보면서도 그렇습니다. 자녀들이 잘되는 사람, 아무리 먹어도 살이 안 찌는 사람을 보면서도 우리는 같은 생각을 합니다. 당신은 어떻습니까? 당신은 복 받은 사람입니까?

그런데 '복 받았다'라는 말을 사용할 때 혹은 그런 마음이 들 때, 곰곰이 살펴보면 우리가 생각하는 '복'이 상당히 일시적이라는 사실을 깨닫게 됩니다. 예를 들어, 건강한 사람에게 "복 받았다"라고 말할 수 있지 않습니까? 건강은 복입니다. 그러나 어느 순간 병이 찾아오거나 뜻하지 않게 사고를 당하면, 건강이라는 복이 사라지는 경험을 하게 됩니다. 단란한 가정을 꾸리고 행복하게 살다가도 여러 문제로 가정이 파탄 나면, 그 복 역시 사라지는 것을 보게 됩니다.

인기를 누리는 연예인 역시 마찬가지입니다. 팬들로부터 사랑을 많이 받아 '복 받은 사람이다'라고 생각하며 기쁨을 누리지만, 시간이 지나면서 존재감이 사라지고 잊히다 보면 그동안 누렸던 복이 지나가는 것이었음을 실감하게 됩니다. 우리가 붙잡고 있는 복이 사실은 영원하지가 않습니다.

주위 어르신들을 보면서 이런 생각을 부쩍 하곤 합니다. 어르신들이 연세가 들면서 24시간 돌봄이 필요한 경우를 종종 보게 됩니다. 한 분, 한 분 복 받은 분으로서 멋지게 살아오셨는데, 연로해지면서 어려운 시간을 보내시는 현실을 보니 '과연 복 받았다고 말할 수 있을까' 하는 생각이 듭니다. 그러면서 인생의 현주소를 다시 생각하게 됩니다. 그러니 인생을 긴 안목에서 보면, 때로는 복 받은 것 같은 시간을 보내다가도 우리는 결국 노쇠해지거나 병에 걸립니다. 죽음을 피할 수 없게 되는 것입니다. 이것이 우리의 인생길이기도 합니다.

성경은 누구를 복 받은 자라 하는가

그렇다면 성경은 복에 대해서 어떻게 말하고 있을까요? 개역개정 성경을 기준으로 '복이 있도다'라고 검색해 보니 스물일곱 개의 성경 구절이 확인되었습니다. 첫 번째가 본문 말씀인 시편 2편입니다. 그 외에 검색된 말씀을 정리하면서 크게 두 가지를 알 수 있었습니다. 먼저 "복이 있도다"라는 말씀 중 절반 정도는 세상을 살아가면서 누리는 복에 관한 것이었습니다. 또한 나머지 절반은 이 세상 너머에 있는 복에 관한 말씀이었습니다. 다시 말해서, 성경은 죽음 이후에 우리가 누리게 될 복이 있다고 분명하게 이야기한다는 것입니다. 이 대목에서 세상에서의 복뿐만 아니라 세상 너머의 복을 말하는 성경이야말로 참 진리라는 생각을 했습니다.

성경은 복과 관련해 몇 가지 사실을 전제합니다. 첫째로, 복을 주시는 분이 우리 하나님이라는 것입니다. '하나님으로부터 복이 온다'는 것은 성경이 우리에게 말하는 매우 중요한 내용입니다. 둘째로, 복을 받아 누리는 인간은 유한한 삶을 사는 피조물이라는 것입니다. 인간은 반드시 죽는다는 뜻입니다. 세상에서 누리는 복은 영원하지 않다는 말이기도 합니다. 셋째로, 죽음 이후에 또 다른 세계가 있는데, 하나님이 예비하신 영원한 나라라는 것입니다.

복과 관련해 자주 사용하는 표현 중에 '경외'라는 단어가 있습니다. 먼저, 시편 112편입니다. "할렐루야, 여호와를 경외하며 그의 계명을 크게 즐거워하는 자는 복이 있도다 그의 후손이 땅에서 강성함이여 정직한 자들의 후손에게 복이 있으리로다 부와 재물이 그의 집에 있음이여 그의 공의가 영구히 서 있으리로다"(시 112:1-3). 이 말씀은 부, 재물, 강성함, 후손이 번성하는 등 세상에서 누리는 복과 관련한 내용입니다. 하나님을 경외하는 자, 그분의 말씀을 따라가는 자들이 그 복을 누리게 된다고 말합니다.

또한 시편 128편 1-2절은 "여호와를 경외하며 그의 길을 걷는 자마다 복이 있도다 네가 네 손이 수고한 대로 먹을 것이라 네가 복되고 형통하리로다"라고 합니다. 하나님을 경외하고 그분의 길을 따라 살아가는 사람은 복되고 형통합니다. 그러므로 이 세상에서 복 받은 사람은 바로 하나님을 경외하는 사람입니다. 저는 이 말씀을 "하나님의 존재를 인정하고 인식하는 사람이 복을 받는다"라는 표현으로 바꾸어 보고 싶습니다. 다시 말해서, "살아가는 동안에 하나님의 살아 계심을 알고 그분을 의지하며 간구하는 자가 복을 누린다"는 것입니다. 성경은 그런 사람의 후손이 강성하게 되고, 부와 재물을 누리며, 손이 수고한 대로 먹고 마시게 될 것이라고 말합니다.

이 말씀을 시편 34편 9절에서는 이렇게 표현합니다. "너희 성도들아 여호와를 경외하라 그를 경외하는 자에게는 부족함이 없도다." 사는 동안 하나님을 의지하고, 경외하며 그분을 의식하는 사람에게는 부족함이 없습니다. 그들이 이 땅에서 살아가는 동안에 하나님이 때를 따라 먹이십니다.

어떤 사람은 이런 생각을 할지도 모릅니다. '하나님을 믿지 않는 사람 중에도 부자나 잘되는 사람이 많은데, 꼭 하나님을 믿어야만 부유해지고 잘살 수 있는가?' 인생을 살면서 이런 생각을 한 번쯤은 해 보았을 것입니다. 옆에 잘되는 사람이 있는데, 그 사람이 거짓말하고 속이면서 승진하고 움켜쥐는 것을 보면 어떤 마음이 듭니까? '참 부럽다. 나도 저 사람처럼 복 받고 싶다'라는 생각이 듭니까? 아닐 것입니다. '불안하다. 저러다 큰일을 당할 텐데' 하고 걱정이 될 것입니다. 표면적으로는 잘 사는 것처럼 보이지만 사실은 염려가 더 클 뿐입니다. 그러니 형상의 문제가 아니라 복의 근원이 굉장히 중요합니다.

스스로의 힘으로 복을 누리고자 하는 사람이 있습니다. 자신이 가진 지혜와 능력으로 돈을 벌며 높은 지위까지 올라가려는 사람이 많습니다. 물론 그에 합당한 능력이 있기에 부도 창출할 수 있습니다. 그러나 성경은 그 부유함이 하나님으로부터 흘러나오는 것인지를 묻고 있습니다. 하나님으로부터 오는 복이 참된 복이라는 사실을 기억해야 합니다.

죽음 너머 예비된 영원한 복을 소망하라

그렇다면 세상 너머의 복은 어떤 복일까요? 성경은 우리에게 늘 끝이 있다고 말합니다. 우리의 운명이 이렇게 표현되어 있습니다. "귀인들을 의지하지 말며 도울 힘이 없는 인생도 의지하지 말지니 그의 호흡이 끊어지면 흙으로 돌아가서 그날에 그의 생각이 소멸하리로다 야곱의 하나님을 자기의 도움으로 삼으며 여호와 자기 하나님에게 자기의 소망을 두는 자는 복이 있도다"(시 146:3-5).

참으로 놀라운 말씀입니다. 인생은 결국 흙으로 돌아간다고 합니다. 그렇다면 우리에게는 절망만 남아 있습니까? 성경은 하나님께 소망을 두는 자에게 또 다른 길이 열린다고 말합니다. 물론 죽어서 흙으로 돌아간 다음에 어떤 일이 일어날지 우리의 상상만으로는 다 알 수 없습니다. 다만 히브리서 9장 27절은 "한 번 죽는 것은 사람에게 정해진 것이요 그 후에는 심판이 있으리니"라고 말합니다. 즉, 죽음 이후에는 하나님의 심판이 있습니다. 그렇다면 우리가 하나님의 심판 앞에 설 때 온전한 모습일까요? 모든 것을 아시는 하나님 앞에서 우리는 과연 옳게 보일 수 있겠습니까? 이것이 사실 우리에게는 두려움이기도 합니다.

그런데 시편 32편은 한 가지 희망의 소식을 전해 줍니다. "허물의 사함을 받고 자신의 죄가 가려진 자가 복이 있도다 마음에 간사함이 없고 여호와께 정죄를 당하지 아니하는 자는 복이 있도다"(시 32:1-2). 죄가 없는 사람이 복이 있다고 하지 않습니다. 당연히 죄 없는 사람은 없습니다. 불가능합니다. 대신에 성경은 죄가 '가려진' 자가 복이 있다고 말합니다.

죄가 가려진 사람은 어떻게 됩니까? 요한계시록 19장을 보십시오. "천사가 내게 말하기를 기록하라 어린양의 혼인 잔치에 청함을 받은 자들은 복이 있도다 하고"(계 19:9). 죄가 있음에도 불구하고 죄가 가려진 사람은 하나님 나라에 들어갈 수 있다는 것입니다. 그는 어린양의 혼인 잔치에 들어가 주님 곁에 영원히 거합니다.

또한 요한계시록 14장은 이렇게 말합니다. "또 내가 들으니 하늘에서 음성이 나서 이르되 기록하라 지금 이후로 주 안에서 죽는 자들은 복이 있도다 하시매 성령이 이르시되 그러하다 그들이 수고를 그치고 쉬리니 이는 그들의 행한 일이 따름이라 하시더라"(계 14:13). 세상적으로 본다면 죽음은 끝이며 파멸이고 허무입니다. 그러나 성경은 죽음 이후의 일을 분명히 보여 주며, 그리스도 안에서 죽는 자들은 복이 있다고 말합니다. 그리스도 안에서 죽는 자는 곧 죄가 가려진 자이고, 어린양의 혼인 잔치에 들어가는 복을 받은 자입니다. 그러므로 주 안에서 죽는 자들은 복이 있습니다.

병약한 사람들, 죽음을 앞에 둔 사람들, 나이가 들어 얼마 남지 않은 생을 하루하루 살아가는 사람들이 바라는 희망이 무엇이겠습니까? 육체가 소멸되는 날에 다시 열리는 새 길, 바로 하나님 나라가 아니겠습니까? 이것이 마지막 희망이 되지 않겠습니까? 이 믿음을 가진 자, 곧 우리의 모든 죄를 대속하기 위해 피 흘려 죽으시고 부활하신 예수 그리스도를 믿는 자는 죄 사함의 은혜를 받고 하나님이 예비하신 영원한 나라에 들어가는 복을 얻습니다.

그러므로 시편 2편 기자의 고백을 들어 보십시오. "그런즉 군왕들아 너희는 지혜를 얻으며 세상의 재판관들아 너희는 교훈을 받을지어다 여호와를 경외함으로 섬기고 떨며 즐거워할지어다 그의 아들에게 입 맞추라 그렇지 아니하면 진노하심으로 너희가 길에서 망하리니 그의 진노가 급하심이라 여호와께 피하는 모든 사람은 다 복이 있도다"(시 2:10-12). 이 땅에서 많은 것을 가지고 누리는 것처럼 보이는 사람들을 향해 교훈을 받으라고 합니다. "그 모든 것은 결국 끝이 나겠지만, 하나님을 경외하며 그분께로 향하는 자에게는 생명의 길이 열린다"라는 말입니다.

여기서 '그의 아들'은 예수 그리스도를 의미합니다. 즉 그리스도의 보혈을 힘입어 주님께로 나아가는 자는 심판을 면하겠지만, 그렇지 않은 자는 진노 가운데 망할 것입니다. 그러므로 여호와께 피하는 자가 복 받은 사람입니다.

예수 안에서 죽고 사는 자가 누리는 영원한 복

예수님은 이 땅에 오셔서 주옥같은 말씀을 전해 주셨습니다. "누구든지 나로 말미암아 실족하지 아니하는 자는 복이 있도다"(마 11:6). 예수 그리스도를 붙잡는 우리야말로 복된 자들입니다.

미국에서 목회할 때입니다. 예배 때마다 교회에 오기는 하지만 예배당 안으로는 들어오지 않는 분이 있었습니다. 그분이 교회에 오는 이유는 아내와 자녀들을 예배당에 들여보내고 기다렸다가 예배가 끝나면 데리고 가기 위해서였습니다. 그분은 미국에서 매우 유명한 석학으로, 국가가 안전을 보호해 줄 만큼 위대한 핵물리학자였습니다. 그러다 어느 날부터인가 그분이 예배당 안으로 들어오기 시작했습니다. 그러면서 그분의 마음 안에 믿음이 생기고 그것이 조금씩 자라기 시작했습니다. 그런데 얼마 되지 않아서 그만 큰일이 생겼습니다. 암 선고를 받게 된 것입니다. 이제 막 예수를 믿기 시작했는데 암에 걸렸으니 실망하고 다시 돌아갈까 염려가 되었습니다. 그래서 많은 교우와 함께 그분을 위해 기도하기 시작했습니다. 그러나 1년여의 투병 끝에 그분은 세상을 떠났습니다.

그분이 세상을 떠나기 전에 한 말이 제 마음에 오랫동안 남아 있습니다. "나는 수지맞은 인생입니다. 내가 이 땅에 태어나서 인류를 위해 큰일을 할 수 있었으니 참 감사하고, 사랑스러운 아내를 만났으니 참 감사하고, 귀한 자녀를 얻고 그들의 미래를 축복할 수 있었으니 참 감사합니다. 그리고 무엇보다 죽음 뒤에 갈 곳을 알게 되었으니 저는 정말로 복 받은 사람입니다." 아마도 주님 곁에서 평안히 안식하고 있으리라 생각됩니다.

장례식장에서 입관 예배를 드릴 때입니다. 입관 예배는 고인을 마지막으로 보는 가장 엄숙하면서도 슬픈 시간입니다. 입관 예배를 마무리하는

데 한 분이 노래를 부르고 싶다고 했습니다. 입관 예배 중에 노래를 부른다는 것이 참 쉽지 않은데, 그래도 부르겠다고 하니 불러 보라고 말씀드렸습니다. 그러자 그분이 나운영 씨의 〈시편 23편〉을 부르기 시작했습니다. 관이 놓인 자리에서 울려 퍼지는 〈시편 23편〉의 가사가 제 마음에 확 들어왔습니다. '진실로 선함과 인자하심이 나의 사는 날까지 나를 따르리니… 영원토록…. 그렇다, 정말 그렇다' 하는 마음으로 환송을 했던 기억이 납니다.

기독교는 죽음 앞에서도 영원하신 주님을 노래하며, 죽음 뒤에 예비된 영생을 믿는 종교입니다. 그리스도인 중 어떤 사람은 "나는 참 복이 없습니다"라고 말할지 모르지만, 예수 그리스도를 믿는 믿음을 가진 것만으로도 이미 복 받은 사람입니다. 이 세상을 넘어 하나님 나라에 이르는 영생의 복을 받은 사람입니다. 이 믿음으로 힘차게 살아갑시다.

질문과 나눔

1. 당신이 생각하는 '복'은 무엇입니까? '복을 받는다'라고 할 때 가장 먼저 떠오르는 이미지는 무엇입니까?

2. 성경은 어떤 사람이 복을 받는다고 이야기합니까? 복에 대한 당신의 생각과 성경의 말씀은 어떻게 다릅니까?

3. 성경이 말하는 복을 받기 위해서는 어떤 노력이 필요합니까?

하늘의 복은
땅에서 사랑으로 이어진다

에베소서의 마지막 말씀입니다. "우리 주 예수 그리스도를 변함 없이 사랑하는 모든 자에게 은혜가 있을지어다"(엡 6:24). 바울의 간절한 소망과 동시에 편지를 읽는 사람들을 향한 따뜻한 마음이 풍깁니다. 이 말씀을 읽을 때 어떤 느낌이 듭니까? 이 말씀이 어떤 마음으로 읽힙니까? 이 말씀은 언뜻 이렇게 이해될 수 있습니다. "그리스도를 변함없이 사랑하는 모든 자에게 복이 있을지어다." '은혜가 있다'는 말을 '복이 있다'는 말로 바꾸어서 해석할 수 있지 않을까 싶습니다. 한편으로는 이런 의미도 있지 않을까 생각합니다. "그리스도를 변함없이 사랑하는 사람은 고통당하지 않을 것이다. 또한 그는 자녀의 복을 받고 후손이 잘될 것이다. 사업은 번창하고 하는 일에서 성공할 것이다."

물론 우리는 하나님의 돌보아 주시는 은혜, 인생의 굽이굽이마다 함께 하시고 공급해 주시는 은혜를 경험하며 살아갑니다. 이런 관점에서 이해한다면 신앙에 동기 부여가 되는 것도 사실입니다. 그러나 적어도 에베소서의 흐름을 놓고 본다면 적절하지 않은 해석일 수 있기에, 이 장에서는 에베소서의 마지막 구절이 의미하는 바를 살펴보고자 합니다.

사도 바울에게 '은혜', '평강'은 매우 중요한 단어입니다. 그의 모든 서신서 앞부분에 '하나님의 은혜', '하나님의 평안'이라는 표현이 나올 만큼 자주 사용한 단어들입니다. 여기서 '은혜'에 해당하는 헬라어는 '카리스'(χάρις, charis)인데, 에베소서에서 무려 12회나 나옵니다(엡 1:2, 6, 7, 2:5, 7, 8, 3:2, 7, 8, 4:7, 29, 6:24). 그리고 '평안', '평강'은 헬라어로 '에이레네'(εἰρήνη, eirēnē)인데, 에베소서에서 8회에 걸쳐 등장합니다.

에베소서는 이렇게 시작합니다. "하나님의 뜻으로 말미암아 그리스도 예수의 사도 된 바울은 에베소에 있는 성도들과 그리스도 예수 안에 있는 신실한 자들에게 편지하노니 하나님 우리 아버지와 주 예수 그리스도로부터 은혜와 평강이 너희에게 있을지어다"(엡 1:1-2). 그리고 마지막에 가서 '은혜', '평안'이라는 단어가 또다시 나옵니다.

은혜와 평강, 그 후에는 하나님의 부르심

그렇다면 바울 사도가 에베소서를 비롯한 그의 모든 서신에서 말하고 있는 '하나님의 은혜'란 무엇을 의미할까요? 또한 '하나님의 평강 혹은 평안'이라는 단어는 어떤 의미로 사용되었을까요? 이를 알기 위해서는 단어의 용례를 살펴볼 필요가 있습니다.

먼저, 에베소서 1장 6절에서 바울은 "우리에게 거저 주시는 바 그의 은혜"라고 말합니다. 은혜는 거저 받는 것이요, 하나님이 우리에게 값없이 베풀어 주시는 것이라는 의미입니다. 이어지는 7절은 하나님이 거저 주신 은혜가 무엇인지를 설명합니다. "그의 은혜의 풍성함을 따라 그의 피로 말미암아 속량 곧 죄 사함을 받았느니라." 즉 하나님이 주시는 은혜의 첫 번째 차원은 죄 사함의 은총입니다. 이 말씀은 이후 2장 8절에서 다음과 같이 표현됩니다. "너희는 그 은혜에 의하여 믿음으로 말미암아 구원을 받았으니 이것은 너희에게서 난 것이 아니요 하나님의 선물이라." 여기서 우리는 바울이 말하는 은혜의 의미를 확인할 수 있습니다. 그것은 바로 우리를 구원해 주시는 하나님의 은혜, 곧 우리를 구속하고 살리시는 은혜입니다. 그리고 이 은혜가 우리에게 선물로서 거저 주어졌다는 것입니다.

사도 바울은 에베소서 3장에서 하나님의 은혜에 관한 또 다른 차원으로 나아갑니다. "내게 주신 하나님의 은혜의 선물을 따라 내가 일꾼이 되었노라"(엡 3:7). 바울은 자신에게 사명을 주신 것이 하나님의 은혜라고 말합니다. 사도의 직분을 감당하도록 부르신 하나님의 은혜를 이야기합니다. 이방인을 선교하도록 불러 주신 것이 곧 하나님의 은혜라는 것입니다. 한 걸음 더 나아가, 바울은 하나님이 자신뿐만 아니라 모든 사람에게 사명의 은혜를 주셨다고 말합니다. "우리 각 사람에게 그리스도의 선물의 분량대로 은혜를 주셨나니"(엡 4:7). 사도 바울의 고백에 따르면, 하나님은 우리 각 사람에게 은혜를 주어 당신을 섬기도록 부르셨다는 것입니다. 그러므로 에베소서를 통해 살펴볼 수 있는 은혜의 차원은 첫째, 하나님이 우리를 구원해 주셨다는 것이고, 둘째, 하나님이 각 사람에게 사명을 주어 일할 수 있도록 부르셨다는 사실입니다.

그렇다면 바울 사도는 서신서마다 "은혜가 너희에게 있을지어다"라는 표현을 사용하는데, 그 의미가 무엇일까요? 구원의 능력이나 역사가 점점 늘어나고 분명해진다는 뜻일까요? 하나님이 각 사람에게 주시는 사명이 많아진다는 의미일까요? 저는 이 말씀이 "우리를 구원하신 하나님의 은혜의 감격이 너희 안에 늘 살아 있기를 원한다", "나는 너희가 하나님이 맡겨 주신 사명에 충실한 사람으로 살아가기를 원한다"라는 의미로 들립니다. 즉 "은혜가 너희에게 있을지어다"라는 말씀은 은혜가 부족하므로 더 많은 은혜가 필요하다는 뜻이 아니라, 하나님이 주시는 은혜가 우리 안에 늘 살아나고, 생동력 있고, 궁극적으로는 감사로 이어지기를 바란다는 의미입니다. 이것이 에베소 성도들을 향한 사도 바울의 부탁이기도 합니다.

흥미롭게도 바울은 사명에 은혜와 평강, 평안이라는 단어를 자연스럽게 연결시킵니다. 에베소서에서 말하는 평강, 평안은 헬라어로 '에이레네'입니다. 여기서 평안은 개별적인 마음의 감정 상태를 가리키기보다는 관계적인 측면을 강조합니다. 즉 '화평케 함', '평안의 매는 줄' 등으로 표현되면서 하나님이 아들을 통하여 이루신 사역과 주로 연결됩니다.

에베소서 2장 14절과 17절을 보십시오. "그는 우리의 화평이신지라 둘로 하나를 만드사 원수 된 것 곧 중간에 막힌 담을 자기 육체로 허시고 … 또 오셔서 먼 데 있는 너희에게 평안을 전하시고 가까운 데 있는 자들에게 평안을 전하셨으니." 이 말씀에 '에이레네', 곧 평안이라는 단어가 3회 등장합니다. 다시 말해, 하나님과 인간 사이에 가로막힌 모든 담을 헐고 하나 되게 하는 일이 화평이라는 것입니다.

평안의 복음은 우리의 사역으로 이어집니다. "평안의 매는 줄로 성령이 하나 되게 하신 것을 힘써 지키라"(엡 4:3). 하나님과 화평케 된 우리는 사명을 받는데, 우리 또한 평안을 만드는 일을 해야 한다는 것입니다.

정리하면, 우리 모두는 하나님의 은혜로 구원을 받았습니다. 구원을 통하여 하나님과 우리 사이에 막힌 담이 헐리고, 그 결과 우리는 참된 평강과 평안을 얻었습니다. 평안을 누리게 된 우리는 새로운 사명으로 부르시는 하나님의 은혜를 경험합니다. 그 사명은 '세상에 나가서 평안을 만드는 일', 즉 주님이 행하셨듯이 막힌 담을 허무는 일입니다. 그러므로 사도 바울이 말한 "은혜와 평강이 너희에게 있을지어다"라는 말씀에는 매우 깊은 의미가 담겨 있다고 할 수 있습니다.

은혜와 평강에 사랑이 더해져야 한다

그렇다면 우리는 어떻게 은혜와 평강을 누릴 수 있을까요? 당신은 정말 은혜와 평강을 누리며 살고 있습니까? 에베소서 마지막 구절이 한 가지 단서를 전해 줍니다. 평안과 은혜 사이에 들어 있는 새로운 단어인 '사랑'입니다. "믿음을 겸한 사랑"(엡 6:23), "변함없이 사랑하는 모든 자"(엡 6:24)라고 표현하고 있습니다. '믿음을 겸한 사랑'이 사랑의 출처를 의미한다면, '변함없이 사랑하는 모든 자'는 사랑의 질적인 측면을 다룹니다. 다시 말해, 하나님의 은혜와 평안을 어떤 사람들이 누릴 수 있는지를 알려 주는 것입니다. 누가 은혜를 누릴 수 있습니까? 누가 평안을 누릴 수 있습니까? 하나님을 사랑하는 사람들! 바로 그들이 구원에 감격하여 사명을 감사함으로 받고 누린다는 의미입니다.

그러므로 사랑이 중요합니다. 우리가 일할 때도, 사명을 감당할 때도, 신앙생활을 할 때도 그렇습니다. 하나님을 사랑하면 하나님이 주시는 은혜와 맡겨 주신 사명이 너무나도 귀하고 감사하게 느껴집니다. 그 가치가 크게 느껴질 수밖에 없습니다. 그러나 사랑하지 않으면 모든 것은 가치가 없어집니다.

그래서 주님은 디베랴 호숫가에서 세 번이나 당신을 부인했던 베드로를 만났을 때 사랑에 대해 물으셨습니다. "네가 나를 사랑하느냐?" 세 번 물으셨습니다. "네가 지금 나를 믿겠느냐?"라고 묻지 않으셨습니다. 부활한 당신의 몸을 보여 주면서 "이제는 믿을 만하지 않으냐? 이 정도면 부활의 소망을 가질 수 있지 않겠느냐?"라고 묻지도 않으셨습니다. 단 한 가지, "네가 나를 사랑하느냐?"라고 물으셨습니다. 그리고 질문에 대답하는 베드로를 향해서 "내 양을 먹이라", "내 양을 치라" 말씀하시며 사명의 은혜를 내려 주셨습니다.

사랑이 없다면 하나님의 은혜와 평안은 살아 있는 것으로 체험되기 어렵습니다. 하나님의 은혜를 받은 사람이 가져야 할 덕목이 있다면 바로 사랑입니다. 구원의 은혜를 누리는 사람이 가져야 하는 가장 중요한 덕목은 사랑입니다. 구속의 은혜를 받았기 때문에 하나님을 사랑하는 것입니다. 하나님의 사역을 감당하기 위해서 하나님을 사랑해야 합니다. 사랑이 사명을 감당하게 합니다. 사랑이 없이는 사명을 감당할 수 없습니다.

변함없는 사랑, 변함없는 은혜

본문 마지막 절인 "우리 주 예수 그리스도를 변함없이 사랑하는 모든 자에게 은혜가 있을지어다"(엡 6:24), 이 말씀을 읽으면서 어떤 마음이 듭니까? 조금 부담스럽지는 않습니까? '변함없이 사랑하는'이라는 표현이 제법 무게감을 줍니다. 과연 우리는 변함없이 주님을 사랑할 수 있을까요? 이 말씀을 자칫 이렇게 오해할 수도 있습니다. "변함없이 사랑하는 사람만이 하나님의 은혜를 누릴 수 있다. 변함없이 사랑하지 못하는 사람은 하나님의 은혜를 누릴 수 없다." 여러 이단이 이런 방식으로 우리의 약점을 공략하기도 합니다.

사실 우리는 변함없이 주님을 사랑하기가 어렵습니다. 베드로가 그러했습니다. 베드로처럼 예수님을 가까이에서 모시면서 사랑한 사람이 있습니까? 그는 정말 예수님을 사랑했습니다. 예수님이 수난당할 미래를 말씀하셨을 때 "그런 일은 절대로 일어날 수 없습니다" 하고 강력하게 항의하다가 도리어 책망을 받은 일도 있었습니다. 주님이 겟세마네 동산에서 기도하실 때, 예수님을 잡으러 온 사람 가운데 한 사람의 귀를 베어 낸 자도 베드로가 아니었습니까. 베드로는 예수님을 정말로 사랑했지만, 끝까지 변함없이 예수님을 사랑하는 일에는 실패했습니다. 하물며 우리이겠습니까.

부활하신 주님이 디베랴 호숫가에 있는 베드로를 찾아가 질문하신 말씀을 헬라어로 보면 조금 의미심장합니다. 주님이 물으십니다. "네가 나를 사랑(아가페, 무조건적인 사랑, 신적 사랑 등)하느냐?" 그때 베드로는 "아가페의 사랑으로 사랑합니다"라고 감히 말하지 못하고 "필로스(일반적인 사랑, 우정 등)의 사랑으로 사랑합니다"라고 대답합니다. 아마 자신의 한계를 느꼈을 것입니다. 자신의 일관되지 못한, 변함없이 사랑하지 못한 모습을 생각했을 것입니다.

예수님이 다시 "너는 나를 아가페 사랑으로 사랑할 수 있겠느냐?"라고 물으셨을 때, 여전히 그는 필로스의 사랑으로 사랑한다고 말할 수밖에 없었습니다. 그러자 예수님은 "필로스의 사랑으로 사랑할 수 있겠느냐?"라고 물으셨고, 그때 베드로는 "필로스의 사랑으로 사랑합니다"라고 대답했습니다. 사랑의 깊이, 사랑의 지속성에 대해 자신이 없었던 베드로의 모습을 표현한 말이라고 할 수 있습니다.

그렇다면 바울이 에베소서에 기록한 마지막 말, "우리 주 예수 그리스도를 변함없이 사랑하는 모든 자에게 은혜가 있을지어다"(엡 6:24)라는 말씀은 무슨 의미입니까? 이 말씀은 변함없이 사랑하지 못하면 은혜가 없다는 것이 아닙니다. 도리어 "은혜받은 자로서 변함없이 사랑하기를 노력하라"라는 격려의 말씀으로 받아들여야 할 것입니다.

물론 변함없이 사랑하는 일은 어렵습니다. 그러나 주님은 끝까지, 변함없이 당신을 사랑하겠다는 결단을 하며 나아오기를 원하십니다. 이러한 마음가짐으로 구속의 은혜를 찬양하고 맡겨 주신 사명을 잘 감당하는 것이 그리스도인으로서 우리가 마땅히 해야 할 일입니다.

여기서 한 가지, 이 말씀을 다르게 볼 가능성이 있습니다. 원어의 어순을 따라 번역하면 다음과 같습니다. "은혜가 우리 주 예수 그리스도를 사랑하는 모든 이들에게 변함없이." 즉 '변함없이'(ἐν ἀφθαρσίᾳ, en aphtharsia)라는 단어가 무엇을 수식하느냐에 따라 다르게 해석될 수 있습니다. 일반적으로 우리가 읽는 개역개정 성경은 '변함없이'가 '사랑'을 수식하는 형태로 번역되어 있습니다. '변함없이 그리스도를 사랑하는 사람'이라는 것입니다. 그러나 '변함없이'를 '은혜'와 연결해서 해석할 수도 있습니다. 독일어 관주성경은 이러한 해석의 가능성을 열어 줍니다. "변함없는 하나님의 은혜가 우리 주 예수 그리스도를 사랑하는 모든 사람에게 내리기를 빕니다"라는 뜻입니다. NLT(New Living Translation) 성경이 이러한 해석을 따릅니다. "하나님의 은혜가 영원히, 주 예수 그리스도를 사랑하는 모든 사람에게 임하기를 빕니다." 개인적으로는 이 해석이 저에게 조금 더 와닿습니다. 제가 부족하기 때문에, 제가 끝까지 사랑할 수 없을 것 같기 때문입니다. 물론 하나님을 변함없이 사랑하려고 나름대로 노력하겠지만, 혹시 그렇지 못할 때라도 변함없는 하나님의 은혜가 감싸 주기를 원합니다. 그래서 저는 이것이 보다 바울다운 해석이 아닐까 생각합니다.

요한복음 13장 1절은 마지막 공생애를 보내시는 예수님이 "세상에 있는 자기 사람들을 사랑하시되 끝까지 사랑하시니라"라고 증언합니다. 마지막까지, 끝까지 사랑하시는 것이 바로 하나님의 모습입니다. 비록 우리가 주님처럼 끝까지 사랑할 수 있는 존재는 아니지만, 변함없이 사랑하겠다는 마음을 가지고 주님 앞으로 나아가는 것은 매우 큰 의미가 있을 것입니다. 우리가 쓰러지고 넘어질 때라도 변함없는 하나님의 은혜가 우리와 함께해 줄 것을 믿습니다.

그러므로 사랑합시다. 하나님을 향한 사랑으로 구원의 감격을 누립시다. 또 이 사랑으로 우리에게 맡겨 주신 사명을 잘 감당합시다. "우리 주 예수 그리스도를 변함없이 사랑하는 모든 자에게 은혜가 있을지어다"(엡 6:24).

질문과 나눔

1. '은혜'란 무엇입니까? 이것을 당신의 말로 표현해 보십시오.

2. 사도 바울은 에베소서에서 은혜와 평강을 어떻게 설명합니까?

3. 은혜와 평강을 살아 있는 것으로 체험하기 위해서는 사랑이 필요하다고 했습니다. 왜 그런지 그 이유를 설명해 보십시오.

3

믿음의 깊이는
받은 복과 비례한다

● 주님의 일은 누가, 어떻게 해야 하는가

약 25년 전쯤 미국에서 목회할 때의 일입니다. 어느 날 한 가정이 교회를 찾아왔습니다. 막 이민 온 분들이었습니다. "교회에 다니셨습니까?" 하고 물었더니 교회에 다닌 적이 한 번도 없다고 했습니다. 예배드리는 모습을 보니 정말 그런 것 같았습니다. 어색해 보이기도 하고, 예배를 잘 따라오지 못했습니다.

당시 제가 섬기던 교회에서는 예배 후에 애찬식을 가졌는데, 탁자와 의자를 가져다 놓고 음식을 나누곤 했습니다. 성도들이 막 애찬식을 준비하는 시간이었는데, 새로 오신 분이 생각보다 빨리 움직이고 있었습니다. 식탁을 설치하고 의자를 배치하며 수저를 세팅하고 음식을 나르는 모습이 어딘가 처음 교회에 온 분 같지가 않았습니다. 그래서 제가 "교회에 오래 다닌 분처럼 봉사를 잘하시네요"라고 말했더니 그분이 이렇게 답했습니다. "예, 제가 절에서 많이 해 봐서 압니다." 당시에는 한국에서 다른 종교를 믿다가도 이민을 와서는 교회에 나와 정착하는 사람이 많았습니다. 그때 깨달은 사실이 있습니다. 절에서 봉사를 잘하는 사람이 교회에서도 봉사를 잘한다는 것입니다.

그러면서 질문이 이어졌습니다. '그렇다면 과연 교회에서의 봉사가 다른 종교에서의 봉사, 사회단체에서의 봉사와는 어떤 차이가 있을까?' 사실 둘 다 유사합니다. 아이들을 가르치는 일도, 노래하고 연주하는 것도 그렇습니다. 음식을 만들어서 베풀고 격려하는 일도, 가난한 사람들을 돌보는 것도 비슷합니다. 서로 친교하고 사귀는 일도 마찬가지입니다. 그래서 일로만 말한다면, 절에서 일을 잘하는 사람이 교회에서도 일을 잘하는 것이 자연스러운 이치입니다. 사회에서 봉사를 잘하는 사람이 교회에서도 잘 섬깁니다. 성실한 사람은 어디서든지 성실하게 일하며 지도력을 발휘합니다.

사회에서 봉사 활동을 많이 하던 사람이 이민 교회에 나와 꾸준히 섬기는 경우를 종종 보았습니다. 하지만 때로는 성실하고 지도력 있는 그들 때문에 분열이 일어나고 편이 갈라지는 경우도 있었습니다. 왜 이런 일이 일어날까 곰곰이 생각해 보니, 교회에는 열심히 다니지만 진정한 의미에서의 신앙생활은 하지 못했다는 것을 알게 되었습니다. 열심히 했던 교회 생활이 사실은 사회 생활의 일부였고, 자신을 위한 친교 생활이었던 것입니다. 자기가 하고 싶은 일을 했을 뿐 신앙생활과는 거리가 먼 봉사가 이어진 경우입니다.

그렇다면 교회 안에서의 다양한 봉사와 섬김은 다른 종교나 사회단체에서의 봉사와 어떻게 다를까요? 그리스도인으로서 우리는 이 차이를 조금 더 분명하게 알 필요가 있습니다. 또 교회 안에는 수많은 봉사의 자리가 있습니다. 봉사의 직분을 가진 사람이 상당히 많습니다. 이러한 직분자는 어떤 사람이어야 하고, 어떤 방식으로 주님의 일을 해야 하는 것일까요? 본문은 바로 이 질문에 대한 대답이며, 바울을 통하여 우리에게 주시는 하나님의 말씀입니다.

바울이 말하는 감독과 집사의 자격

본문은 집사의 자격에 대한 내용입니다. 원어로 '집사'라는 단어는 '봉사'와 연결되어 있습니다. 헬라어로는 '디아코노스'(διάκονος, diakonos), '종'이라는 뜻입니다. 봉사하는 사람이 집사라는 뜻입니다. 현대적인 의미로 본다면, 교회 안에서 집사 혹은 권사와 같은 평신도 지도자를 가리키는 성경적인 단어입니다.

사도 바울이 디모데전서를 쓰고 있을 당시, 에베소교회를 포함한 초대 교회는 기독교의 부활 신앙이라는 새로운 신앙, 전에 없던 종교를 받아들이고 있었습니다. 그들은 이전에 다른 종교를 가진 사람들이었습니다. 다른 문화에서 자라난 사람들이었습니다. 그래서 초대 교회 당시에는 기독교 신앙이 신자의 삶에 어떻게 뿌리내릴 수 있는지가 중요한 과제였습니다. 마치 절에 나가던 사람이 교회에 나오면서 겪는 시행착오라고 할 수 있을 것입니다. 문화적으로, 교리적으로, 사회적으로 해결해야 하는 문제가 참 많았습니다.

이런 배경에서 거짓 교사가 많이 생겼습니다. 그들은 자신들의 철학적인 토대를 가지고 기독교를 나름대로 해석해 왔습니다. 그리고 많은 사람이 그들의 가르침에 미혹되곤 했습니다. 교회가 바르게 나아가야 하는데 거짓 교사들에 의해서 혼란스러워지는 상황이 벌어졌습니다. 이 같은 상황에서 사도 바울은 디모데전서를 썼습니다. 교회를 바르게 이끌어 갈 일꾼이 필요했고, 이 일을 위해 직분자들이 세워질 필요가 있었습니다.

본문에서 바울은 크게 두 가지 사역을 이야기합니다. 기독교 교리를 어떻게 바르게 세워 갈 수 있을지, 또한 어떻게 교회를 바르게 치리하고 이끌어 갈 수 있을지에 관해서 말합니다. 바울은 이러한 직분을 맡은 자를 '감독'이라고 칭했습니다. 그리고 교회 안에서 일어나는 다양한 섬김과 봉사를 담당하는 자를 가리켜 '집사'라고 불렀습니다.

교회의 직분을 두 가지로 구분한 바울은 특별히 봉사와 섬김을 위한 집사의 자격에 대해 다음과 같이 이야기합니다. "내가 속히 네게 가기를 바라나 이것을 네게 쓰는 것은 … 너로 하여금 하나님의 집에서 어떻게 행하여야 할지를 알게 하려 함이니"(딤전 3:14-15상). 디모데가 머물고 있는 곳에 빨리 가서 가르치고 싶지만 그보다 급한 일이 있다고 말합니다. 디모데에게 하나님의 집인 교회에서 일하는 방법을 가르쳐 주어야겠다는 것입니다. 이 일을 위해 바울은 지금 디모데전서를 쓰고 있습니다.

● 섬김은 구원의 비밀을 받아들이는 믿음에서 시작된다

먼저, 바울은 하나님의 집이 어떤 곳인지를 설명합니다. "이 집은 살아 계신 하나님의 교회요 진리의 기둥과 터니라"(딤전 3:15하). "교회는 어떤 자리인가? 교회는 어떤 곳인가? 살아 계신 하나님의 집이다"라는 말입니다. '살아 계신'이라는 말이 참 귀합니다. 지금도 살아서 역사하며 활동하시는 하나님이 거하시는 집, 이곳이 교회입니다.

원어로 '집'이라는 단어를 살펴보면, 단순히 머무는 공간으로서의 의미라기보다는 일이 이루어지는 곳이라는 성격이 강하게 드러나 있습니다. 즉 사역과 관련되어 있습니다. '경찰서' 하면 경찰들이 사는 집이 아니라 경찰들이 일하는 곳인 것과 마찬가지입니다. 다시 말해서, '살아 계신 하나님의 집', '교회'란 하나님의 일이 이루어지는 곳을 의미합니다.

하나님의 일이 이루어지는 장소가 교회라고 한다면, 하나님의 일은 정확히 무엇을 의미합니까? 사도 바울은 이에 대해 '진리의 기둥과 터'라는 표현을 사용합니다. 하나님이 하시는 일은 진리와 관련되어 있다는 것입니다. 교회는 사교적인 공동체도 아니고, 자기 계발을 위한 장소도 아닙니다. 교회는 진리의 터입니다. 진리가 머무르는 곳이고, 진리를 가르쳐 주는 곳입니다. 진리가 온 세상을 향해 퍼져 나가도록 하는 터전이자 기둥이 되는 곳입니다. 그러므로 교회 안에는 진리가 존재합니다. 그리고 이러한 교회에서 진리를 전하는 사람이 집사요, 권사요, 또한 감독입니다.

그렇다면 교회의 일을 하는 집사는 어떤 사람이어야 할까요? 이 말은 어떤 사람이 집사로 선출될 수 있는지, 그 자격에 관한 질문인 동시에 집사 혹은 권사는 어떤 사람이 되어야 하는지에 대한 질문이기도 합니다. 바울은 본문에서 여섯 가지를 말합니다. 앞의 네 가지는 앞과 뒤를 감싸면서 중복해서 나오고(딤전 3:8, 11), 중간에 두 가지 중요한 자격 요건이 기록되어 있습니다(딤전 3:9).

"이와 같이 집사들도 정중하고 일구이언을 하지 아니하고 술에 인 박히지 아니하고 더러운 이를 탐하지 아니하고"(딤전 3:8). 여기 네 가지 중요한 의미가 담겨 있습니다. 이렇게 네 가지를 말한 후에 바울은 이보다 더 중요한 두 가지 자격을 말합니다. "깨끗한 양심에 믿음의 비밀을 가진 자라야 할지니"(딤전 3:9). 그리고 이어서 여자의 경우를 이야기하며 앞서 말한 네 가지 자격 조건을 반복하는데, 조금은 다른 표현입니다. "여자들도 이와 같이 정숙하고 모함하지 아니하며 절제하며 모든 일에 충성된 자라야 할지니라"(딤전 3:11). 이러한 구조 속에서 하나님의 일을 하는 사람들, 특히 교회에서 봉사하는 사람들이 가져야 하는 것이 무엇인지, 어떤 사람이 되어 주님의 일을 감당해야 하는지를 조금 더 구체적으로 살펴보겠습니다.

가장 중요한 것은 '믿음의 비밀을 가진 자'라는 표현입니다. 저는 이 말이 참 좋습니다. 여기서 '비밀'이라는 말은 헬라어로 '뮈스테리온'(μυστήριον, mustérion)인데 참으로 다양한 의미로 사용됩니다. 사실 '비밀'보다는 '신비'라는 단어로 해석할 때 보다 의미가 분명해집니다. 비밀은 감추어져서 도저히 풀 수 없는 것입니다. 그러나 '뮈스테리온'은 비밀인 것이 드러나 우리에게 알려지는 것을 뜻합니다. 예를 들어, 우리가 무지개를 보거나 산에 올라 자욱한 구름을 마주하면 신비로움을 느끼지 않습니까? 무지개와 구름을 통해 숨겨진 자연의 아름다움을 발견하게 됩니다. 그래서 신비입니다.

신비는 하나님이 열어 보여 주실 때 가능합니다. 그래서 '뮈스테리온'이라는 단어가 성찬과 세례를 통칭하는 '성례'를 가리킬 때도 동일하게 사용됩니다. 그렇다면 바울이 말한 '믿음의 비밀을 가진 자'란 무슨 의미입니까? '하나님이 무엇인가를 열어 주셔서 믿음을 가지게 된 사람'이라는 뜻일 것입니다.

그 믿음의 비밀이 무엇인지 바울 사도는 이어서 말합니다. "크도다 경건의 비밀이여, 그렇지 않다 하는 이 없도다 그는 육신으로 나타난 바 되시고 영으로 의롭다 하심을 받으시고 천사들에게 보이시고 만국에서 전파되시고 세상에서 믿은 바 되시고 영광 가운데서 올려지셨느니라"(딤전 3:16).

여기서 바울은 '믿음의 비밀'을 '경건의 비밀'로 고쳐 말하면서 이것이 예수 그리스도 안에서 드러났다고 이야기합니다. 육신으로 나타난 바 되시고, 부활하시고(의롭다 하심을 받으시고), 전파되시고, 세상에서 믿은 바 되시고, 영광 가운데서 다시 올려지신(승천하시고 다시 오실) 분 안에 경건의 비밀, 경건의 신비가 담겨 있다는 것입니다. 다시 말해서, 믿음의 비밀을 가진 사람은 예수 그리스도 안에 나타난 하나님의 구원의 섭리를 깨닫게 된 사람이라는 뜻입니다. 예수만이 참된 소망이며 유일한 희망임을 아는 사람이 곧 믿음의 비밀을 소유한 사람입니다. 죽음의 권세를 파하시고, 영원한 나라를 약속해 주신 능력이자 힘인 주님을 알게 된 사람입니다.

우리가 하고 싶다고 해서 교회에서 봉사할 수 있는 것이 아닙니다. 우리에게 어떤 달란트가 있어서 할 수 있는 것도 아닙니다. 그저 사교를 목적으로, 좋은 사람을 만나기 위해 교회에서 봉사하는 것도 아닙니다. 사역의 가장 중요한 기초는 믿음의 비밀을 가졌느냐의 여부입니다. 그런 사람이 주님의 교회에서 집사로, 권사로 봉사할 수 있습니다. '뮈스테리온'은 '하나님'이 주어가 되어서 일어나는 현상입니다. 하나님이 열어 주셔야만 볼 수 있습니다. 그러므로 믿음의 비밀을 가진 사람은 하나님으로부터 선택받은 자입니다.

믿음, 깨끗한 양심 그리고 선한 행실까지

믿음의 비밀을 가진 사람이 주님의 교회에서 봉사할 수 있다는 말씀에 이어서 또 중요한 표현이 나옵니다. 바로 '깨끗한 양심'입니다. 원어적으로 보면, '깨끗한 양심과 더불어 믿음의 비밀을 가진 사람'이라는 뜻으로 해석됩니다. 그리스도 안에 나타난 하나님의 신비를 알게 된 사람이면서 깨끗한 양심을 가진 사람이어야 한다는 말씀입니다.

바울은 여러 곳에서 깨끗한 양심에 대해 말합니다. 디모데전서 서두에도 비슷한 표현이 나옵니다. "이 교훈의 목적은 청결한 마음과 선한 양심과 거짓이 없는 믿음에서 나오는 사랑이거늘 사람들이 이에서 벗어나 헛된 말에 빠져 율법의 선생이 되려 하나 자기가 말하는 것이나 자기가 확증하는 것도 깨닫지 못하는도다"(딤전 1:5-7). '청결한', '선한', '거짓이 없는'이라는 표현이 서신의 의도를 잘 드러내 줍니다. 그 반대편에서는 자신을 드러내고자 하는 욕망으로 선생이 되려 하지만 자신이 말하는 것조차 제대로 깨닫지 못하는 거짓 사도들을 책망하고 있습니다. 그들로 인하여 교회 안에 다툼과 변론이 일어나고, 헛된 신화나 이념에 빠지는 자들이 생겨납니다.

그래서 믿음의 비밀, 구원의 신비는 깨끗한 양심과 더불어 아름답게 빛이 납니다. 둘은 서로 보완적이고, 또 함께할 수밖에 없습니다. 누군가가 믿음의 비밀은 가지고 있으나 양심이 더럽다면, 그 사람은 사역자로서 자격이 없습니다. 동시에 아무리 깨끗한 양심을 가지고 있어도 믿음의 비밀을 가지고 있지 못하다면 그 또한 교회의 일꾼으로 세워질 수 없습니다. 두 가지는 상호 보완적이며 동시적으로 일어나야만 합니다.

그렇다면 깨끗한 양심은 어떻게 증명할 수 있을까요? 깨끗한 양심과 더불어 믿음의 비밀을 가진 자라는 것이 어떻게 증명됩니까? 사도 바울은 깨끗한 양심에서 우러나오는 행실을 네 가지로 말해 줍니다(딤전 3:8).

첫 번째는, '정중함'입니다. 원어로는 '셈노스'(σεμνός, semnos)인데, 품위가 있고 행동이 진지하다는 뜻입니다. 이 단어는 여자 집사의 경우를 말하는 11절("여자들도 이와 같이 정숙하고")에서도 반복적으로 사용됩니다. 여기에서 '정숙'이라는 표현 역시 '셈노스'입니다. 다른 사람에게 존경받을 만한 태도, 항상 진지하고 신중한 태도, 품위가 있는 모습입니다. 이 가운데 믿음의 비밀을 가진 자의 모습이 들어 있고 깨끗한 양심이 함께 드러납니다.

두 번째는, '일구이언을 않는 것'입니다, 원어로는 '디로고스'(δίλογος, dilogos)인데, 여자 집사의 경우에는 "모함하지 아니하며"(딤전 3:11)라는 말씀에 사용되었습니다. 의미는 조금 다르지만 같은 맥락 안에 있습니다. 한 입으로 두말하지 않는 것입니다. 앞에서는 칭찬하고 뒤돌아서서는 욕하는 사람을 가리켜 깨끗한 양심을 가졌다고 말할 수 없을 것입니다. 무엇인가 혼탁한 생각이 그 마음을 지배하고 있다고 할 수밖에 없습니다. 앞에서는 아부하면서 뒤에서는 비난하는 태도입니다. 거짓이 배어 있고, 이기적이며, 자기중심적인 사고를 하는 사람의 모습입니다. 성경은 이런 사람이 되지 말라고 말합니다. 교회 직분자는 깨끗한 양심에서 우러나오는 행실로 봉사해야 합니다.

세 번째는, '술에 인 박히지 않는 것'입니다. 이것을 여자 집사의 경우에는 '네팔리오스'(νηφαλιος, néphalios), 곧 "절제하며"(딤전 3:11)로 해석합니다. 이 단어의 뜻은 술에 취하지 않은 깨끗한 정신 상태를 말합니다. 차분하고, 침착하고, 절제하는 태도입니다. 이것이 사역자의 자격이라고 할 수 있습니다.

마지막 네 번째 자격 요건은, '더러운 이를 탐하지 않는 것'입니다. 여기에 사용된 원어 '아이스크로케르데스'(αἰσχροκερδής, aischrokerdés)는 부당하게 이득을 취하는 행위를 가리킵니다. 여자 집사의 경우에는 '충성되다', '신뢰할 만하다', '믿을 만하다'라는 의미인 '피스토스'(πιστός, pistos)라는 단어로 썼습니다.

정리하면, 하나님의 집에서 일하는 사람, 진리의 기둥과 터에서 일하는 사람은 경건의 비밀, 믿음의 신비를 깨닫는 사람이어야 합니다. 그들이 하나님의 일을 할 수 있습니다. 그와 더불어 깨끗한 양심을 가진 사람이 주님의 일을 해야 합니다. 깨끗한 양심을 가진 사람은 정중하고, 모함하거나 악한 말을 하지 않으며, 정신을 바르게 하여 침착하고, 절제할 줄 알며, 더러운 이익을 탐하지 않는 충성된 사람입니다. 살아 계신 하나님은 이러한 사람을 교회의 일꾼으로 부르시고, 그들을 통해 주님의 일을 이루어 가기 원하십니다.

하나님 앞에 서는 그날, 우리가 어떤 모습으로 서게 될지 생각해 봅니다. "착하고 충성된 종아"라는 말씀을 듣고 싶은 심정으로 우리는 오늘을 살아갑니다. 어떤 종이 되겠습니까? 어떻게 충성된 종이 될 수 있을까요? 집사의 자격 조건인 믿음의 비밀과 깨끗한 양심을 가지고 주님 앞에 서는 그날까지 최선을 다하기로 다짐합시다.

1. 교회에서의 봉사와 다른 종교 및 사회단체에서의 봉사는 어떻게 다른지, 또 어떻게 달라야 하는지 이야기해 보십시오.

2. 바울이 말하는 직분자의 자격 요건은 무엇입니까(6가지)? 그중에서 당신에게 부족한 점은 무엇인지, 그 부족함을 보충하기 위해서는 어떤 노력이 필요한지 나누어 보십시오.

3. 당신에게 교회는 어떤 곳입니까? 그렇게 생각하는 이유는 무엇입니까?

4

예수로 거듭난 삶보다
큰 복이 없다

정말 중요한데 놓치기 쉬운 것

어렸을 때 읽었던 동화의 내용과 결말을 기억할 것입니다. "왕자님은 마침내 모든 악당을 물리치고 공주님과 결혼했습니다. 이후로 두 사람은 오래오래 행복하게 살았습니다." 우리는 이런 동화를 읽으며 마음이 따뜻해지기도 하고, 공주님과 왕자님이 행복하게 살기를 바라는 마음으로 응원하기도 했을 것입니다. 때로는 우리 인생에 비추어 '나도 이런 공주님(왕자님)을 만날 수 있을까?' 생각하며 책을 읽곤 했을 것입니다.

나이가 들고 이런저런 경험이 쌓이면서 '과연 동화 속 주인공들이 끝까지 행복하게 살았을까?'라는 생각을 종종 하게 됩니다. 만약 그들이 끝까지 행복하게 살았다면, 무엇이 그들을 행복하게 만들어 주었을까요? 재물이 많아서, 큰 성에 살아서였을까요? 맛있는 요리를 만들어 주는 요리사가 있기에, 매일 아침 아름다운 배우자와 키스를 할 수 있기에 행복했을까요? 또는 두 사람이 건강해서, 전쟁이 일어나지 않아서 오랫동안 행복하게 살았을까요? 아니면 아이들이 효자, 효녀로 잘 자라나서 오랫동안 행복하게 살았을까요? 물론 이것들이 어느 정도는 행복의 조건이 되었을 것입니다. 그러나 왕자님과 공주님을 가장 행복하게 한 조건이 있다면, 그것은 둘이 화목하게 지낸 것이 아니었을까 생각합니다.

남편과 아내가 화목하지 못하면 아무리 성공한 것 같아도 행복할 수 없습니다. 가족이 화목하지 못하면 가정은 냉랭하고 살기가 도는 곳이 되어 가족 구성원 모두가 고통을 당하며 힘든 시간을 보낼 수밖에 없습니다. 가정마다 겪고 있는 가장 큰 위기인 동시에 고통이 있다면, 그것은 가정이 불화한 것입니다.

재산도 있습니다. 멋진 집에 살고 있습니다. 도움을 주는 사람도 꽤 많습니다. 맛있는 음식을 얼마든지 사 먹을 수 있는 능력도 있습니다. 좋은 자동차를 자랑하듯 타고 다닐 수도 있습니다. 건강도 그런대로 괜찮습니다. 그런데 그 모든 것을 가지고 있어도 가정이 화목하지 못하면 지옥이 될 수 있습니다. 늘 불안하고 위태롭고 절망스러운 곳이 가정이 될 수 있다는 의미입니다. 하나님은 잠언을 통해 이미 말씀하셨습니다. "마른 떡 한 조각만 있고도 화목하는 것이 제육이 집에 가득하고도 다투는 것보다 나으니라"(잠 17:1).

화목이 얼마나 중요한지는 성경 말씀이 아니어도 우리의 삶을 통해 너무나 잘 알고 있습니다. 가족만이 아니라 직장도 그렇습니다. 직장 상사혹은 동료와 화목하지 않다면 그보다 힘들고 어려운 일도 없을 것입니다.

우리나라의 가장 큰 위기로 무엇을 꼽을 수 있겠습니까? 국민이 화목하지 못하고 늘 갈등과 반목하는 것 아니겠습니까? 나라의 미래를 걱정하지 않을 수 없습니다. 마찬가지로 교회가 화목하지 못하고 교인들이 반목하여 싸울 때 교회는 사회를 향해 희망을 줄 수도 없을 뿐만 아니라, 교회 구성원들이 큰 고통을 당하기 일쑤입니다. 불행을 경험할 수밖에 없습니다.

끊임없이 화목을 방해하는 주범은 죄

분열과 반목, 불화는 어디에서부터 왔을까요? 성경은 이 모든 것이 우리의 죄로부터 왔다고 알려 줍니다. 무엇보다도 하나님과 인간의 관계가 깨어졌기에 모든 관계의 깨어짐이 일어났다고 분명하게 이야기합니다.

아담과 하와가 하나님이 먹지 말라고 말씀하신 선악과를 따 먹었기에 하나님과의 관계가 깨어졌습니다. 하나님과의 관계가 깨어지자 아담과 하와의 관계도 깨어졌습니다. 서로가 서로를 비난하는 관계가 되었고, "내 뼈 중의 뼈요 살 중의 살이라"(창 2:23) 하고 외쳤던 감탄사는 도리어 원수의 목소리로 변질되었습니다. 이후에 자연은 인간이 노동을 해야만 소산물을 내어 놓는 관계로 바뀌었습니다. 인간과 자연의 관계 또한 깨어진 것입니다. 아담과 하와가 낳은 아들 가인은 하나님께 제사를 드리다가 동생 아벨을 돌로 쳐 죽이는 살인자가 되고 말았습니다. 하나님과의 화목한 관계가 깨어진 인간의 역사는 한시도 편한 날이 없었고, 끊임없는 전쟁과 살육 그리고 반목과 배반의 역사를 지금까지 이어 오고 있습니다.

하나님이 아담과 하와를 만들면서 생각하고 꿈꾸셨던 세상은 어떤 곳이었을까요? 아마도 하나님은 가장 완벽하고 아름다운 에덴동산을 만든 후에 아담과 하와를 만들고, 그곳에서 모든 자연의 피조물과 인간이 함께 어우러져 교제하며 살아가는 아름다운 모습을 꿈꾸셨을 것입니다. 그리고 하나님이 그곳에 함께하며 영원히 거하시는, 그야말로 "오랫동안 행복하게 살았습니다"라는 동화의 결말과 같은 이야기를 이루고 싶으셨을 것입니다.

그러나 인간의 죄로 말미암아 하나님과의 관계가 깨어졌습니다. 그럼에도 하나님은 그 꿈을 버리지 않으셨습니다. 끊임없이 그와 같은 세상을 다시 이루기 위해서 노력하고 꿈꾸셨습니다. 우리는 이 사실을 성경을 통해서 보게 됩니다. 특별히 이사야 선지자는 하나님이 지금도 꿈꾸시고, 또 앞으로도 꿈꾸실 그 세상을 다음과 같이 표현합니다. "그때에 이리가 어린양과 함께 살며 표범이 어린 염소와 함께 누우며 송아지와 어린 사자와 살진 짐승이 함께 있어 어린아이에게 끌리며 암소와 곰이 함께 먹으며 그것들의 새끼가 함께 엎드리며 사자가 소처럼 풀을 먹을 것이며 젖 먹는 아이가 독사의 구멍에서 장난하며 젖 뗀 어린아이가 독사의 굴에 손을 넣을 것이라"(사 11:6-8).

이렇듯 하나님이 꿈꾸시는 세상은 공존할 수 없을 것 같은 것들이 함께 화목하고 화해하며 살아가는 곳입니다. 물론 이런 세상이 만들어지기 위해서는 한 가지 우선 되는 전제가 있습니다. 하나님과 인간이 화목하게 되는 것입니다.

🔵 주님이 죄인인 우리에게 먼저 오셨다

그렇다면 하나님과 인간은 어떻게 화목하게 될 수 있을까요? 과연 우리는 하나님과 화목을 이룰 수 있습니까? 인간적으로 본다면 불가능한 것 같습니다. 왜냐하면 아담과 하와가 처음 에덴동산에 있을 때조차 그들은 선악과를 따 먹고 하나님과의 불화를 스스로 선택했기 때문입니다. 에덴동산같이 좋은 환경 속에서도 하나님을 떠났던 인간입니다. 척박하고 고통스러운 현실 속에서, 죄악으로 양심마저 엉클어진 상황 속에서 인간이 스스로 하나님과 화해를 선택하기란 불가능해 보입니다. 또한 사탄

이 끊임없이 우리로 하여금 하나님께 나아가지 못하도록 방해하고 있습니다. 그러므로 우리는 스스로의 힘이나 능력으로는 하나님과 화목에 이를 수 없습니다.

그러나 모든 이유보다 더 크고 본질적인 이유가 있습니다. 우리는 죄인이기 때문에 먼저 주님 앞에 스스로 나아갈 수 없다는 것입니다. 예를 들어, 한 아내가 결혼의 의무를 저버리고 다른 사람과 바람이 나서 남편을 배신했다고 생각해 봅시다. 그녀는 남편에게 죄를 지은 것입니다. 그렇다면 화해와 화목의 주도권은 죄를 지은 그녀에게 있지 않습니다. 피해를 입은 남편이 화해의 주도권을 가질 수밖에 없습니다.

하나님과 인간의 관계도 그러합니다. 인간이 죄를 짓고 하나님을 떠났기에 스스로 하나님 앞으로 나아갈 수 없습니다. 하나님과 화해를 시도할 수조차 없습니다. 그래서 성경은 인간과의 화목을 위해서 하나님이 어떻게 하셨는지를 말합니다. 하나님은 그럴 의지가 있으셨고, 끊임없이 인간과 화해하기 원하셨음을 다음과 같이 알려 줍니다. "나는 내 백성의 기도에 응답할 준비를 하고 있었지만, 내 백성은 아직도 내게 요청하지 않았다. 누구든지 나를 찾으면, 언제든지 만나려고 준비를 하고 있었지만, 아무도 나를 찾지 않았다. 내 이름을 부르지도 않던 나라에게, 나는 '보아라, 나 여기 있다. 보아라, 나 여기 있다' 하고 말하였다. 제멋대로 가며 악한 길로 가는 반역하는 저 백성을 맞이하려고, 내가 종일 팔을 벌리고 있었다"(사 65:1-2, 새번역).

하나님은 끊임없이 이스라엘 백성과 화해를 이루기 위해 팔을 벌리고 계셨고, 반역하고 또 반역하는 그들을 향해서 마음과 팔을 열고 기다리셨습니다. 그러나 이스라엘 백성은 하나님께로 돌아오지 않았다고 성경은 말합니다. 결국 하나님은 예수님을 이 땅에 보내어 구원의 역사를 이루십니다. 그리고 요한일서는 이렇게 말합니다. "사랑은 여기 있으니 우리가 하나님을 사랑한 것이 아니요 하나님이 우리를 사랑하사 우리 죄를 속하기 위하여 화목 제물로 그 아들을 보내셨음이라"(요일 4:10).

요한일서가 우리에게 이야기하는 내용은 다음과 같습니다. "인간과 하나님 사이의 화해와 화목의 프로젝트는 하나님으로부터 시작되었다." 하나님의 주도로 시작되었으며, 그 일에는 하나님의 아들, 예수 그리스도의 희생이 있었다는 말입니다. 본문이 이 사실을 우리에게 증언합니다. "모든 것이 하나님께로서 났으며 그가 그리스도로 말미암아 우리를 자기와 화목하게 하시고 … 곧 하나님께서 그리스도 안에 계시사 세상을 자기와 화목하게 하시며"(고후 5:18-19). 하나님이 그리스도 안에서, 그리스도를 통하여 우리와 화목하게 되는 일을 행하셨다는 의미입니다. 화목과 관련하여 하나님이 우리에게 행하신 일을 먼저 기억하는 것이 중요합니다.

● 예수님 때문에 우리가 하나님과 화해했다

그렇다면 어떻게 하는 것이 화목입니까? '화목'이라는 말의 뜻은 무엇을 의미합니까? 헬라어 본문에서 특히 이 단어를 살펴볼 필요가 있습니다. '화목'을 표현하는 말 중에 동사로 '카탈라소'(καταλλάσσω, katallassó: to reconcile)라는 단어가 있습니다. 명사 표현으로는 '카탈라게'(καταλλαγή, katallagé: reconciliation)라는 단어가 사용되고 있습니다. '카탈라게'는 주로 돈을 환전할 때 서로 같은 가치로 환산하는 것을 의미하는 단어였습니다.

다시 말해서, 화폐 교환을 의미했습니다. 그리고 화폐를 교환할 때 서로 다른 화폐의 가치를 적절하게 대체해서 차이를 잘 조율해 내는 것을 '카탈라소'라고 표현했습니다.

그런데 이 단어에는 흥미로운 내용이 담겨 있습니다. 이 단어는 두 단어가 합성된 것입니다. 앞부분에 있는 '카타'(κατά: down from, from a higher to a lower plane)라는 단어는 '높은 곳에서 아래로 내려가다'라는 뜻입니다. 여러 다른 뜻이 있지만 여기서는 이렇게 이해하고 적용할 수 있습니다. 뒤에 붙는 '알라소'(ἀλλάσσω: to change, exchange)라는 단어는 '교환하다'라는 뜻을 가지고 있습니다. 즉 '화목'이라는 단어는 '누군가 높은 위치에 있는 사람이 낮은 곳으로 내려와서 가치를 교환할 때 화목이 이루어진다'라는 뜻을 내포하고 있습니다.

영어로 'understand'라는 단어도 두 단어가 합해진 것으로 '이해하다'라는 말로 주로 번역되는데, 여기에는 'under'(아래에)라는 단어와 'stand'(서다)라는 단어가 들어 있습니다. '아래에 서다'라는 의미입니다. 다시 말하면, '아래에 섰을 때, 아래에 서서 이해하다'라는 말과 같은 이치입니다. 그러므로 '화목하게 되다'라는 말은 '위에 있는 존재가 내려와서 가치를 서로 맞출 수 있을 때 화목이 이루어진다'라는 뜻이 됩니다. 하나님이 인간을 위해서 하신 일이 이러했습니다. 예수 그리스도가 내려오십니다. 성육신하십니다. 십자가에까지 내려와서 죽으십니다. 이것이 하나님의 선제적 화목의 행위라고 할 수 있습니다.

하나님과 인간 사이의 간격이 너무 큽니다. 하나님은 하늘에 계시고 인간은 땅에 있습니다. 게다가 인간은 죄인으로 바닥에 처해 있는 운명입니다. 예수님은 높은 곳에서 인간의 몸을 입고 성육신하셨습니다. 그것도 모자라서 낮은 자와 함께하며 겸비해지셨습니다. 더하여 죄인들과 함께 십자가 교수형으로 죽어 가는 자리에까지 내려가 죄를 짊어지셨습니다.

이렇게 완전하신 예수님이 내려오시고, 내려와서 인간과 하나님 사이의 간극을 채워 주셨습니다. 우리가 하나님과 화해하고 화목하게 되는 일이 일어나게 된 것입니다. 예수님의 부활 사건은 예수님이 이루신 화목의 사건을 분명하게 확인하는 또 다른 의미입니다. 다시 말하면, 더욱더 분명하게 하는 내용인 것입니다. 성경은 이렇게 말합니다. "곧 우리가 원수 되었을 때에 그의 아들의 죽으심으로 말미암아 하나님과 화목하게 되었은즉 화목하게 된 자로서는 더욱 그의 살아나심으로 말미암아 구원을 받을 것이니라"(롬 5:10).

예수님이 십자가에 달려 죽으심으로 우리는 하나님과 화목하게 되었습니다. 예수님의 부활은 그것이 진리임을 우리에게 확증해 줍니다. 예수님이 부활하심으로써 하나님과 우리가 화목하게 되는 것에 마침표를 찍게 되었다는 뜻입니다. 그러므로 예수님의 죽음과 부활은 우리에게 한 가지 사실을 알려 줍니다. 이제 우리가 하나님과 화목하게 되었다는 사실입니다. 우리의 생명과 삶이 완전히 다른 차원으로 들어서게 되었다는 뜻입니다. 이것을 본문은 우리에게 이렇게 증언합니다. "그런즉 누구든지 그리스도 안에 있으면 새로운 피조물이라 이전 것은 지나갔으니 보라 새것이 되었도다"(고후 5:17).

그리스도 안에서, 그리스도를 통하여 우리는 하나님과 화목하게 되었습니다. 그리고 하나님은 우리를 그리스도 안에서 새로운 존재로 탄생시켜 주셨습니다. 이것은 어떤 진화나 나아짐이 아니라, 완전히 새로운 존재로 우리를 만들어 내셨다는 것입니다. 예수 그리스도의 죽음과 부활은 우리를 새로운 차원의 존재로 만들어 주었습니다. 한마디로 이제는 새로운 존재가 되었다는 것입니다.

그리스도 안에 있는 사람은 새로운 존재입니다. 하나님과 화목하게 된 존재입니다. 이제 하나님은 우리의 하나님이고, 우리의 아버지이며, 우리를 지키시는 분입니다. 우리의 부족함에도 우리가 하나님과 교제를 나눌 수 있는 차원이 열렸습니다. 이것이 부활의 축복입니다.

이제부터 계속 하나님과 화목을 누리라

부활을 믿는다는 것, 부활 신앙이 무엇입니까? 가장 먼저, 예수 그리스도가 부활하신 사건을 통해 우리도 예수님처럼 부활할 것이라는 사실을 믿음으로 고백하는 것입니다. 우리도 장차 죽음 이후 어느 마지막 날에 주님과 함께 살아날 것을 믿어야 합니다. 그리고 부활 신앙은 여기에 머무르지 않습니다. 사탄은 모두 죽은 것 같았던 정의와 진리를 완전히 다 망가트린 줄로 여겼을 것입니다. 그렇지만 예수 그리스도가 부활하심으로 진리와 정의는 여전히 살아 있습니다. 부활 신앙은 마지막 날에 정의가 우리를 심판할 것이라는 사실을 고백하는 것입니다.

그리고 본문에는 또 다른 부활의 신앙이 등장합니다. 그것은 예수 그리스도의 죽음과 부활을 통해 우리가 새로운 존재로 변화되었음을 깨닫고 이를 기쁨으로 받아들이는 것입니다. 이 말씀을 깊이 생각해 볼 필요가 있습니다. 부활의 신앙은 예수님의 부활과 더불어 우리가 세상을 '화목하게 하는 존재'로 다시 태어났다는 의미이기도 합니다. 그런데 본문에 이어지는 말씀이 흥미롭습니다. "그러므로 우리가 그리스도를 대신하여 사신이 되어 하나님이 우리를 통하여 너희를 권면하시는 것같이 그리스도를 대신하여 간청하노니 너희는 하나님과 화목하라"(고후 5:20). 이 말씀의 뜻이 무엇이겠습니까? 지금까지 화목하지 않았다는 말입니까? 예수 그리스도의 죽음과 부활을 통해 하나님과 화목하게 되었다고 이미 선언했는데, 왜 바울은 다시 우리에게 "너희는 하나님과 화목하라"라고 말하는 것입니까?

이 말씀은 두 가지로 해석할 수 있습니다. 화목은 한순간에 이루어지는 것이 아닙니다. 화목은 끊임없이, 지속적으로 이루어가는 것입니다. 우리는 그렇게 될 때 화목이라고 말합니다. "여러분, 어제까지는 우리 가정에 분쟁이 있었지만, 오늘부터는 화목합니다. 오늘 배우자가 서로 새로운 계약서에 사인했기 때문입니다." 이렇게 말할 수 있는 사람이 있을까요? 잠시 분쟁이 줄었을지는 모르지만 그 상태를 화목하다고 말하지는 않을 것입니다.

화목이란 무엇입니까? 아침에 편안한 마음으로 일어나 서로를 격려하고, 기분 좋은 마음으로 함께 식사하며, 함께 있는 것이 늘 즐겁고 행복하게 느껴지는 상태, 또 저녁에 잠들 때도 함께 있기에 기쁘고 행복한 것이 화목 아니겠습니까? 가정의 화목이란 이런 것이 아닐까요?

하나님은 우리에게 예수 그리스도의 죽음과 부활을 통해 당신과 화목하게 되는 길을 열어 주셨습니다. 그러나 이것이 끝이 아닙니다. 이제부터 그 믿음을 가지고 하나님을 친구와 아버지로 삼아, 아침부터 저녁까지 매일의 삶에서 하나님을 의지하며 화목하게 살아가는 것이 진정한 화목입니다. 그러므로 바울 사도는 우리에게 "하나님과 화목하라"라고 권면합니다. 하루나 어떤 순간이 아니라, 날마다 계속해서 하나님과 화목을 누리는 사람이 되어야 합니다. 그 기쁨으로 살아가는 것이 바로 부활 신앙입니다.

화목하게 하는 직분을 수행하라

또 한 가지, "너희는 하나님과 화목하라"라는 말씀에 다른 뜻이 있다면, 이제 "너희는 화목을 만드는 사람이 되어라", "그렇게 함으로써 너희는 하나님과 화목한 사람이 되어라"라는 의미로도 받아들일 수 있습니다. 바울을 통한 주님의 말씀입니다. "모든 것이 하나님께로서 났으며 그가 그리스도로 말미암아 우리를 자기와 화목하게 하시고 또 우리에게 화목하게 하는 직분을 주셨으니 곧 하나님께서 그리스도 안에 계시사 세상을 자기와 화목하게 하시며 그들의 죄를 그들에게 돌리지 아니하시고 화목하게 하는 말씀을 우리에게 부탁하셨느니라"(고후 5:18-19).

우리에게 화목을 이루는 직분을 주신 하나님은 우리가 이러한 화목의 사역을 통해 당신과 계속 화목하게 되기를 원하십니다. 앞에서 언급했듯이, 부활 신앙은 화목하게 하는 직분을 받아들이는 것입니다. 우리는 예수님이 하신 사역을 따라서 화목하게 하는 자로 새롭게 태어난 것입니다.

그렇다면 가정과 교회, 사회와 친구 관계 안에서 어떻게 화목을 이룰 수 있을까요? 만약 가정이 화목하지 않다면 이 말씀을 조금 더 깊이 묵상해 보는 것이 좋겠습니다. 화목은 결코 전쟁이나 정복을 통해 이룰 수 없습니다. '카타', '알라소'라는 단어의 의미를 떠올려 보십시오. 진정한 화목은 높이 있는 사람이 낮은 곳으로 내려가서 그들과 함께 교환을 나눌 때 이루어집니다. 누군가 낮은 곳으로 내려가서 자신의 것을 내려놓고, 자신의 가치를 양보하고 나눌 때 그곳에 화목이 일어나는 것입니다.

모든 일을 공정하게 한다고 화목이 일어나겠습니까? 남편과 아내가 육아를 반반씩 공정하게 나눠서 하기 때문에 화목하다고 말할 수는 없습니다. 그렇게 해서 화목이 존재하는 것이 아닙니다. 누군가가 내려가야 합니다. 누군가가 내려가서 자신의 것을 내어 줄 때 화목과 화평이 존재하는 것입니다.

그러므로 가정에 화목을 만들기 원한다면, 이 사실을 깨달은 사람이 먼저 행하기 바랍니다. 자신의 것을 내려놓고 양보할 때 가정에 화목이 태어나게 될 것입니다. '이제 나는 좀 다르게 태어났어'라는 마음으로, 부활의 소망을 가진 신앙의 마음으로, 양보하고 내려갈 때 가정에 화목이 생겨나는 것입니다. 교회와 사회, 나라도 그렇습니다. 우리가 화목을 이루면 우리의 가정과 대한민국은 행복을 찾게 될 것입니다. 그리고 마침내 이 땅은 평화의 땅이 될 것이고, 하나님 나라가 이곳에서 시작될 것입니다.

1. 하나님은 인간과 화목하기 위해 죄인인 우리를 먼저 찾아오셨습니다. 당신은 먼저 오신 하나님을 언제, 어떤 모습으로 처음 만났습니까?

2. 당신은 하나님과 화목을 누리며 살고 있습니까? 아침부터 저녁까지 하나님을 의지하며 화목하게 살아가고 있습니까? 만일 그렇지 못하다면, 그 이유는 무엇입니까?

3. 가정과 직장, 교회 안에서 화목을 이루기 위해 당신은 어디까지 내려갈 수 있습니까? 예수 그리스도의 낮아지심을 생각하며 가능한 만큼을 정하고 나누어 보십시오.

사랑받은 자로
사랑하는 자가 되라

이스라엘, 하나님의 사랑을 반문하다

구약은 총 39권인데, 첫 권은 창세기이고 본문인 말라기는 구약의 마지막 책입니다. 언젠가 말라기서를 읽던 중에 상당히 큰 충격을 받은 구절이 있습니다. "여호와께서 이르시되 내가 너희를 사랑하였노라 하나 너희는 이르기를 주께서 어떻게 우리를 사랑하셨나이까 하는도다"(말 1:2). 하나님의 섭섭한 감정이 잘 묻어나는 말씀이었습니다. 또 한편으로는 구약의 마지막 결론이 아닐까 싶어 씁쓸한 마음이 들었습니다.

하나님은 이스라엘 백성에게 "내가 너희를 사랑하였노라"(말 1:2) 하고 말씀하셨습니다. 그런데 이스라엘 백성은 "주님께서 우리를 사랑하신다는 증거가 어디에 있습니까?"(말 1:2, 새번역)라고 물었습니다. 구약의 첫 부분인 창세기부터 시작해서 말라기까지 내려오는 과정 속에 하나님이 이스라엘 백성과 함께하셨던 수많은 이야기가 기록되어 있는데, 하나님은 그 모두를 요약하면서 "내가 너희를 사랑하였다"라고 말씀하셨고, 이스라엘 백성은 도리어 "하나님이 우리를 사랑하신다는 증거가 어디 있습니까?" 하고 반문한 것입니다. 하나님의 관점에서 본다면 얼마나 가슴 아프고 섭섭한 말일까요.

그런데 하나님은 이미 그 마음을 아신 것 같습니다. 일찍이 이사야서를 통해서 배신하는 자식에 대한 아픔을 노래하신 적이 있습니다. "하늘이여 들으라 땅이여 귀를 기울이라 여호와께서 말씀하시기를 내가 자식을 양육하였거늘 그들이 나를 거역하였도다 소는 그 임자를 알고 나귀는 그 주인의 구유를 알건마는 이스라엘은 알지 못하고 나의 백성은 깨닫지 못하는도다 하셨도다"(사 1:2-3).

애지중지 키운 자식이 부모의 마음을 알아주지 않을 때 어떤 마음이 들겠습니까? 그것도 한 자식만 편애하듯이 사랑해 주었는데, 정작 그 자식이 부모의 사랑을 모른 척한다면 얼마나 섭섭할까요? 본문은 그 하나님의 마음을 이렇게 표현하고 있습니다. "에서는 야곱의 형이 아니냐 그러나 내가 야곱을 사랑하였고 에서는 미워하였으며 그의 산들을 황폐하게 하였고 그의 산업을 광야의 이리들에게 넘겼느니라"(말 1:2-3). 부모로서 조금 구차해 보이는 말씀이기도 합니다. "내가 형도 마다하고 동생인 너희를 살펴 주었는데 너희가 그럴 수 있느냐" 하는 아버지의 섭섭한 마음이 담겨 있습니다.

하나님은 아담과 하와를 만든 후에 모든 인류를 다 사랑하셔야 했겠지만, 구약성경을 보면 아브라함을 선택하셨습니다. 그리고 아브라함의 자녀 중에서 이삭을 선택하시고, 또 이삭의 자녀인 에서와 야곱 중에서 야곱을 선택하셨습니다. 그래서 야곱과 그의 자손들을 특별하게 사랑해 주셨습니다. 구약은 이 이야기를 우리에게 전하고 있습니다.

하나님이 야곱과 이스라엘 백성을 얼마나 사랑하셨는지, 모든 구약의 이야기는 그것에 집중되어 있다고 해도 과언이 아닐 것입니다. 야곱의 자손들이 애굽으로 건너가서 수백 년을 살다가 하나님께 울부짖었습니다. 그러자 하나님이 모세를 불러 이스라엘 백성의 탈출을 인도하셨습니다. 그만큼 하나님은 이스라엘 백성을 특별하게 대우해 주셨습니다. 40여 년 동안 광야에서 그들을 주리지 않게 하셨고, 마침내 젖과 꿀이 흐르는 땅인 가나안에 들어가게 해 주셨습니다. 가나안 땅에서 하나님만을 섬기며 살 수 있도록 특별한 배려를 해 주셨습니다.

그러나 가나안 땅에 들어간 이스라엘 백성은 하나님만을 섬기는 데 실패하고 말았습니다. 하나님은 그들에게 친히 계명도 내려 주고 기적도 보여 주며 함께하셨지만, 그들은 하나님의 사랑에 부응하지 못했습니다. 말라기서에 기록된 하나님의 한탄의 말씀에는 그런 의미가 담겨 있다고 할 수 있습니다.

이스라엘의 현실, 그들의 질문에 답하다

그렇다면 이스라엘은 왜 하나님께 이런 불경한 말을 쏟아 낸 것일까요? 그들의 형편을 보면 그럴 만하다는 생각이 들기도 합니다. 그들은 지금 망해 가고 있는 이스라엘을 보고 있습니다. 근근이 생명을 이어 가고는 있지만 그저 생존하고 있을 뿐, 위대한 나라를 건설하거나 세상을 지배해 본 적이 없습니다.

말라기서의 시대적인 배경이 분명하지는 않지만 적어도 둘 중에 하나일 것이라고 학자들은 예측합니다. 그들이 바벨론 포로 생활을 막 끝내고 돌아오는 시점일 수도 있고, 혹은 포로에서 돌아와 자그마한 성전은 지었지만 수십 년 동안 여전히 이웃 백성의 눈치를 보며 사는 처지일 수도 있습니다. 어느 시점이든지 이스라엘 백성의 상황이 녹록지는 않습니다. 이것이 지금 말라기서에서 항변하고 있는 그들의 삶의 자리입니다.

"하나님이 우리를 선택하셨는데 왜 우리는 이 모양밖에 되지 않습니까? 애굽의 태양신 라(Ra)는 애굽을 저토록 부강하게 만들어 주었고, 바벨론의 신 벨(Bel)과 마르둑(Marduk)은 바벨론을 저토록 큰 나라로 만들어 주었는데, 우리 하나님은 도대체 무슨 일을 하셨다는 말입니까?" 이스라엘 백성이 자신들의 잘못은 생각하지 않고 하나님을 향한 원망의 마음을 가졌을 법합니다. 그들이 만들어 놓은 성전은 보잘것없었고 그들의 형편은 나아진 것이 없었습니다. "하나님이 아브라함과 야곱에게 주신 말씀, '내가 너로 복이 되게 하겠다', '내가 너에게 복을 주겠다'고 하신 약속은 도대체 어디에 있는 것입니까?" 그들은 도리어 반문하고 싶었을 것입니다. 그래서 그들은 "주님께서 우리를 사랑하신다는 증거가 어디에 있습니까?"라고 질문한 것입니다.

이 반항적인 질문이 구약의 맨 마지막 책의 첫 장에 쓰여 있다는 것이 참으로 놀랍습니다. 이는 마치 구약에 나타난 하나님과 이스라엘의 관계를 마무리하는 종결어처럼 보이기도 합니다. 하나님은 구약의 모든 이야기를 통틀어서 말씀하십니다. "내가 너를 사랑하였노라." 그런데 이스라엘 백성은 구약에 있는 모든 이야기를 통틀어서 반문합니다. "주님께서 우리를 사랑하신다는 증거가 어디에 있단 말입니까?"

우리도 이와 비슷한 경험을 할 때가 있습니다. 특별히 이스라엘 백성이 토로한 심정으로 하나님께 항의하고 싶을 때가 종종 있습니다. '왜 하나님은 하나님을 믿지 않는 사람들의 사업은 번성하게 하시면서, 하나님의 백성인 나의 사업은 이토록 힘들게 만드시는 것일까?' '나는 하나님의 영광을 위해서 얼마든지 일할 수 있는데, 하나님은 왜 나를 이렇게 보잘것없는 자리에 그냥 내팽개쳐 두시는 것일까?'

또 이렇게 묻습니다. "하나님이 우리를 사랑하신다는 증거가 도대체 어디에 있습니까? 왜 하나님을 잘 믿는 우리 아들, 우리 딸을 먼저 데려가신 것입니까? 왜 사랑하는 배우자에게 몹쓸 병을 주어서 고생하게 하십니까? 하나님을 믿지 않는 사람들은 저렇게 건강하게 잘도 살고 있는데, 왜 하나님을 잘 믿는 우리는 이렇게 고통스러운 자리에서 힘들게 살아가야 하는 것입니까?" 우리는 늘 이런 질문을 던지고 싶어 합니다.

예수님의 삶에 하나님의 사랑이 담겼다

저도 평안한 인생길을 걸어오지는 못했습니다. 하나님이 저를 멀리하고 버리신 것 같은 경험을 한 적도 있었습니다. 하나님의 부재를 경험한 시간이 상당히 많았습니다.

그러던 2007년 어느 날, 새벽 기도를 하던 중 주님의 임재를 경험했습니다. 엎드려 기도하는 중에 문득 예수님의 무릎 위에서 기도하고 있다는 느낌이 들었습니다. 눈을 들어 위를 바라보는데 밝은 빛이 내려와 볼 수 없을 정도였습니다. 하지만 분명 제 위에, 옆에, 앞에 주님이 계시는 것을 경험적으로 느낄 수 있었습니다. 그리고 따뜻한 목소리가 들려왔습니다. "내가 너를 사랑하노라." 그런데 그 순간 저는 주님께 항의하듯 말을 내뱉었습니다. "그런데 왜 이래요? 하나님이 사랑하시는데 왜 이런 일이 일어나요?" 하나님 앞에 이렇게 항의했던 기억이 있습니다.

그러던 어느 날 말씀을 묵상할 때 예수님의 마음을 깨닫게 되었습니다. 예수님도 하늘로부터 들려온 음성을 들으신 적이 있습니다. 한 번도 아니고 여러 번 들으신 것 같습니다. 성경은 두 번의 사례를 기록하고 있습니다. 먼저는 예수님이 세례 받으실 때 하늘로부터 "이는 내 사랑하는 아들이요 내 기뻐하는 자라"(마 3:17) 하는 음성이 들려왔습니다. 또 예수님이 변화산에 오르셨을 때 하늘로부터 음성이 들려왔습니다. "이는 내 사랑하는 아들이요 내 기뻐하는 자니 너희는 그의 말을 들으라"(마 17:5).

예수님은 하늘로부터 분명한 음성을 들으셨습니다. "내가 너를 사랑한다. 너는 내가 사랑하는 사람이다"라는 특별한 음성을 두 번 이상 들으셨습니다. 그런데 하나님의 사랑을 받으신 아들 예수님의 인생은 어떠했습니까? 유대인들에게 멸시를 당하셨고, 가난하셨으며, 결국 억울한 누명을 쓰셨고, 폭도들에 의해 끌려가셨으며, 사람들 앞에서 벌거벗겨지는 수치를 당하셨고, 가장 참혹한 처형 방식인 십자가를 짊어지셨습니다.

하늘로부터 들려온 "내가 너를 사랑한다"라는 음성에 대해 예수님은 뭐라고 말씀하시고 싶었을까요? "그런데 하나님, 왜 이렇게 하십니까? 왜 이런 일이 저에게 일어나도록 하십니까?" 예수님도 이렇게 말씀하시고 싶지 않았을까요? 그런데 예수님은 그렇게 말씀하시지 않았습니다. "아버지, 저의 뜻대로 하지 마시고 아버지의 뜻대로 되기를 원합니다"라고 기도하셨습니다. 그러고는 고난의 길을 가셨습니다. 아버지의 사랑과 능력 그리고 아버지께서 건져 주실 것을 믿으며 모든 것을 맡기셨습니다. 이것이 바로 예수님의 믿음이었습니다. 이러한 예수님의 믿음에 반응하듯이 하나님은 예수님을 죽었던 자리에서 다시 살려 내셨습니다. 아들 예수를 다시 살리는 기적으로 아들을 향한 당신의 사랑을 확증해 주셨습니다.

예수님의 삶과 죽음 그리고 부활을 통해서 보게 되는 하나님의 사랑은 인간의 굴레로서 겪는 가난과 고통, 모함과 억울함 그리고 배신과 죽음에서 우리를 면제해 주시는 사랑이 아닙니다. 우리가 어디에 있든지, 심지어 우리가 비참하게 죽임을 당할지라도 우리를 다시 살려 냄으로 다시 일으켜 세워 주시는 사랑입니다.

하나님은 예수님을 사랑하셨습니다. 그러나 하나님의 사랑은 그분의 고통, 그분의 십자가를 면제해 주신 것이 아닙니다. 예수님이 비참한 죽음에 처했을 때 다시 살려 냄으로써 당신의 공의를 이루고 당신의 사랑을 확증해 주신 것입니다. 이것이 하나님의 사랑입니다. 그러므로 바울은 믿음을 이렇게 고백하지 않습니까? "우리가 사방으로 욱여쌈을 당하여도 싸이지 아니하며 답답한 일을 당하여도 낙심하지 아니하며 박해를 받아도 버린 바 되지 아니하며 거꾸러뜨림을 당하여도 망하지 아니하고 우리가 항상 예수의 죽음을 몸에 짊어짐은 예수의 생명이 또한 우리 몸에 나타나게 하려 함이라"(고후 4:8-10).

마침내 십자가에 드러난 사랑

말라기서가 참 안타깝게 끝나지 않습니까? "하나님이 우리를 사랑하신다는 증거가 어디 있습니까?"라는 이스라엘 백성의 항변과 마치 하나님과 이스라엘의 관계가 결렬된 것 같은 모습으로 구약성경이 마무리됩니다. 수백 년 동안 그 마지막 항변이 메아리처럼 흐르고 또 흘러왔을 것입니다. 그리고 마침내 주님의 오심을 알리는 신약성경은 우리에게 이렇게 하나님의 사랑을 전합니다. "하나님이 세상을 이처럼 사랑하사 독생자를 주셨으니 이는 그를 믿는 자마다 멸망하지 않고 영생을 얻게 하려 하심이라"(요 3:16). "하나님이 우리를 사랑하신다는 증거가 어디 있습니까?"라는 질문에 대한 답이 주어진 것입니다.

말라기는 어려운 현실과 포로 생활의 고통 속에서 하나님을 향해 질문을 던졌습니다. "하나님, 너무 힘듭니다. 포로 생활, 가난하고 궁핍한 생활, 예배도 제대로 드릴 수 없고 신앙도 제대로 지킬 수 없는 광야와 같은 세상에 하나님이 우리를 사랑하신다는 증거가 어디 있습니까?" 말라기가 던지는 이 질문에 대한 성경의 대답은 분명합니다. "하나님이 세상을 이처럼 사랑하사 독생자를 주셨으니 이는 그를 믿는 자마다 멸망하지 않고 영생을 얻게 하려 하심이라"라고 말입니다. 요한일서도 하나님의 사랑의 증거를 이렇게 말합니다. "하나님의 사랑이 우리에게 이렇게 나타난 바 되었으니 하나님이 자기의 독생자를 세상에 보내심은 그로 말미암아 우리를 살리려 하심이라"(요일 4:9).

하나님의 사랑은 우리의 건강에 관련해 일희일비하는 어떤 사례에 있지 않습니다. 우리 사업의 번성함에 있는 것도 아닙니다. 하나님의 사랑은 영생과 관련된 것으로, 예수 그리스도의 십자가 위에서 분명하게 드러났습니다. 그러므로 로마서는 다음과 같이 말합니다. "우리가 아직 죄인 되었을 때에 그리스도께서 우리를 위하여 죽으심으로 하나님께서 우리에 대한 자기의 사랑을 확증하셨느니라"(롬 5:8). 성경은 인간의 가장 큰 문제, 죄와 죽음의 문제를 해결함으로 하나님이 당신의 사랑을 우리에게 확증해 주셨다고 말합니다. 그러므로 예수 그리스도의 십자가는 하나님이 우리를 사랑하신다는 최고의 표지이며 표적인 것입니다.

우리는 인생을 살아가면서 때로 힘들고 어려운 시간을 견뎌야 합니다. 그때마다 우리는 하나님께 이렇게 항의할 수 있습니다. "하나님이 우리를 사랑하신다는 증거가 어디 있습니까?" 하나님 앞에 애타게 울부짖을 때마다 주님은 피 묻은 손으로 우리의 머리에 안수하며 이렇게 말씀하실 것입니다. "내가 너를 사랑한다." 못 자국 난 손을 내보이며 우리를 사랑한다고 말씀하실 것입니다. 하나님은 궁극적으로 우리를 살리기 원하십니다. 죽어도 살리기를 원하시고, 영원히 살게 하기를 원하십니다. 그만큼 우리를 사랑하십니다.

최근 아르투어 쇼펜하우어(Arthur Schopenhauer) 등 많은 철학자의 글이 사람들 사이에 회자되고 있습니다. '이 세상을 어떻게 살아갈 것인가'에 대한 지혜를 얻기 위해서입니다. 세상을 지혜롭게 사는 것은 매우 중요합니다. 이 세상에서의 한 번뿐인 인생을 알차게 살아야 합니다. 그러나 우리의 현실은 이 세상에만 머물지 않습니다. 우리 모두가 경험해야 하는 또 다른 현실은 죽음입니다. 언젠가는 이 세상을 넘어 다른 세상을 향해 가게 될 것입니다. 그리고 죽음 앞에 설 것입니다. 우리는 그제야 '주님이 정말 나를 사랑하셨구나. 나를 위해 정말 필요한 것을 준비해 주셨구나. 참 감사하다'라는 마음을 갖게 될 것입니다.

그러므로 하박국 선지자는 다음과 같이 노래합니다. "비록 무화과나무가 무성하지 못하며 포도나무에 열매가 없으며 감람나무에 소출이 없으며 밭에 먹을 것이 없으며 우리에 양이 없으며 외양간에 소가 없을지라도 나는 여호와로 말미암아 즐거워하며 나의 구원의 하나님으로 말미암아 기뻐하리로다"(합 3:17-18). 우리도 이 노래를 즐거이 부릅시다.

1. 하나님의 사랑이 느껴지지 않았던 적이 있습니까? 그때의 상황은 어땠는지 그리고 당신의 감정은 어떠했는지 나누어 보십시오.

2. 누군가를 온전히 사랑했는데 상대방이 그 마음을 알아주지 않는다면 어떨까요? 당신의 감정을 하나님의 마음과 비교해서 설명해 보십시오.

3. 하나님이 우리를 사랑하신다는 증거가 무엇입니까? 당신은 그 증거를 가지고 있습니까?

2부

그대,
언제 낙심하는가

고난은 두 마음을 품는 데서 싹튼다

성도의 두 모습

아마샤는 남유다의 왕으로서, 특별히 하나님을 경외하려고 노력한 왕 중에 한 명으로 꼽힙니다. 그러나 그에게는 흠도 있었습니다. 요아스왕의 아들인 아마샤는 요아스가 암살된 후에 왕위를 이어 갑니다.

아마샤와 관련된 내용은 열왕기하 12-14장 그리고 역대하 24-26장, 두 곳에 자세하게 기록되어 있습니다. 역대하 25장 1절은 아마샤의 통치 기간을 다음과 같이 요약하고 있습니다. "아마샤가 왕위에 오를 때에 나이가 이십오 세라 예루살렘에서 이십구 년 동안 다스리니라 그의 어머니의 이름은 여호앗단이요 예루살렘 사람이더라." 25세에 왕이 되었고, 29년 동안 남유다를 다스렸다는 내용입니다. 총체적인 통치 기간을 설명한 후 그에 대한 평가가 이어집니다. "아마샤가 여호와께서 보시기에 정직하게 행하기는 하였으나 온전한 마음으로 행하지 아니하였더라"(대하 25:2). 아마샤가 하나님의 말씀에 나름 정직하게 따르려 노력은 했지만, 온전한 마음으로 하나님을 신실하게 따르지는 않았다는 것입니다.

'우리도 비슷한 삶을 살고 있지는 않나' 하는 생각이 듭니다. 이것은 어쩌면 우리 자신에 대한 말씀이 아닐까요? '저도 하나님의 말씀을 잘 따르며 잘 알고 있습니다. 그러나 전심으로 따르기까지는 못 하겠습니다.' 이렇게 생각하는 것이 우리의 삶이고 우리의 모습이 아닐까요? 아마샤는 어떻게 살았기에 이 같은 평가를 받았을까요? 만약 우리의 삶과 비슷하다면, 아마샤의 이야기에서 우리는 무엇을 배울 수 있을까요?

하나님을 전적으로 의지하고 있는가

이러한 아마샤에 대한 평가에 이어 두 가지 중요한 사례가 등장합니다. 하나님의 말씀을 정직하게 따랐던 모습과 온전한 마음으로 주님을 따르지 않았던 모습이 두 사건을 통해 소개됩니다.

첫 번째는 아마샤가 자신의 아버지를 죽인 신하들을 처형한 내용입니다. 열왕기하 12장 21절에 따르면 요사갈과 여호사바드라는 두 신하가 요아스를 죽였습니다. 정권을 탈취하려는 목적으로 이런 일을 벌였는지도 모릅니다. 그러나 성공하지 못했고, 요아스의 아들 아마샤가 왕위에 올랐습니다. 아마샤는 한동안 힘이 없어서 그들을 처형하지 못한 것 같습니다. 어느 정도 힘이 생긴 뒤에야 그들을 처단했습니다. 그런데 그들을 처단하면서 그 자녀들은 처단하지 않았습니다. 이는 율법을 따른 것이라고 성경은 말합니다. "그의 나라가 굳게 서매 그의 부왕을 죽인 신하들을 죽였으나 그들의 자녀들은 죽이지 아니하였으니 이는 모세의 율법책에 기록된 대로 함이라 곧 여호와께서 명령하여 이르시기를 자녀로 말미암아 아버지를 죽이지 말 것이요 아버지로 말미암아 자녀를 죽이지 말 것이라

오직 각 사람은 자기의 죄로 말미암아 죽을 것이니라 하셨더라"(대하 25:3-4). 아마샤는 말씀대로 자신의 정적, 아버지를 죽인 신하들은 죽였지만 그 자녀들까지 죽이지는 않았습니다.

이 성경의 증언을 보면, 아마샤는 하나님의 계명을 잘 지키는 사람처럼 보입니다. 그러나 이어지는 이야기를 통해 그는 하나님을 온전히 의지하지 않았다는 것을 알 수 있습니다. 말씀대로 계명을 따르기는 했지만, 하나님을 전적으로 의지하지는 않았다는 것입니다. 그는 전쟁을 준비하면서 하나님보다 자신의 지략과 책략을 의지하는 경향을 보였습니다. "아마샤가 유다 사람들을 모으고 그 여러 족속을 따라 천부장들과 백부장들을 세우되 유다와 베냐민을 함께 그리고 이십 세 이상으로 계수하여 창과 방패를 잡고 능히 전장에 나갈 만한 자 삼십만 명을 얻고 또 은 백 달란트로 이스라엘 나라에서 큰 용사 십만 명을 고용하였더니"(대하 25:5-6).

아마샤는 전쟁에 나가기 전에 하나님께 기도하거나 간구하지 않았습니다. 대신 자신의 방식대로 병력을 준비했습니다. 병력이 부족했는지, 그는 은 100달란트를 들여 북이스라엘 사람 중에서 용병 10만 명을 고용했습니다. 이렇게 에돔과의 전쟁을 위해 아마샤는 자신의 군사 30만, 용병 10만 명으로 군대를 구성했습니다. 그는 하나님을 믿었지만, 그의 행동에는 하나님을 의지하는 모습이 전혀 보이지 않습니다. 그저 그의 계산만이 드러나고 있을 뿐입니다.

하지만 하나님은 이와 같은 아마샤의 모습에 당신의 사람을 보내어 조언하셨습니다. "어떤 하나님의 사람이 아마샤에게 나아와서 이르되 왕이여 이스라엘 군대를 왕과 함께 가게 하지 마옵소서 여호와께서는 이스라엘 곧 온 에브라임 자손과 함께하지 아니하시나니 왕이 만일 가시거든 힘써 싸우소서 하나님이 왕을 적군 앞에 엎드러지게 하시리이다 하나님은 능히 돕기도 하시고 능히 패하게도 하시나이다 하니"(대하 25:7-8). 이 말씀은 이런 뜻입니다. "이스라엘 용병들을 데리고 가지 마십시오. 그들은 하나님이 함께하지 않으십니다. 왕은 왕의 군사들과 함께 가십시오. 하나님이 도와주실 것입니다. 그러면 능히 이길 수 있을 것입니다."

하나님의 말씀이 주어지자 아마샤는 고민에 빠졌습니다. 이미 은 100달란트를 지불한 모양입니다. 이미 계산이 끝났다는 사실을 알지만 선지자는 이렇게 말했습니다. "여호와께서 능히 이보다 많은 것을 왕에게 주실 수 있나이다"(대하 25:9). 결국 아마샤는 용병들을 돌려보내고 그들에게 돈을 준 셈이 되었습니다. 여기까지는 하나님의 말씀을 따라가는 훌륭한 신앙인처럼 보입니다. 그리고 전쟁은 하나님의 말씀대로 남유다의 승리로 끝났습니다. "아마샤가 담력을 내어 그의 백성을 거느리고 소금 골짜기에 이르러 세일 자손 만 명을 죽이고 유다 자손이 또 만 명을 사로잡아 가지고 바위 꼭대기에 올라가서 거기서 밀쳐 내려뜨려서 그들의 온몸이 부서지게 하였더라"(대하 25:11-12).

얼마나 극적인 성공이었는지, 성경에 나오는 장면은 이렇습니다. 만 명을 죽였고, 또 만 명을 사로잡아 바위 꼭대기까지 몰고 올라가 그들을 떨어뜨려 다 죽게 했습니다. 얼핏 들으면 그냥 지나칠 수 있는 말씀이지만, 가만히 생각해 보면 범죄입니다. 전쟁에서 사람을 죽이는 것은 어쩔 수 없습니다. 그러나 사로잡은 포로를 만 명이나 절벽에서 떨어뜨려 죽게 한 것은 살인 행위라고 할 수 있습니다. 이것은 하나님의 율법을 어긴 것입니다. 이처럼 아마샤는 어떤 율법은 지키고, 어떤 율법은 지키지 않았습니다.

곰곰이 생각해 보면, 아마샤가 아버지 요아스를 죽인 신하의 자녀들을 죽이지 않은 것에는 정치적인 의도가 다분하다고 봅니다. 백성에게 '나는 하나님의 계명을 지키는 사람이다', '나는 그래도 너그러운 정치인이다'라는 것을 보여 주려는 의도였는지 모릅니다. 그러나 모든 것이 가려져 있는 전쟁 상황이 되자 아마샤의 잔인한 성격이 드러나고 말았습니다.

자기도 모르게 두 신을 섬기는 성도들

그래도 여기까지는 전쟁에서 성공하고 돌아오는 아마샤의 모습을 볼 수 있지만, 이어지는 내용은 참으로 안타깝습니다. 에돔 사람들을 죽이고 전쟁에서 승리한 후 돌아오는 길에 그는 하나님께 찬양하거나 영광을 돌리지 않았습니다. 도리어 그는 세일 자손이 가지고 있던 신상을 가져와 그 신들에게 경배하고 분향했다고 성경은 말합니다. "아마샤가 에돔 사람들을 죽이고 돌아올 때에 세일 자손의 신들을 가져와서 자기의 신으로 세우고 그것들 앞에 경배하며 분향한지라"(대하 25:14).

참으로 놀랍습니다. 하나님을 따랐고, 하나님의 명령대로 행하여 전쟁에까지 나가서 승리했습니다. 하나님이 도와주신 전쟁이라는 사실이 분명하게 드러났습니다. 그럼에도 아마샤는 하나님께 감사하지 않았으며, 하나님의 전 앞으로 나아와 기도하지도, 하나님께 영광을 돌리지도 않았습니다. 오히려 돌아오면서 이방인들이 가지고 있던 신상을 가져왔습니다. 그러자 하나님은 선지자를 보내어 책망하셨습니다. "그러므로 여호와께서 아마샤에게 진노하사 한 선지자를 그에게 보내시니 그가 이르되 저 백성의 신들이 그들의 백성을 왕의 손에서 능히 구원하지 못하였거늘 왕

은 어찌하여 그 신들에게 구하나이까 하며"(대하 25:15). "어떻게 자기 백성
도 구하지 못한 신을 가지고 와서 절하며 그 신들에게 분향한단 말입니까!
그렇게 힘없는 약한 신을 왜 경배한단 말입니까!" 선지자는 이렇게 책망
했습니다.

하지만 아마샤는 도리어 선지자를 책망했으며, 하나님의 경고를 듣지
않았습니다. "예언자가 이렇게 말머리를 꺼내는데, 왕이 그의 말을 가로
막으면서, '우리가 언제 너를 왕의 고문으로 추대하였느냐? 맞아 죽지 않
으려거든 그쳐라!' 하고 호통을 쳤다. 그러자 예언자는 이렇게 말하고 그
쳤다. '임금님께서 나의 충고를 받지 않고 이렇게 하시는 것을 보니, 하나
님께서 임금님을 망하게 하시기로 결심하셨다는 것을 이제 알 것 같습니
다'"(대하 25:16, 새번역).

왜 아마사는 이 부분에서 양보하지 않았을까요? 왜 회개하지 않았을까
요? 왜 하나님의 경고를 듣지 않았을까요? 아마샤는 자신이 그렇게 행동
하는 이유를 이야기하지 않습니다. 다만 열왕기하 14장 4절이 그 일에 대
한 단서를 제공합니다. "아마샤가 여호와 보시기에 정직히 행하였으나 그
의 조상 다윗과는 같지 아니하였으며 그의 아버지 요아스가 행한 대로 다
행하였어도 오직 산당들을 제거하지 아니하였으므로 백성이 여전히 산당
에서 제사를 드리며 분향하였더라"(왕하 14:3-4).

이 평가를 토대로 한다면, 아마샤가 에돔 땅에서 돌아올 때 왜 이방인
들이 섬기던 신상을 가져왔는지, 왜 그 신상에 경배하고 분향했는지 알 수
있습니다. 한마디로, 그는 하나님을 섬기는 동시에 다른 신도 섬기는 사
람이었습니다. 그러면서 이렇게 생각했을 것입니다. '나는 여호와의 백성
이다. 나는 하나님만을 섬기는 사람이다.' 결국 그는 하나님만을 온전히

신뢰하지 못했던 것입니다.

그 결과는 북이스라엘과의 전쟁으로 이어집니다. 하나님을 온전히 신뢰하지 못해서 고용한 용병들이 문제를 일으켰습니다. 그들을 돌려보냈으나 그들이 쉽게 돌아가지 않았습니다. 그들은 돌아가면서 사마리아에서부터 벧호론까지 유다 성읍들을 약탈했고, 3천 명을 죽였습니다. 이것이 빌미가 되어 북이스라엘과의 전쟁이 시작되는데, 결국 이 전쟁에서 남유다는 패하고 맙니다. 예루살렘성이 약탈당하고, 예루살렘 성벽이 무너지고, 하나님의 전에 있던 금과 은과 그릇들을 빼앗깁니다. 또 왕궁에 있던 재물 역시 빼앗깁니다. 사람들도 볼모로 잡혀갑니다. 완전한 패전입니다. 참담한 비운을 맞게 됩니다.

이 모든 일이 이루어진 이유를 성경은 이렇게 정리하고 있습니다. "아마샤가 듣지 아니하였으니 이는 하나님께로 말미암은 것이라 그들이 에돔 신들에게 구하였으므로 그 대적의 손에 넘기려 하심이더라"(대하 25:20). 에돔 사람의 신을 섬긴 일이 이와 같은 결과를 초래했다는 것입니다. 이후 아마샤의 인생은 한마디로 죽지 못해 사는 인생이 됩니다. "유다 왕 요아스의 아들 아마샤가 십오 년간 생존하였더라"(대하 25:25). '통치하였다', '다스렸다'가 아닌 '생존하였다', 즉 '죽지 못해 살았다'는 말입니다. 몇몇 학자는 아마샤가 북이스라엘에 패전했을 때 볼모로 잡혀 갔을 것이라고 추정합니다. 이 모든 것의 출발점에 에돔 신을 가지고 왔던 그의 불신앙이 자리하고 있습니다.

한 사람이 두 주인을 섬길 수는 없다

왜 아마샤는 자신의 백성도 제대로 지키지 못한 에돔의 신을 경배하려고 했을까요? 저는 이 말씀을 읽으면서 늘 이런 생각을 했습니다. '참 미련하다. 어떻게 에돔 신상을 가져다가 섬길 생각을 했을까?' 도저히 일어날 수 없을 것 같은 어리석은 일이라고 생각하며 묵상하곤 했는데, 가만히 생각해 보니 우리 중에도 이 같은 일이 많이 일어나고 있다는 사실을 깨달았습니다.

우리는 때때로 하나님의 도우심으로 어떤 전쟁에서 승리할 때가 있습니다. 간절히 기도하며 구했던 일이 하나님의 함께하심으로 이루어지고, 원하는 바를 얻는 순간을 맞이할 때도 있습니다. 또한 에돔의 신상 같은 전리품을 얻을 때도 종종 있습니다. 물론 그것은 하나님이 주신 것입니다. 전리품이자 선물이고, 하나님이 승리하셨다는 표징이라고 할 수도 있습니다. 그러나 때로는 우리가 얻은 전리품을 도리어 섬기고, 그것이 우리의 신이 되어 하나님이 우리 삶에서 사라져 버리시는 경우가 상당히 많습니다. 우리가 경배하는 자리에 하나님이 계시는 것이 아니라, 복 자체가 마치 신처럼 우리 위에 군림하고 있는 경우도 적지 않습니다. 재물의 경우도 마찬가지입니다. 하나님이 큰 은혜로 우리에게 적절한 재물을 허락하셨다면, 그것은 분명 하나님이 주신 전리품과 같은 것으로 선물이며 은혜입니다. 그런데 그 재물을 신처럼 여겨 그것을 의지하고, 그 재물의 지배를 받으며 살아가는 사람이 얼마나 많습니까. 승리는 하나님이 주셨는데, 도리어 에돔의 신상을 섬긴 아마샤와 다를 바 없는 모습입니다.

기도해서 얻은 많은 응답이 있을 것입니다. 그것은 마치 하나님의 도움을 받아 전쟁에서 승리하여 얻은 전리품 같은 것들입니다. 좋은 직장이 그럴 수 있고, 이것만큼은 놓칠 수 없다고 생각되는 어떤 특별한 자리일 수도 있습니다. 심지어는 배우자나 어렵게 얻은 자녀일 수도 있습니다. 이 모든 것은 다 하나님이 주신 것입니다. 그럼에도 때로는 하나님이 계셔야 할 자리에 어렵게 얻은 자녀가, 어렵게 올라간 자리가, 어렵게 가진 직장이 놓일 수 있습니다. 모든 것을 하나님이 주셨는데, 도리어 그것을 숭배하느라 하나님을 잊을 때가 있습니다. 그것이 신이 될 때 하나님은 진노하십니다.

우리가 하나님을 완전히 버리고 다른 신을 섬긴다면 우리의 모습을 더 분명하게 깨달을 수 있을 것 같습니다. 그러나 우리의 문제는, '나는 하나님을 잘 섬기고 있어'라고 생각하는 동시에 다른 신을 섬긴다는 데 있습니다. 이것이 우리에게는 큰 함정이 아닐 수 없습니다. 바로 아마샤가 빠졌던 함정이기도 합니다. 아마샤 역시 하나님의 계명도 지키고, 율법도 지키고, 하나님의 선지자의 말씀도 청종했습니다. 나름대로 말씀을 따라 자신의 계획을 수정하기도 했습니다. 그렇게 전쟁에 나가 승리하기도 했습니다. 어떻게 보면 하나님의 말씀을 따라 살아가는 사람입니다. 그런데 한 가지 문제가 있었습니다. 그가 다른 신도 함께 섬긴다는 것이었습니다. 그것이 재물의 신일 수도 있고, 사회적 지위일 수도 있고, 자녀일 수도 있고, 에돔의 신상일 수도 있습니다.

왜 우리에게는 많은 신이 필요할까요? 왜 아마샤는 하나님만이 아닌, 다른 산당의 신들도 필요로 했을까요? 하나님이 지치실 때를 대비해서 다른 신도 동원하면 좋겠다는 마음에서였을까요? 마치 운동선수들이 지쳤을 때를 대비해 교체 선수를 두는 것처럼 말입니다. 아니면 신마다 전문 분야가 따로 있다고 생각해 특별한 분야를 위해 다른 신이 필요해서였을까요? 실제로 바알과 아세라를 섬기는 이스라엘 백성에게는 그러한 이유가 있었습니다. 하나님은 총체적인 분이지만 바알은 풍요를 그리고 아세라는 다산을 상징하는 신이었습니다. 다산과 풍요를 주는 바알과 아세라를 특별하게 섬기는 동시에 하나님도 섬기려고 했던 것입니다.

그러나 한번 생각해 보십시오. 하나님이 어떤 분이십니까? 하나님은 지치지 않으시고, 전지전능하시며, 능력이 한이 없으신 분입니다. 무엇보다 유일하신 분으로, 하나님 외에 다른 신은 존재하지 않습니다. 그렇기에 우리가 다른 신을 섬기려 하면 하나님은 질투하십니다. 이는 그 신이 대단해서가 아니라, 나무나 돌과 같은 피조물을 하나님과 동일한 선상에 놓는 것이 견딜 수가 없기에 진노하고 질투하시는 것입니다.

우리의 삶을 되짚어 봅시다. 과연 우리는 하나님만을 섬기고 있습니까? 하나님을 섬기고 있다고 생각하지만 다른 신도 함께 슬그머니 섬기고 있는 것은 아닙니까? 하나님을 신뢰하지 않아서 고용했던 용병들이 결국 아마샤를 무너뜨린 역사적 단초가 되었습니다. 또 하나님이 승리를 주셔서 포로처럼 잡아 온 에돔의 신상에 경배한 것이 아마샤를 결국 망하게 한 영적 단초가 되었습니다. 우리는 하나님과 다른 신을 결코 겸하여 섬길 수 없습니다. 주님은 말씀하십니다. "한 사람이 두 주인을 섬기지 못할 것이니 혹 이를 미워하고 저를 사랑하거나 혹 이를 중히 여기고 저를 경히 여김이라 너희가 하나님과 재물을 겸하여 섬기지 못하느니라"(마 6:24).

1. 당신의 마음에 하나님보다 더 많은 비중을 차지하고 있는 것이 있다면 무엇입니까?

2. 하나님이 승리하게 하셨는데 그것이 도리어 당신의 영적인 생활을 무너지게 한 경험이 있다면 나누어 보십시오.

3. 당신의 삶의 우선순위는 무엇입니까? 그리고 하나님이 우리에게 요구하시는 우선순위는 무엇일까요? 두 개의 우선순위가 같지 않다면, 삶을 돌아보고 정리하는 시간을 가지십시오.

사랑의 빛으로
세상의 빛이 되라

"전도를 위해 가장 먼저 해야 할 일이 무엇일까?" 이 질문에 선행되어야 하는 질문이 있습니다. 바로 "우리는 왜 지금까지 전도하지 못했을까?" 하는 것입니다. 물론 우리가 전도지를 들고 나가는 등 전도를 시도하지 않았기 때문일 것입니다. 하지만 더 근본적인 이유는, 우리가 믿는 하나님을 제대로 보여 주지 못했기 때문일 것입니다. '왜 사람들은 나를 통해 하나님을 만나지 못했을까?' 이것이 우리의 고민이기도 합니다. 우리는 어떻게 해야 하나님을 드러낼 수 있을까요?

어느 날 버스를 타고 가는데 나이가 지긋한 어르신이 타셨습니다. 잠시 후 버스가 흔들리자 어르신은 버스 기둥을 잡으면서 "아이고, 주여!" 하셨습니다. 또 흔들리자 "아이고, 주여! 아이고, 주여!" 하는데, 주님이 민망하실 것 같다는 생각이 들었습니다. 과연 이렇게 하는 것이 주님을 드러내는 일일까요? 또 언젠가 제가 줄을 서 있는데, 사람이 꽤 많았습니다. 그때 앞쪽에 서 있던 한 성도님이 저를 보더니 "목사님, 이리로 오십시오. 제 자리에 서십시오" 하며 양보하는데 얼마나 민망했는지 모릅니다. 그렇게 하면 주님의 이름이 드러날까요? 예수님은 "너희는 세상의 빛이라 산 위에 있는 동네가 숨겨지지 못할 것이요"(마 5:14)라고 말씀하셨습니다. 과연 어떻게 하는 것이 빛으로서의 삶을 드러내는 것일까요?

이 질문에 답하기 위해 마태복음에 기록된 산상수훈을 살펴보려고 합니다. 산상수훈은 "심령이 가난한 자는 복이 있나니 천국이 그들의 것임이요"(마 5:3)라는 말씀으로 시작합니다. 마치 웅장한 음악이 시작되는 듯합니다. 이 말씀에서 출발해 주님은 여덟 가지 복에 대해 말씀하십니다. 그것을 '팔복'이라고 일컫습니다.

많은 사람이 산상수훈을 팔복의 말씀으로 알고 있지만, 사실 팔복의 말씀은 산상수훈의 일부에 불과합니다. 어떻게 보면 서론에 해당한다고 할 수 있습니다. 그리고 마태복음 5장에서 시작되는 예수님의 말씀은 7장 마지막 절까지 이어집니다. 그럼에도 산상수훈을 팔복의 말씀으로 생각하는 이유는, 아마도 앞부분에 워낙 감명이 깊어서 이어지는 이야기를 신경 쓰지 않는 경향 때문인 것 같습니다. 이제는 산상수훈의 말씀은 다르게 볼 필요가 있습니다. 여러 방법이 있지만, 이 장에서는 "너희는 세상의 빛이다"라는 주님의 말씀을 중심으로 산상수훈을 나누어 보려 합니다.

● 빛으로 사는 그리스도인

예수님은 산상수훈을 시작하면서 팔복을 말씀하시는데, 팔복 말씀의 처음과 마지막 부분에는 천국에 대한 이야기가 나옵니다. 이어서 예수님이 "너희는 세상의 빛이라"(마 5:14) 하신 말씀과 또 다른 이야기가 펼쳐집니다. 그 내용은 빛으로 사는 그리스도인의 삶에 대한 것입니다.

산상수훈의 말씀을 더 자세히 이해하기 위해 마태복음의 특징을 살펴볼 필요가 있습니다. 개역개정 성경에서 '천국'이라는 단어를 검색하면 총 37회가 나오는데, 그중 36회가 마태복음에서 사용되었습니다. '천국'이라는 말은 거의 마태복음에만 나온다고 해도 과언이 아닙니다. 마태복음은 '천국'의 개념을 전하는 복음서라고 할 수 있습니다. 헬라어로는 '바실레이아 톤 우라논'(βασιλεία τῶν οὐρανῶν, basileia tōn ouranōn: Kingdom of Heaven, 하늘의 나라, 천국)이라는 단어를 사용하고 있습니다.

그러면 마가복음이나 누가복음 등 다른 책에는 '천국'이라는 단어가 쓰이지 않는 것일까요? 다른 용어가 사용되고 있습니다. '바실레이아 투 데우'(βασιλεία τοῦ Θεοῦ, basileia tou Theou: Kingdom of God, 하나님의 나라)라는 표현입니다. 이처럼 '하늘의 나라', '천국'이라는 표현은 마태복음에만 국한해서 특별하게 사용되는 개념입니다. 마태복음을 천국의 관점에서 살펴보는 것은 그래서 더 의미 있습니다. 산상수훈의 말씀도 그렇습니다.

산상수훈에는 '천국'이라는 단어가 총 6회 나오는데, 여섯 번 모두 그 내용에 굉장한 의미가 담겨 있습니다. 산상수훈에서 특별히 팔복 말씀의 첫 번째 부분은 이렇게 시작됩니다. "심령이 가난한 자는 복이 있나니 천국이 그들의 것임이요"(마 5:3). 여기에도 '천국'이라는 표현이 나옵니다. 주님은 심령이 가난한 자에게 천국이 그들의 것이라고 말씀하십니다. 그다음 두 번째부터 일곱 번째 복이 설명되고, 마지막 여덟 번째 복에도 '천국'이라는 표현이 등장합니다. "의를 위하여 박해를 받은 자는 복이 있나니 천국이 그들의 것임이라"(마 5:10). 팔복의 말씀 전체가 '천국'으로 둘러싸여 있는 모습입니다. 처음부터 마지막까지 천국과 관련 있는 복이라고 할 수 있습니다.

이처럼 팔복의 말씀은 천국으로 둘러싸여 있고, 산상수훈의 맨 마지막 말씀도 '천국'이라는 말로 끝납니다. "나더러 주여 주여 하는 자마다 다 천국에 들어갈 것이 아니요 다만 하늘에 계신 내 아버지의 뜻대로 행하는 자라야 들어가리라"(마 7:21).

그런데 산상수훈의 앞부분에 나오는 천국과 마지막에 나오는 천국에 대한 말씀이 조금 다르게 보일 수 있습니다. 팔복에 나오는 천국은 심령의 상태, 태도와 관련된 내용으로 보입니다. 그런데 산상수훈의 마지막 부분에 나오는 천국은 어떻게 사느냐, 어떻게 행하느냐 등 삶의 내용과 관련되어 있습니다. 그러므로 산상수훈은 '마음'의 상태나 태도, 성품과 관련해 천국에 들어갈 수 있는 사람과 '행동'과 관련해 천국에 들어갈 수 있는 사람의 예를 둘로 나누어 설명하신 주님의 말씀이라고 할 수 있습니다.

바로 그 사이에 "너희는 세상의 빛이라"(마 5:14)라는 말씀이 자리하고 있습니다. 주님은 마태복음 5장 16절에서 이렇게 말씀하십니다. "이같이 너희 빛이 사람 앞에 비치게 하여 그들로 너희 착한 행실을 보고 하늘에 계신 너희 아버지께 영광을 돌리게 하라"(마 5:16). "너희는 세상의 빛이라"라는 말씀 다음부터 '너희 착한 행실'이라는 표현이 나오면서 나머지 산상수훈의 내용이 모두 행위와 관련해 이어집니다.

정리하면, 산상수훈의 중심에는 "너희는 세상의 빛이라"라는 말씀이 자리하고 있습니다. 이 말씀의 앞부분에서는 팔복을 통해 세상의 빛으로 살아가는 사람들이 가져야 할 태도와 마음 자세 그리고 성품에 대해 다루고 있으며, 뒷부분에서는 삶의 요령과 행동의 방향 그리고 삶의 방식에 대해 설명하고 있습니다.

빛을 비추어 하나님께 영광을 돌리라

그러면 빛으로 산다는 것은 어떻게 사는 것을 의미할까요? 이 질문에 주님은 먼저 빛으로 사는 사람들이 가져야 하는 태도와 마음 자세 및 성품에 대해 말씀하십니다. "너희가 세상의 빛이 되어서 살려면 너희의 심령이 가난해져야 한다. 애통하며 온유한 모습을 보여 주어야 하고, 의에 주리고 긍휼히 여기면서 살아야 한다. 마음이 청결해야 하고, 화평하게 하는 일을 감당해야 한다. 그리고 의를 위하여 애쓰는 사람이 되어야 한다. 이것이 너희가 가져야 하는, 빛으로 사는 사람의 마음가짐이며 태도다." 그리고 이어서 빛으로 살아가는 사람들의 행동 방식에 대해 설명하면서 율법을 말씀하십니다. 본문의 시작점입니다. 주님은 "내가 율법이나 선지자를 폐하러 온 줄로 생각하지 말라 폐하러 온 것이 아니요 완전하게 하려 함이라"(마 5:17)라고 말씀하십니다. 율법은 여전히 중요하다는 의미입니다.

예수님은 이 땅에 내려와 당신의 보혈을 나누어 주며 십자가에 달려 죽으시고 다시 살아나셨습니다. 우리를 용서하고 구원하기 위해 오신 것입니다. 율법을 넘어서는 구원을 우리에게 주신 것입니다. 그럼에도 주님은 "나는 율법을 폐하러 온 것이 아니라, 도리어 완전하게 하려고 왔다"라고 말씀하십니다. "그러므로 누구든지 이 계명 중의 지극히 작은 것 하나라도 버리고 또 그같이 사람을 가르치는 자는 천국에서 지극히 작다 일컬음을 받을 것이요 누구든지 이를 행하며 가르치는 자는 천국에서 크다 일컬음을 받으리라 내가 너희에게 이르노니 너희 의가 서기관과 바리새인보다 더 낫지 못하면 결코 천국에 들어가지 못하리라"(마 5:19-20). "너희가 세상의 빛이 되기 위해서는 서기관과 바리새인보다 더 철저하게 율법을 지켜야 한다. 나는 율법을 폐하러 온 것이 아니라, 완성하려고 온 것이다"라는 말씀입니다.

그러고 나서 주님은 더 적극적으로 율법을 해석하십니다. "누구든지 살인하면 심판을 받는다고 하였지만, 나는 너희에게 이르노니 형제에게 노하는 자마다 이미 심판을 받았느니라. 간음하지 말라 하는 말을 너희가 들었으나, 나는 너희에게 이르노니 음욕을 품고 상대를 보는 자마다 이미 간음하였느니라"(마 5:21-28 참조). 단지 문자적으로 율법을 지키라는 말이 아니라, 율법의 정신으로 들어가 더 적극적으로 말씀을 지키라는 의미입니다.

이어서 주님은 원수 사랑에 대하여 말씀하십니다. "나는 너희에게 이르노니 너희 원수를 사랑하며 너희를 박해하는 자를 위하여 기도하라"(마 5:44). 원수까지도 사랑하라고 명령하신 주님이 또 말씀하십니다. "그러므로 하늘에 계신 너희 아버지의 온전하심과 같이 너희도 온전하라"(마 5:48). 이 말씀은 "너희가 세상의 빛이 되기를 원한다면 하나님처럼 온전해야 한다"라는 의미입니다. 그리고 긴 산상수훈의 이야기가 이어집니다.

구제는 은밀한 중에 하며 외식하지 말아야 합니다. 세상의 빛이 되려면 기도하는 자가 되어야 합니다. 주님은 어떻게 기도해야 하는지에 대해서도 말씀해 주십니다. 또한 보물은 이 세상에 쌓아 두지 말고 하늘에 쌓아야 하며, 염려하지 말아야 한다고 하십니다. 비판해서는 안 되며, 좁은 문으로 들어가야 한다고 말씀하십니다. 결과적으로 신앙의 아름다운 열매를 맺어야 한다는 말씀으로 산상수훈은 마무리됩니다.

얼핏 무리한 요구를 하시는 것은 아닌가 하는 생각이 듭니다. 율법을 그냥 지키기도 쉽지 않은데, 더 적극적으로 해석해서 지키라는 말씀입니다. 그것이 세상의 빛이 되기 위한 요구 사항입니다. 그렇지만 한번 곰곰이 생각해 봅시다. 세상 사람들은 믿는 사람들에게서 무엇을 보고 싶어 할까요? '적어도 그리스도인이라면 성품이 남다르지 않을까? 삶의 방향이 조금은 다르지 않을까? 원수도 사랑하며 살지 않을까?' 어찌 보면 산상수훈의 말씀은 하나님의 요구가 아니라 세상 사람들이 그리스도인들을 향하여 보고 싶어 하는 삶의 모습이 아닐까 생각합니다.

그리스도인이라면 심령이 가난하고 온유한 모습, 마음이 정결하고 청결한 모습으로 비쳐야 하지 않을까요? 세상 사람들은 그리스도인이 세상의 욕심과 염려, 비판 등에 매여 있지 않고 참된 자유를 누리며 살아가는 모습을 확인하고 싶어 할 것입니다. 이것이 세상 사람들의 요구라면 "너희는 세상의 빛이라"라는 말씀의 의미가 새삼스럽게 다가오기도 합니다.

흥미로운 것은, 본문에 의하면 율법을 지키는 것이 천국에 들어가고 못 들어가는 구원의 문제와는 관련이 없다는 사실입니다. 주님은 말씀하십니다. "그러므로 누구든지 이 계명 중의 지극히 작은 것 하나라도 버리고 또 그같이 사람을 가르치는 자는 천국에서 지극히 작다 일컬음을 받을 것이요 누구든지 이를 행하며 가르치는 자는 천국에서 크다 일컬음을 받으리라"(마 5:19). 예수 그리스도가 당신의 보혈로 우리를 구원해 주셨다면, 우리는 하나님 나라에 들어갈 수 있습니다. 그런데 자기만 홀로 들어가는 사람이 있을 수 있다는 말입니다.

그런 사람은 율법을 제대로 지키지 못해 세상 사람들에게 빛이 되지 못한 자입니다. 빛으로 드러나지 못한 상태로 살다가 자기만 부끄럽게 구원받는 자입니다. 그런 사람을 '천국에서 작은 자'라고 명명하고 있습니다. 반대로 율법을 지켜 냄으로써 세상의 빛이 되어 사람들에게 귀감이 되고 복음을 증거하는 사람은 천국에서 큰 자가 될 것입니다. 율법을 날카로운 기준으로 바르게 지켜 내는 사람은 마침내 세상의 빛이 될 것입니다. 그리고 그 행실을 보는 사람은 아버지께 영광을 올려 드리게 될 것입니다.

빛이 되려면 가장 먼저 자신을 돌아보라

"너희는 세상의 빛이라"라는 말씀을 들을 때마다 어떤 생각을 했습니까? 예수님이 말씀하고 요구하시는 세상의 빛이 되려면 마음이 가난하고, 온유하며, 청결해야 합니다. 구제는 조용히 해야 하고, 비판하지 않으며, 원수까지도 사랑하고 용서해야 합니다. 당신은 과연 지금껏 그렇게 살아왔습니까?

저는 신학교에 다닐 때 기도원에 자주 올라갔습니다. 보통 기도원 집회는 일주일간 진행되었는데, 주말쯤 집회가 끝나면 많은 사람이 은혜를 받고 산에서 내려갔습니다. 기도원 앞으로 버스가 와서 사람들을 싣고 가곤 했는데, 한 번에 많은 사람이 내려올 때면 버스에서 자리 경쟁이 치열했습니다. 서로 빨리 올라타 자리를 잡으려고 애쓰는 모습을 보면서 이런 생각이 들었습니다. '자리를 차지하려고 서로 밀치고 당기는 이것이 과연 은혜 받은 사람의 모습일까?' 저는 그때 받은 충격을 잊을 수가 없습니다. 그리고 지금도 그와 비슷한 모습을 그리스도인들 가운데서 자주 발견하곤 합니다.

한번은 이민 교회 어른들이 모여서 토론한 적이 있습니다. "우리는 신앙생활을 열심히 했는데 아이들은 왜 교회에 나오지 않는 것일까? 어렸을 때는 교회에 잘 나왔는데 지금은 왜 나오지 않는 것일까?" 열심히 토론하다가 솔직한 의견을 들어 보자 해서 아이들을 불렀습니다. 어린아이 때는 교회에 잘 나왔는데 중·고등학생을 넘어가고 청년이 되면서 교회에 나오지 않았던 아이들 몇 명이 동원되었습니다.

한참 동안 침묵이 이어지다가 마침내 한 어린 청년이 솔직하게 자신의 마음을 표현했습니다. "저는 어렸을 때 어머니, 아버지 차에 실려 교회에 나오곤 했습니다. 그때 나름 신앙생활도 열심히 하며 재미있게 교회 생활을 했습니다. 그런데 교회에 갈 때마다 어머니, 아버지가 싸우는 소리를 많이 들었고, 집으로 돌아갈 때는 교회에서 일어났던 여러 분란의 소식을 들었습니다. 그런데 제가 왜 커서 스스로 그런 교회에 나와야 합니까? 어머니, 아버지가 보여 준 모습이 제가 가야 하는 교회의 모습입니까? 저는 그런 교회에 나가고 싶지 않습니다."

이것이 비단 그만의 문제겠습니까? 우리 모두의 문제일 것입니다. 예수님을 믿는다면서 과연 우리는 빛으로 살았습니까? 예수님이 산상수훈을 통해 고귀한 말씀을 하신 것 같지만, 사실 이것은 엄중한 말씀입니다. "너희는 마음이 가난하고 온유하며 청결해야만 해. 그래야 빛이 되고 다른 사람에게 귀감이 될 거야. 너희는 바르게 살며 율법의 정신을 철저하게 지켜야 해. 그래야 나의 영광을 드러낼 수 있어." 이 말씀을 하시는데 우리는 그렇게 살지 못했습니다.

주님이 마태복음을 시작하면서 우리에게 하신 말씀이 있습니다. 특별히 천국과 관련한 말씀입니다. 세례 요한을 통해서 주님은 "회개하라 천국이 가까이 왔느니라"(마 3:2) 하고 말씀하셨습니다. 마태복음 4장 17절에서도 동일한 말씀을 하셨습니다.

한 영혼을 구원하기 위해 그리스도인인 우리가 먼저 해야 할 일은 무엇일까요? 선물을 준비하는 것일까요? 좋은 사람을 만나서 함께 식사하는 것일까요? 가장 먼저 해야 할 일은 우리 자신을 돌아보는 것입니다. 우리의 삶을 돌아보고 회개하는 일부터 시작해야 합니다. '내가 빛이 되지 못했다. 나의 가족들에게 참된 주님의 빛이 되지 못했다.' 이 반성에서부터 우리의 전도는 시작될 것입니다. 우리가 변화될 때에야 비로소 빛을 발할 수 있는 법입니다. 진정한 전도자가 되는 첫 번째 단계는 회개입니다. 온전한 전도자가 되기 위해서 자신을 돌아보고 삶을 회개하는 시간을 보내며, 마침내 놀라운 전도의 열매가 열리기를 기도합니다.

질문과 나눔

1. '전도' 하면 어떤 이미지가 떠오릅니까? 당신은 어떻게 전도하고 있습니까?

2. 당신이 생각하는 '세상의 빛'과 같은 사람은 어떤 모습입니까? 당신은 그렇게 살고 있습니까?

3. 당신은 직장(가정, 학교 등)에서 어떤 그리스도인입니까? 다른 사람은 당신을 어떤 그리스도인으로 평가할 것 같습니까?

사라질 악인의 형통을
부러워하지 말라

악인의 형통에 신앙인은 물음표를 던진다

　　본문은 선하게 살려고 애쓰던 한 신앙인의 고통스러운 경험과 깨달음을 잘 보여 주는 말씀입니다. 그는 하나님께 실망해 자칫 시험에 들 뻔했다면서 자신의 경험을 이야기하기 시작합니다. "하나님은, 마음이 정직한 사람과 마음이 정결한 사람에게 선을 베푸시는 분이건만, 나는 그 확신을 잃고 넘어질 뻔했구나. 그 믿음을 버리고 미끄러질 뻔했구나"(시 73:1-2, 새번역).

　　그는 신앙인으로서 하나님이 정직한 사람과 마음이 정결한 사람에게 복을 내리고 선을 베푸신다는 것을 믿으며 살아왔지만, 그 믿음을 잃어버릴 뻔했다고 토로하고 있습니다. 왜 그랬을까요? 악인을 보면서 도리어 부러워하고 있는 자신을 보았기 때문입니다. "그것은, 내가 거만한 자를 시샘하고, 악인들이 누리는 평안을 부러워했기 때문이다"(시 73:3, 새번역). 악을 미워하고 선을 사랑해야 하는 신앙인이 악인들이 누리는 평안을 보며 회의감을 갖게 되었다는 뜻입니다.

　　그는 이어서 자신이 느낀 악인들의 형통을 묘사합니다. "그들은 죽을 때에도 고통이 없으며, 몸은 멀쩡하고 윤기까지 흐른다. 사람들이 흔히들 당하는 그런 고통이 그들에게는 없으며, 사람들이 으레 당하는 재앙도 그들에게는 아예 가까이 가지 않는다. 오만은 그들의 목걸이요, 폭력은 그들의 나들이옷이다. 그들은 피둥피둥 살이 쪄서, 거만하게 눈을 치켜뜨고 다니며, 마음에는 헛된 상상이 가득하며, 언제나 남을 비웃으며, 악의에 찬 말을 쏘아붙이고, 거만한 모습으로 폭언하기를 즐긴다. 입으로는 하늘을 비방하고, 혀로는 땅을 휩쓸고 다닌다"(시 73:4-9, 새번역). 악한 사람들에게 재앙이 속히 내리지 않는 것 같은 데다, 그들의 모습을 보니 심지어 더 잘되어 가는 듯합니다. "그런데 놀랍게도, 그들은 모두가 악인인데도 신세가 언제나 편하고, 재산은 늘어만 가는구나"(시 73:12, 새번역).

그러다 보니 신앙을 가지고 있는 하나님의 백성조차도 악한 이들의 형통을 보면서 유혹을 받을 수밖에 없습니다. 그리고 그들 역시 부자들이 하는 말을 그대로 되뇌면서 실망한 어조로 "하나님은 이 모습을 보지 못하시나 보다"라고 한탄합니다. "하나님의 백성마저도 그들에게 홀려서, 물을 들이키듯, 그들이 하는 말을 그대로 받아들여, 덩달아 말한다. '하나님인들 어떻게 알 수 있으랴? 가장 높으신 분이라고 무엇이든 다 알 수가 있으랴?' 하고 말한다"(시 73:10-11, 새번역). 하나님을 알지 못하는 사람들이 내뱉는 말을 신앙인들이 그대로 받아서 마치 물을 들이키듯이 똑같이 되뇌고 있습니다. 무신론적 발언들이 신앙인의 입에서 나오고 있다고 토로한 것입니다.

"왜 하나님은 악한 사람들을 그대로 내버려 두시는가? 왜 그들을 심판하지 아니하시는가?" 시편 기자는 이 문제를 놓고 깊이 씨름합니다. 사실 이것은 우리에게 큰 도전을 주는 문제입니다. 특별히 신앙인으로서 악의 본성은 이해하기 어렵고, 또 받아들이기 힘든 주제이기도 합니다. 일찍이 한 지혜자는 전도서에서 이 같은 현상에 대해 묘사한 바 있습니다. "악한 일에 관한 징벌이 속히 실행되지 아니하므로 인생들이 악을 행하는 데에 마음이 담대하도다"(전 8:11). 악을 행하는 데 대한 하나님의 형벌이 즉각적으로 이루어진다면 과연 이처럼 많은 악인이 설치고 다닐 수 있을까 하는 생각을 하게 됩니다. 하나님이 악이 시행될 때마다 즉각적으로 반응하고 징벌을 내리신다면 이 세상이 조금은 달라지지 않았을까 하는 기대도 해 봅니다.

시편 기자는 악인들이 속히 심판을 받지 않고 도리어 승승장구하는 모습을 보면서 마음이 흔들립니다. 그러고는 신앙에 든 회의감을 다음과 같이 표현합니다. "이렇다면, 내가 깨끗한 마음으로 살아온 것과 내 손으로 죄를 짓지 않고 깨끗하게 살아온 것이 허사라는 말인가"(시 73:13, 새번역)? "악인들은 저렇게 형통한데 나는 왜 바보처럼 깨끗한 마음으로 살려고 애써야 한다는 말인가? 내가 깨끗하게 살아야 하는 당위성이 무엇인가? 내가 선하게 살아야 할 이유가 무엇이란 말인가?"라는 질문을 던진 것입니다. 그리고 이 문제 때문에 그는 날마다 괴로웠다고 토로합니다. "하나님, 주님께서는 온종일 나를 괴롭히셨으며, 아침마다 나를 벌하셨습니다"(시 73:14, 새번역). 그러면서 '나도 차라리 그렇게 사는 것이 어떨까?' 하고 고민합니다. 때로는 유혹도 꽤나 받았던 모양입니다. 그는 이렇게 토로합니다. "'나도 그들처럼 살아야지' 하고 말했다면, 나는 주님의 자녀들을 배신하는 일을 하였을 것입니다"(시 73:15, 새번역). 속에서 여러 번 '나도 그들과 똑같이 타협하며 살까? 이 세상에서 살아가는 악인들처럼 사는 것이 더 현명한 일은 아닐까?' 이렇게 불쑥불쑥 올라오는 생각을 다잡곤 했다는 것입니다.

악인들이 이 세상에서 잘되기만 한다면 누가 선하게 살려고 하겠습니까. 하나님의 말씀을 따라 사는 사람과 제 마음대로 악을 행하며 사는 사람 사이에 아무런 차이가 없다면, 아니 도리어 악인들이 더 잘되고 높은 자리로 올라간다면 누가 어렵게 하나님을 따르는 길을 가려고 하겠습니까. 사람으로서 당연한 고민이 아닐 수 없습니다.

악인의 운명은 결국 하나님 앞에 있다

우리도 인생을 살아오면서 아마 비슷한 경험을 많이 했을 것입니다. '저 사람은 정말 악한데 어떻게 아직도 잘살고 있을까? 저렇게 나쁜 짓을 많이 하는데 어떻게 발각되지 않을까?' 이런 생각이 올라올 때가 참 많지 않습니까? 그런 상황을 보면서 어떤 생각이 듭니까? 당신은 신앙인으로서 이 문제를 어떻게 받아들이고 있습니까? 시편 기자는 고백합니다. "내가 이 얽힌 문제를 풀어 보려고 깊이 생각해 보았으나, 그것은 내가 풀기에는 너무나 어려운 문제였습니다"(시 73:16, 새번역). 이 문제의 해답을 알고 있습니까? 아마 많은 사람이 이 고민을 한두 번 이상 해 보았을 텐데, 결론은 '참 어렵다. 이것은 내 영역이 아닌가 보다' 하는 정도에 머무르고 있지 않을까 생각합니다.

그런데 시편 기자는 이 문제를 놓고 깊이 씨름하며 기도하던 중에 한 가지 실마리를 찾았다고 고백합니다. "그러나 마침내 하나님의 성소에 들어가서야, 악한 자들의 종말이 어떻게 되리라는 것을 깨닫게 되었습니다"(시 73:17, 새번역). 그가 생각하고 판단할 때는 악인들의 미래가 보이지 않고 그들의 형통함이 잘 이해되지 않았는데, 하나님을 대면하고 보니 깨달음을 얻게 되었다고 고백한 것입니다. 이 난해한 문제의 해답을 성소에 들어가 하나님 앞에서야 드디어 알게 되었다는 것입니다.

그 첫 번째 해답이 무엇입니까? "이 악한 자들은 결국 하나님의 심판에서 최후를 맞게 될 것이다. 하나님이 계신다는 사실을 다시 한번 마음속에 확인하게 되었다"는 것입니다. "주님께서 그들을 미끄러운 곳에 세우시며, 거기에서 넘어져서 멸망에 이르게 하십니다. 그들이 갑자기 놀라운 일을 당하고, 공포에 떨면서 자취를 감추며, 마침내 끝장을 맞이합니다. 아침이 되어서 일어나면 악몽이 다 사라져 없어지듯이, 주님, 주님께서 깨어나실 때에, 그들은 한낱 꿈처럼, 자취도 없이 사라집니다"(시 73:18-20, 새번역).

시편 기자는 성소에서 심판하시는 하나님을 확신합니다. 비록 더딘 것 같지만, 하나님은 분명히 그들을 심판하고 정리하실 것이라는 믿음을 갖게 되었습니다. 하나님의 때, 심판의 때가 반드시 올 것이라는 믿음을 성소에서 굳게 붙잡게 되었다고 그는 고백합니다.

악인이 모두 이 땅에서 번성하고 안락한 삶을 살아가는 듯 보이지만, 실은 그렇지 않습니다. 우리가 악인들이 잘되는 모습만을 바라보며 시기하거나 불평하기 때문에 그렇게 보이는 것입니다. 한마디로, 착시 현상이라 할 수 있습니다.

같은 고민을 토로한 시편 37편의 기자는 악인의 실패를 이 땅에서 얼마든지 볼 수 있다고 말합니다. "악한 자들이 잘된다고 해서 속상해하지 말며, 불의한 자들이 잘 산다고 해서 시새워하지 말아라. 그들은 풀처럼 빨리 시들고, 푸성귀처럼 사그라지고 만다"(시 37:1-2, 새번역). 하나님 앞에서 악을 행하는 사람들은 언뜻 잘나가는 듯 보입니다. 그러나 실상은, 그들의 운명은 그렇지 않다는 것입니다. 그는 다시 고백합니다. "악인들이 뿌리째 뽑히는 모습을 네가 보게 될 것이다. 악인의 큰 세력을 내가 보니, 본고장에서 자란 나무가 그 무성한 잎을 뽐내듯 하지만, 한순간이 지나고 다시 보니, 흔적조차 사라져, 아무리 찾아도 그 모습 찾아볼 길 없더라"(시 37:34-36, 새번역). "이것이 악인들의 운명이다"라는 시편 기자의 고백입니다.

● 그럼에도 하나님은 악인조차 기다리신다

베드로후서를 보면 초대 교회에 나타난 거짓 교사들에 대한 이야기가 나옵니다. 당시 많은 성도가 예수님이 급히 재림하사 그들을 심판하실 것이라는 믿음을 가지고 살아가고 있었습니다. 그런데 예수님의 재림이 점점 지연되자 또 다른 주장을 하는 거짓 교사들이 나타나기 시작했습니다. 그들은 "예수님의 재림은 없다. 그러니 예수님의 심판도 없다"라고 주장하며 많은 사람을 현혹했습니다.

이러한 믿음의 혼란을 겪고 있던 성도들에게 사도 베드로는 강하게 권면합니다. "여러분이 무엇보다 먼저 알아야 할 것은 이것입니다. 마지막 때에 조롱하는 자들이 나타나서, 자기들의 욕망대로 살면서, 여러분을 조롱하여 이렇게 말할 것입니다. '그리스도가 다시 오신다는 약속은 어디 갔느냐? 조상들이 잠든 이래로, 만물은 창조 때부터 그러하였듯이 그냥 그대로다'"(벧후 3:3-4, 새번역). 조롱하는 자들은 "예수님이 오신다고 했는데 언제 오시느냐? 또 심판이 있다고 하는데 그게 언제냐? 만물은 그대로 지금까지 존속되고 아무런 변화도 없지 않느냐?"라고 주장합니다. 그러나 베드로는 말합니다. 예수님의 재림과 심판은 없으니 마음껏 즐기며 살라고 말하는 거짓 교사들에게 성경에 나타난 수많은 하나님의 심판의 사례를 열거합니다.

"그들이 이렇게 말하는 것은, 하나님의 말씀으로 하늘이 오랜 옛날부터 있었고, 땅이 물에서 나와 물로 말미암아 형성되었다는 것과, 또 물로 그 때 세계가 홍수에 잠겨 망하여 버렸다는 사실을, 그들이 일부러 무시하기 때문입니다. 그러나 지금 있는 하늘과 땅도 불사르기 위하여 그 동일한 말씀으로 보존되고 있으며, 경건하지 못한 자들이 심판을 받아 멸망을 당할 날까지 유지됩니다"(벧후 3:5-7, 새번역). 노아 시대의 홍수 심판 사건과 소돔과 고모라성이 완전히 멸망했던 사건을 다시 생각나게 합니다. "하나님이 심판하지 않으셨다고? 아니다. 하나님은 이미 물로 온 인류를 심판하셨고, 소돔과 고모라성에 있는 모든 사람을 멸망시키셨다. 하나님은 끊임없이 심판하시는 분이고, 그 하나님은 지금도 살아 계신다"라고 베드로는 거짓 교사들에게 대응합니다.

다만 그는 하나님의 심판이 더디게 느껴지는 이유가 있다고 말합니다. "사랑하는 여러분, 이 한 가지만은 잊지 마십시오. 주님께는 하루가 천 년 같고, 천 년이 하루 같습니다. … 그러나 주님의 날은 도둑같이 올 것입니다. 그날에 하늘은 요란한 소리를 내면서 사라지고, 원소들은 불에 녹아 버리고, 땅과 그 안에 있는 모든 일은 드러날 것입니다"(벧후 3:8, 10, 새번역). "하나님의 심판은 반드시 올 것이다. 그러나 하나님의 시간과 우리의 시간이 달라서 조급하게 느껴질 뿐이다. 우리는 우리 인생의 짧은 시간 안에서 모든 정의와 심판이 이루어지기를 바라지만, 하나님의 시간은 더 길고 영원하며 그 안에서 당신의 뜻을 이루어 가시기 때문에 우리가 판단할 수 없을 뿐이다"라는 말입니다.

그리고 또 다른 이유를 말합니다. "어떤 이들이 생각하는 것과 같이, 주님께서는 약속을 더디 지키시는 것이 아닙니다. 도리어 여러분을 위하여 오래 참으시는 것입니다. 하나님께서는 아무도 멸망하지 않고, 모두 회개하는 데에 이르기를 바라십니다"(벧후 3:9, 새번역). 악인이라도 그 한 사람을 찾고 구원하기를 원하시는 하나님의 마음이 담겨 있습니다. 그래서 이미 심판을 받아야 하는 사람도 아직 여전히 살아서 움직이는 것처럼 보인다는 것입니다. 이를 통해 우리는 악인들이 여전히 다시 돌아오기를 바라시는 하나님의 은혜로운 마음을 엿볼 수 있습니다. 그 하나님의 마음을 이해하는 것이 필요하다고 사도 베드로는 성도들에게 이야기합니다.

은혜 아니면 언제든 심판 앞에 서게 된다

이와 같은 관점을 뒤로하고 시편 73편으로 다시 돌아가서, 시편 기자가 성소에 들어갈 때 깨달음을 얻었다는 말씀의 보다 깊은 뜻을 살펴보고자 합니다. 악인들이 돌아오기를 원하시는 하나님의 마음으로 이 말씀을 읽으면 그 의미가 조금 다르게 느껴질 것입니다. 우리를 향한 하나님의 말씀임을 깨닫게 됩니다.

시편 기자는 악인의 형통에 분개하면서 성소, 곧 하나님 앞으로 나아갔습니다. '어떻게 악인들이 저렇게 형통할 수 있을까?' 하는 억울한 마음과 부러운 마음을 가지고 하나님 앞에 섰지만, 그는 자신 역시 죄인이라는 사실을 깨닫게 되었습니다. 더 나아가, 악으로 가득 찬 존재가 바로 자신이라는 사실을 알게 되었습니다. 그리고 '악인의 종말이 일어날 것이다'라는 사실을 깨닫는 순간, 모든 악인이 하나님의 심판대 앞에 설 것이라는 확실한 신앙이 그의 마음에 새겨졌습니다. 그때 그는 그 심판의 자리에 자신도 설 수밖에 없음을 깨닫게 된 것입니다.

그래서 그는 성소에 들어가 또 다른 깨달음을 얻었다고 고백합니다. "나는 미련하여 아무것도 몰랐습니다. 당신 앞에서 한 마리 짐승이었습니다. 그래도 나는 당신 곁을 떠나지 않아 당신께서 나의 오른손을 잡아 주셨사오니, 나를 타일러 이끌어 주시고 마침내 당신 영광에로 받아들여 주소서"(시 73:22-24, 공동번역개정판). 악인의 형통에 분개하며 안타까워하던 시편 기자는 도리어 자신이 악인이며 한 마리 짐승과 같은 존재임을 깨닫게 됩니다.

"어떻게 저런 악한 사람들을 그냥 두십니까!"라고 화를 내듯 하나님 앞에 섰던 그는 자신도 그와 같은 악한 존재라는 사실을 깨닫게 됩니다. 그리고 자신도, 자신이 비난하는 사람도 악한 존재지만 자신에게 한 가지 은혜가 있다면, '나는 주님 옆에 있어서 주님이 나의 손을 잡아 주셨을 뿐이다. 내가 은혜를 입었을 뿐이다'라는 사실을 깨달아 알게 된 것입니다. 그래서 그는 시편 73편 마지막에서 이렇게 노래합니다. "당신을 떠난 자 망하리니, 당신을 버리고 다른 신을 섬기는 자, 멸하시리이다"(시 73:27, 공동번역개정판). "왜 악한 자가 심판을 받지 않는가?"라는 물음에서 시작한 그의 질문은 "악한 자는 멸망할 것이다"라는 대답이 아닌 "하나님을 떠난 자는 멸망할 것이다"라는 해답에 도달하게 된 것입니다.

그래서 그의 고백의 마지막은 악인과 선인의 구별이나 "왜 악인은 형통한가?"의 문제로 끝나지 않습니다. "하나님과 누가 더 가까이 있는가?", "하나님께 누가 나아갈 것인가?" 이것이 진정한 해답이라는 사실을 다시 알게 된 것입니다. 그는 마지막에 이렇게 고백합니다. "하나님께 가까이 있는 것이 나에게 복이니, 내가 주 하나님을 나의 피난처로 삼고, 주님께서 이루신 모든 일들을 전파하렵니다"(시 73:28, 새번역). 모든 것이 은혜일 뿐입니다.

오직 주님만 찾으라

다시 악인의 문제로 돌아가 보겠습니다. "너는 악인의 형통함을 부러워하지 말며 그와 함께 있으려고 하지도 말지어다"(잠 24:1). 성경은 "악인의 형통을 부러워하지 말라. 그들을 따라다니지도 말라. 악인들을 부러워할 이유가 하나도 없다"라고 말합니다. 그리고 악인들을 보면서 분노하거나 분개하지도 말라고 합니다. "너는 행악자들로 말미암아 분을 품지 말며 악인의 형통함을 부러워하지 말라"(잠 24:19).

악인이 형통하는 모습, 악인이 잘나가는 모습을 보면 "야, 참 부럽다. 어떻게 저렇게 잘나가나" 부러워하며 '나도 따라갈까?' 하는 마음이 들지 모르지만, 그렇게 하지 말라는 것입니다. 또 악인들이 잘되는 모습을 보면서 "어떻게 이런 일이 있을 수 있습니까!"라고 화를 내며 하나님께 항의할 필요도 없다는 것입니다. 왜 그렇습니까? "대저 행악자는 장래가 없겠고 악인의 등불은 꺼지리라"(잠 24:20). 악인들을 부러워할 필요가 없는 이유는 그들에게 분명 끝이 분명히 있기 때문입니다. 그들은 곧 사라질 것이기 때문입니다. 더 나아가 악인들을 보면서 분개할 필요도 없습니다. 그들은 이미 뿌리가 잘려 곧 사라지고 말 것이기 때문입니다. 이 믿음으로 살아가라는 것입니다.

그런데 성경은 여기서 한 걸음 더 나아갑니다. "네 원수가 넘어질 때에 즐거워하지 말며 그가 엎드러질 때에 마음에 기뻐하지 말라"(잠 24:17). 원수가 넘어지고 악인이 잘못될 때, 악을 행하던 사람들이 심판을 받았다고 여겨질 때 "참 잘됐다. 그러면 그렇지! 하나님이 살아 계시네"라고 말할 수 있을 것 같은데, 하나님은 그렇게 말하지 말라고 하십니다. 왜 그렇습니까?

"여호와께서 이것을 보시고 기뻐하지 아니하사 그의 진노를 그에게서 옮기실까 두려우니라"(잠 24:18). 하나님이 기뻐하시는 일이 아니기 때문입니다. 아이에게 매를 들었는데 부모의 마음이 기쁠 리가 있겠습니까. 형제가 매를 맞는데 다른 형제가 웃고 즐거워한다면 부모의 마음이 좋겠습니까. 하나님의 마음도 그러하다는 뜻입니다. 뿐만 아니라 지금은 매를 맞고 있지 않아도 우리 또한 언제든 매를 맞을 수 있는 충분한 자격이 있습니다. 그만큼의 죄악을 갖고 있다고 생각한다면, 그 매가 자신에게 올 것을 두려워해야 한다는 말입니다.

그러므로 우리가 해야 할 일은 분명해집니다. "잠잠히 주님을 바라고, 주님만을 애타게 찾아라. 가는 길이 언제나 평탄하다고 자랑하는 자들과, 악한 계획도 언제나 이룰 수 있다는 자들 때문에 마음 상해하지 말아라. 노여움을 버려라. 격분을 가라앉혀라. 불평하지 말아라. 이런 것들은 오히려 악으로 기울어질 뿐이다. 진실로 악한 자들은 뿌리째 뽑히고 말 것이다. 그러나 주님을 기다리는 사람들은 반드시 땅을 물려받을 것이다. 조금만 더 참아라. 악인은 멸망하고야 만다. 아무리 그 있던 자취를 찾아보아도 그는 이미 없을 것이다"(시 37:7-10, 새번역).

시편 기자는 앞선 구절에서 이렇게 말했습니다. "주님만 의지하고, 선을 행하여라. 이 땅에서 사는 동안 성실히 살아라. 기쁨은 오직 주님에게서 찾아라. 주님께서 네 마음의 소원을 들어주신다. 네 갈 길을 주님께 맡기고, 주님만 의지하여라. 주님께서 이루어 주실 것이다. 너의 의를 빛과 같이, 너의 공의를 한낮의 햇살처럼 빛나게 하실 것이다"(시 37:3-6, 새번역). 이 말씀을 로마서 12장은 다음과 같이 번역하고 있습니다. "아무에게도 악을 악으로 갚지 말고, 모든 사람이 선하다고 생각하는 일을 하려고 애쓰십시오. 여러분 쪽에서 할 수 있는 대로 모든 사람과 더불어 화평하게 지내십시오. 사랑하는 여러분, 여러분은 스스로 원수를 갚지 말고, 그 일은 하나님의 진노하심에 맡기십시오. 성경에도 기록하기를 "원수 갚는 것은 내가 할 일이니, 내가 갚겠다'고 주님께서 말씀하신다" 하였습니다. "네 원수가 주리거든 먹을 것을 주고, 그가 목말라하거든 마실 것을 주어라. 그렇게 하는 것은, 네가 그의 머리 위에다가 숯불을 쌓는 셈이 될 것이다" 하였습니다. 악에게 지지 말고, 선으로 악을 이기십시오"(롬 12:17-21, 새번역).

로마서 12장 마지막 구절입니다. "악에게 지지 말고, 선으로 악을 이기십시오." 주님이 우리에게 주시는 귀한 권면의 말씀입니다.

1. 당신은 주변에서 악한 사람인데 형통하고 선한 사람인데 고통당하는 경우를 본 적이 있습니까? 하나님은 왜 이런 일을 허락하실까요? 이것이 당신의 믿음 생활에 미치는 영향은 무엇입니까?

2. 악인에 대한 하나님의 심판이 더딘 이유는 무엇입니까? 그것을 당신의 상황과 연결 지어 설명해 보십시오.

3. 우리가 낙심하지 않고 끝까지 선을 행해야 하는 이유는 무엇입니까? 낙심하지 않기 위해 필요한 노력은 무엇인지 나누어 보십시오.

참 예배자에게도
시련은 온다

고난은 누구에게나 찾아온다

본문은 우리의 신앙생활과 관련해 아주 흥미로운 전개를 보여 줍니다. "이 모든 충성된 일을 한 후에 앗수르 왕 산헤립이 유다에 들어와서 견고한 성읍들을 향하여 진을 치고 쳐서 점령하고자 한지라"(대하 32:1). 언뜻 보면 잘 이해되지 않지만, 자세히 살펴보면 걸맞지 않은 두 의미가 한 문장에 담긴 것을 볼 수 있습니다. 배경은 전시 상황입니다. 앗수르의 군대가 예루살렘으로 진격해 들어오고 있습니다. 그런데 상반 절이 흥미롭습니다. "이 모든 충성된 일을 한 후에." 뒤이어 나오는 내용을 한마디로 요약한다면 "앗수르 왕의 침략이 있었다"입니다. 때는 히스기야 시대입니다. "히스기야가 산헤립이 예루살렘을 치러 온 것을 보고"(대하 32:2).

이 모든 충성된 일을 하면서 적군이 쳐들어오는 상황을 경험하고 있는 사람은 유다의 왕 히스기야입니다. 그에 관한 이야기는 그가 왕위에 오르는 역대하 29장까지 거슬러 올라갑니다. 역대하 29장 1절은 그의 치세를 이렇게 요약합니다. "히스기야가 왕위에 오를 때에 나이가 이십오 세라 예루살렘에서 이십구 년 동안 다스리니라"(대하 29:1). 그리고 바로 그에 대한 평가가 이어집니다. "히스기야가 그의 조상 다윗의 모든 행실과 같이 여호와 보시기에 정직하게 행하여"(대하 29:2). 다시 말하면, 히스기야는 하나님이 보시기에 정직하게 살았던, 유다의 드물었던 왕 중에 한 명이었습니다.

그렇다면 유다의 왕 히스기야가 어떤 충성된 일을 했다는 말일까요? '이 모든 충성된 일'은 31장에 나타납니다. 히스기야왕은 예루살렘에 사는 백성에게 명령해 제사장과 레위 사람들이 받아야 할 몫을 나누어 주도록 했습니다. 그렇게 함으로써 레위 사람들과 제사장들이 자신들의 책무를 다할 수 있도록 돕고자 한 것입니다. 당시 그들은 땅을 기업으로 받지 못했기에 나머지 백성이 그들의 생활을 책임져 줄 필요가 있었습니다. 그런데 그 일이 제대로 이루어지지 않고 있었던 모양입니다. 히스기야는 하나님의 율법의 말씀을 따라 모든 백성으로 하여금 레위 사람들과 제사장들의 생활을 책임지도록 했습니다. "또 예루살렘에 사는 백성을 명령하여 제사장들과 레위 사람들 몫의 음식을 주어 그들에게 여호와의 율법을 힘쓰게 하라 하니라"(대하 31:4).

역대하 31장은 이 이야기를 길게 전하고 있습니다. 그러고 나서 레위 사람들과 제사장들의 삶을 충성되게 보살피는 이야기의 결과로 다음과 같은 내용이 이어집니다. "히스기야가 온 유다에 이같이 행하되 그의 하나님 여호와 보시기에 선과 정의와 진실함으로 행하였으니 그가 행하는 모든 일 곧 하나님의 전에 수종드는 일이나 율법이나 계명이나 그의 하나님을 찾고 한마음으로 행하여 형통하였더라"(대하 31:20-21). 한마디로, 히스기야가 열심으로 충성되게 하나님의 일을 돌봄으로써 그의 삶이 형통하게 되었다고 전합니다. 그리고 이어지는 말씀이 본문인 역대하 32장 1절입니다.

하나님이 보시기에 충성스러운 행동을 함으로써 형통함의 축복을 받은 히스기야입니다. 그런데 이 모든 충성스러운 일을 한 후에 그가 적군인 앗수르 군대를 맞닥뜨리게 되었다는 것입니다. 그렇다면 '이것이 과연 형통이라고 말할 수 있는가?' 하는 생각이 듭니다. 역대하 32장에서 앗수르 군대를 맞닥뜨린 일만 보아도 형통이라는 말이 무색할 지경인데, 29장부터 이어지는 히스기야의 일생과 그의 공적들, 하나님께 드린 모든 헌신을 생각해 본다면 32장 1절 말씀이 참 혼란스럽게 느껴질 수밖에 없습니다. 그러므로 이 부분을 조금 더 깊이 살펴보겠습니다.

● 하나님께 충성을 다한 히스기야

히스기야왕의 아버지는 아하스입니다. 아하스에 대한 평가는 역대하 28장 1-4절에 요약되어 있습니다. "아하스가 왕위에 오를 때에 나이가 이십 세라 예루살렘에서 십육 년 동안 다스렸으나 그의 조상 다윗과 같지 아니하여 여호와 보시기에 정직하게 행하지 아니하고 이스라엘 왕들의 길로 행하여 바알들의 우상을 부어 만들고 또 힌놈의 아들 골짜기에서 분향하고 여호와께서 이스라엘 자손 앞에서 쫓아내신 이방 사람들의 가증한 일을 본받아 그의 자녀들을 불사르고 또 산당과 작은 산 위와 모든 푸른 나무 아래에서 제사를 드리며 분향하니라"(대하 28:1-4).

아하스는 하나님을 섬기지 않는 악한 왕이었으며, 그 결과는 참혹했습니다. 그의 통치 기간 동안 아람 왕이 유다를 쳐들어와서 많은 백성을 다메섹으로 포로로 끌고 갔습니다. 심지어 동족인 북이스라엘조차 유다를 공격하여 12만 명을 살해하고 20만 명을 포로로 잡아가는 비극적인 일이 벌어졌습니다. 그러자 아하스는 당시 가장 강력한 나라였던 앗수르 왕 디글랏빌레셋에게 도움을 요청했습니다. 그러나 앗수르 왕은 도리어 예루살렘을 쳐서 재물을 빼앗아 갔습니다. 이 모든 것이 아하스왕이 다스렸던 16년 동안 일어난 일입니다.

역대하 28장만 보아도, 하나님을 멀리하고 우상을 섬겼던 왕의 16년 치세 동안 전쟁만 세 번에 걸쳐 이어진 것을 볼 수 있습니다. 그때마다 왕은 크게 패하고 살육을 당하며 모든 재물을 빼앗기는 수모를 겪었습니다. 그 아하스가 죽은 후에 히스기야가 즉위한 것입니다. 성경은 히스기야가 왕위에 오를 때의 나이가 25세였다고 말합니다. 아하스의 통치 기간이 16년이었다는 기록을 보면, 아마도 히스기야는 아홉 살 때부터 아버지 아하스가 나라를 다스리는 모습을 옆에서 자세히 볼 수 있었을 것입니다. 적어도 아버지의 잘못이 무엇인지를 알 수 있었을 것입니다. 그렇게 히스기야는 16년 동안 후계 수업을 받으며 자랐습니다.

히스기야는 왕이 되자마자 가장 먼저 하나님의 성전을 정화하고 하나님을 섬기는 일에 전력을 쏟았습니다. 다시 말해서, 아버지와 같은 전철을 절대로 밟지 않겠다고 다짐하고 있었던 것 같습니다. 히스기야는 하나님을 섬기는 왕, 하나님을 섬기는 백성이 되도록 최선을 다하기로 작정합니다.

히스기야의 첫 출발에 관해 역대하 29장 3절 이하는 이렇게 증언합니다. "그는 왕이 되던 그 첫해 첫째 달에, 닫혔던 주님의 성전 문들을 다시 열고 수리하였다. 그는 또 제사장들과 레위 사람들을 성전 동쪽 뜰에 모으고, 그들에게 말하였다. '레위 사람들은 나의 말을 잘 들으시오. 이제 그대

들 자신을 먼저 성결하게 하고, 또 그대들의 조상이 섬긴 주 하나님의 성
전을 성결하게 하여, 더러운 것을 성소에서 말끔히 없애도록 하시오. 우
리의 조상이 죄를 지어, 주 우리의 하나님 앞에서 악한 일을 하였소. 그들
은 하나님을 버리고 얼굴을 돌이켜서, 주님께서 거하시는 성소를 등지고
말았소'"(대하 29:3-6, 새번역).

이 말씀을 보면 히스기야의 마음이 어느 정도였는지를 정확하게 이해
할 수 있습니다. 히스기야는 아버지 당시의 정치 상황을 보면서 하나님을
섬기지 않은 왕 때문에 백성이 고통당했다는 사실을 깨달았습니다. 하나
님께 예배드리지 않고 그분을 거역함으로 자신의 조상들이 어려움에 처
했다는 사실을 알고 있었기에 그는 이어서 말했습니다. "이러한 까닭으
로, 주님께서 유다와 예루살렘에 대해 진노하셔서, 우리를 두려움과 놀람
과 비웃음거리가 되게 하셨다는 것은, 여러분이 직접 보아서 알고 있는 사
실이오. 조상들이 칼에 맞아 죽고, 우리의 자식들과 아내들이 사로잡혀
갔소. 이제 나는, 주 이스라엘의 하나님께서 그 맹렬한 진노를 우리에게
서 거두시기를 바라며, 하나님과 언약을 세우기로 결심하였소"(대하 29:8-
10, 새번역).

정리하면, 히스기야는 왕이 되자마자 자신의 통치 방향을 분명하게 밝
혔습니다. "하나님께로 돌아가자. 성소를 깨끗하게 하고 모든 제사를 회
복하자. 우리가 지금까지 외세의 침략을 받아 유린당한 이유는 하나님을
바르게 섬기지 않았기 때문이다. 이에 나는 결심했다. 나는 주 하나님만
을 섬기는 왕이 될 것이다. 이제 주 하나님만을 섬기는 백성과 나라가 되
자"라고 이야기한 것입니다.

이어지는 내용을 보면, 히스기야는 우선 성전을 깨끗하게 정돈하고, 이

방의 물건들과 이방 신들을 모두 부수어 버립니다. 그리고 성전에서 하나님께 드리는 모든 제사를 복원합니다. 그리고 속죄제와 번제를 드리고 감사제를 회복합니다. 더 나아가 유월절과 무교절을 비롯한 절기들을 다시 지킵니다. 모든 제사와 예배가 가능하게 하기 위해 레위 사람들과 제사장들에게 백성이 분깃을 나누어 주도록 조치를 취합니다. 이 모든 내용이 역대하 29-31장에 소개되고 있습니다. 그리고 이어지는 말씀이 본문인 역대하 32장 1절입니다. 따라서 "이 모든 충성된 일을 한 후에"는 앞서 기록된 히스기야의 모든 사역을 종합하는 말이라고 할 수 있습니다. 성전과 제사는 물론, 예배의 절기와 성직도 회복했습니다. 히스기야는 이 모든 충성스러운 일을 다 마쳤습니다.

참 예배자라도 고난을 피해 갈 수 없다

그런데 전개가 흥미롭지 않습니까? 이렇게 충성스러운 일을 다 마친 후에 적군이 쳐들어왔습니다. 그것도 작은 군대가 아니라, 당시로 말하면 세계에서 가장 강력한 앗수르 군대가 예루살렘 코앞까지 진격해 들어왔다는 것입니다.

히스기야는 아버지 아하스의 실수를 보면서, 유다가 주변 나라들에게 침략과 유린을 당한 이유가 하나님을 온전히 섬기지 않았기 때문이라고 결론지었습니다. 이에 그는 성전 예배를 회복하고, 하나님만을 섬기기 위해 절기와 성직 등 모든 것을 새롭게 정비했습니다. 그런데 그 일을 다 마친 후에 적군이 쳐들어온 것입니다. 이 일을 히스기야는 어떻게 해석했을까요?

우리는 살아가면서 종종 어려움을 당합니다. 그때마다 우리는 이런 생각을 하곤 합니다. '내가 하나님을 잘 섬기지 않아서, 내가 교회에 잘 나가지 않아서 이런 어려움이 온 거야', '내가 예배에 잘 참석하지 않고 늘 게으름을 부리다가 결국 신앙이 해이해져서 이런 어려움을 당하고 있는 거야', '이 어려움은 하나님이 주시는 징계일 거야.' 물론 성경에 이 같은 사례가 많기 때문에 결코 틀렸다고 말할 수는 없습니다. 앞서 히스기야의 아버지 아하스왕의 이야기가 그런 사례를 잘 보여 주기 때문입니다. 그런데 히스기야처럼 하나님을 잘 섬기는 예배자가 되어도 때로는 적군이 쳐들어올 수 있습니다. 이것이 히스기야가 경험한 현실입니다.

때로 초신자들을 만나면 하나님을 믿지 않다가 갑자기 믿게 되어서인지 신앙이 아주 역동적인 경우가 있습니다. 모든 것을 다 거는 신앙으로 비치곤 합니다. "제가 지금까지는 하나님을 믿지 않았는데, 이제 믿게 되었으니 하나님이 저를 지켜 주실 거예요. 제 사업과 모든 것을 하나님이 철저하게 지켜 주실 테니 걱정이 없습니다"라고 이야기하는 분들이 간혹 있습니다. 참 귀하다는 생각이 들기도 하지만, 때로는 조금 걱정이 됩니다.

또 많은 성도 중에 열심히 신앙생활을 하는 분들이 있습니다. 주일 예배는 물론 새벽 제단도 쌓고, 늘 기도하면서 하루를 시작하고, 헌금 생활과 교회 일에 힘쓰며, 목회자나 어려운 이웃들도 잘 돕습니다. 그야말로 정직하고 아름답고 멋지게 신앙생활을 하는 분들입니다. 그런데 그분들이 종종 이런 질문을 할 때가 있습니다. "제가 이렇게 열심히 신앙생활을 하니 하나님이 지켜 주실 거예요. 일도 잘되고 평탄하게 해 주실 거예요. 하나님이 저의 모든 것을 다 지켜 주실 겁니다. 목사님, 그렇지요?" 그러면 저는 대답하기가 참 어렵습니다.

히스기야의 경우처럼, 우리가 신앙생활을 열심히 하고 하나님 앞에서 정직하게 행하며 예배자로서 바르게 살아간다 할지라도 우리 앞에 어려운 문제가 닥칠 수 있습니다. 그때 어떤 사람은 하나님께 실망합니다. '내가 이렇게 열심히 신앙생활을 했는데 왜 나에게 이런 어려움이 있는가? 옛날에 예배당에 나가지 않고 교회 생활을 잘하지 않을 때도 이런 어려움은 없었는데…. 도리어 예배당에 나와서 열심히 신앙생활을 하는데 왜 나에게 이런 어려움이 닥치는가?' 때로 '이렇게까지 주님을 섬겼는데 왜 나에게 적군이 몰려온다는 말인가!'라고 생각하는 사람도 있을 것입니다.

히스기야의 이야기는 우리에게 이러한 질문과 회의를 던져 주기에 충분해 보입니다. 그렇게도 아버지의 길을 걷지 않으려고 노력했던 히스기야가 아닙니까? 그래서 성전과 예배를 회복하고 하나님을 충성스럽게 섬겨 보려고 노력했던 것이 아닙니까? 그런데도 상황은 아버지 때와 크게 달라진 것처럼 보이지 않습니다. 아버지가 하나님을 섬기지 않았을 때도 앗수르의 군대가 쳐들어왔고, 히스기야가 하나님을 열심히 섬기며 성전을 정비하고 예배를 드리는 지금도 앗수르의 군대가 쳐들어왔으니 말입니다. 그렇다면 하나님을 믿는다는 것은 과연 어떤 의미일까요?

우리도 살아가면서 히스기야와 같은 경험을 할 때가 있습니다. 그리고 그때마다 우리는 예배의 위기를 경험합니다. '그러니까 하나님은 없는 거야', '그러니까 하나님을 믿을 필요가 없다는 거야.' 이런 결론에 도달하는 사람이 있을지 모르겠습니다. 우리는 이러한 현상을 어떻게 이해해야 할까요?

● 참 예배자의 진가는 고난의 때에 발휘된다

그런데 이야기는 놀라운 방향으로 전개됩니다. 히스기야는 백성과 더불어 무너진 성벽과 망대를 다시 쌓고, 요새를 세우며, 창과 방패를 많이 준비했습니다. 그리고 백성을 격려하며 이렇게 말했습니다. "굳세고 담대하여야 한다. 앗시리아의 왕이나 그를 따르는 무리를 보고, 두려워하거나 놀라지 말아라. 우리와 함께 계시는 분은 앗시리아의 왕과 함께 있는 자보다 더 크시다. 앗시리아의 왕에게 있는 것이라고는 군대의 힘뿐이다. 그러나 우리에게는 우리를 도우시고 우리를 대신하여 싸우시는 주 우리의 하나님이 계신다.' 백성은 유다 왕 히스기야의 말을 듣고, 힘을 얻었다"(대하 32:7-8, 새번역).

예배자로 나섰던 히스기야와 백성은 고난이 닥쳤을 때 히스기야의 아버지 아하스 때와는 다른 행보를 보였습니다. 그냥 무참하게 당하지 않았습니다. 대군이 몰려왔지만 그들은 용기를 내어 성벽과 망대를 다시 쌓으며 전투를 준비했습니다. 어떻게 무너지지 않고 그렇게 할 수 있었을까요? 하나님이 옆에 계신다는 사실을 깨달았기 때문입니다. '하나님이 우리와 함께하시므로 이길 수 있다!'는 믿음을 가지고 있었던 것입니다.

예배가 회복되고 하나님을 온전히 섬기는 일에 열심이었던 히스기야와 백성은 앗수르가 쳐들어왔을 때 기죽지 않았습니다. 도리어 하나님을 붙잡았습니다. 예배자로서 하나님을 의지하고 승리를 굳게 믿었습니다. 이것이 과거와 달라진 점입니다. 그들은 이제 기도할 줄 아는 백성이 되었습니다. 그래서 히스기야와 이사야는 하나님을 의지하며 기도했습니다. "이러므로 히스기야왕이 아모스의 아들 선지자 이사야와 더불어 하늘을 향하여 부르짖어 기도하였더니"(대하 32:20). 이제 그들은 하나님을 붙잡는 민족이 된 것입니다.

그러자 놀라운 일이 일어났습니다. 성경은 그 결과를 단 한 줄로 묘사합니다. "주님께서 한 천사를 보내서서 앗시리아 왕의 진영에 있는 모든 큰 용사와 지휘관과 장군을 다 죽여 버리셨다. 앗시리아 왕은 망신만 당하고 자기 나라로 되돌아갔다. 그가 그의 신전으로 들어갔을 때에, 제 몸에서 난 친자식들이 거기서 그를 칼로 죽였다"(대하 32:21, 새번역). 엄청날 것 같았던 전쟁은 싱겁게 끝나고 말았습니다. 참으로 단순한 전쟁이 되었고, 앗수르는 패하여 돌아갔습니다.

여기서 우리는 한 가지 사실을 깨닫게 됩니다. 히스기야의 신앙 개혁 운동은 성전을 정화하고, 제사를 복원하며, 절기를 다시 세우고, 레위 사람들과 제사장들이 본래의 역할을 하도록 조치하는 등 하나님을 섬기는 일에 초점이 맞춰져 있었습니다. 그러나 이러한 노력이 강대국의 침략을 막지는 못했습니다. 하지만 그들의 신앙의 회복은 어려움 속에서도 하나님을 의지하게 했고, 결과적으로 어려움을 극복해 내는 성과로 이어졌습니다. 이것이 성경이 우리에게 전하는 메세지입니다. 우리가 신앙생활을 하는 이유가 여기에 있으며, 날마다 예배의 자리로 나아가 하나님께 예배를 드리는 이유 또한 여기에 있습니다.

우리는 매 주일 예배당에 나와서 예배를 드리고 진실한 마음으로 하나님을 섬깁니다. 그런데 우리의 깊고 충성스러운 예배와 신앙생활이 어려운 문제를 막아 주지는 않습니다. 참 예배자에게도 시련은 찾아옵니다. 그러나 예배자에게는 시련을 이길 힘이 존재합니다. 어려운 문제와 함께하며 그 문제를 해결해 주시는 주님을 붙잡을 수 있기 때문입니다.

신앙이 좋다고 죽음이 오지 않는 것은 아닙니다. 다만 하나님이 예수 그리스도를 통해 우리의 죽음의 문제를 이미 다 해결해 주셨습니다. 그래서 우리는 죽음 속에서도 도리어 희망을 발견합니다. 그러므로 죽음은 우리에게 생명의 또 다른 통로가 됩니다. 어떠한 어려움이 온다 할지라도 예배자로 선 우리에게는 그리스도로 말미암아 문제를 해결할 수 있는 능력과 힘이 주어져 있는 것입니다.

예배를 드리는 것은 영적인 체력을 단련하는 것과 같습니다. 체력 단련을 열심히 한다고 어려운 일이 생기지 않는 것은 아니지만, 체력을 잘 길러둔 사람은 건강에 이상이 생겼을 때 이를 이겨 낼 수 있는 힘을 갖게 됩니다. 마찬가지로 우리가 늘 예배자로 서게 되면 갑자기 어려움이 닥치더라도 영적인 체력으로 이를 극복할 수 있고, 하나님을 붙잡을 수 있는 힘과 능력을 발휘하여 하나님을 신뢰하며 나아갈 수 있게 됩니다.

참 예배자도 시련을 겪습니다. 그러나 참 예배자에게는 시련을 이겨 낼 능력이 있습니다. 주님과 함께라면 어떤 시련도 반드시 헤쳐 나갈 수 있습니다. 이 믿음을 가지고 힘차게 나아가며, 기죽지 말고 우리의 모든 문제와 싸워 승리하기를 바랍니다. 주님을 의지하여 승리하는 복된 성도가 되기를 간절히 바랍니다.

1. '형통'이란 무엇입니까? 당신이 생각하는 '형통'과 성경이 말하는 '형통'이 어떻게 다른지 이야기해 보십시오.

2. 당신이 경험한 가장 큰 시련은 무엇입니까? 당신은 그 시련을 어떻게 이겨냈습니까?

3. 신앙생활을 열심히 했음에도 예상치 못한 불행을 맞닥뜨렸을 때, 그때의 감정은 어땠는지, 신앙에 회의가 들지는 않았는지 나누어 보십시오.

3부

그대,
어디서 위로를 얻는가

구원은 전적인
하나님의 선물이다

본문은 공관복음인 마태복음, 마가복음, 누가복음에 모두 기록된 내용으로, 이 말씀에는 참으로 안타까운 한 사람의 이야기가 담겨 있습니다. 그 사람을 한마디로 표현한다면, '예수를 만나고 실패한 사람'이라고 할 수 있습니다. 성경에는 예수님을 만나고 성공한 사람이 참 많습니다. 예수님을 만나 제자가 된 사람도 있고, 예수님을 만나 멀었던 눈이 떠지고 볼 수 있게 된 사람도 있습니다. 귀가 열려서 들을 수 있게 된 사람도 있고, 귀신이 들렸다 회복된 사람도 있습니다. 세리장인 삭개오는 예수님을 만나고 변화되어 새사람이 되었습니다.

그런데 본문에 등장하는 사람은 예수님을 만나고 도리어 걱정거리가 생겼습니다. "이 말씀을 듣고 심히 근심하더라"(눅 18:23). 평행 본문인 마태복음과 마가복음은 이렇게 기록하고 있습니다. "이 말씀을 듣고 근심하며 가니라"(마 19:22). "이 말씀으로 인하여 슬픈 기색을 띠고 근심하며 가니라"(막 10:22).

예수님을 만났는데 어쩌다가 근심거리가 생긴 것일까요? 왜 그는 슬픈 기색으로 돌아갈 수밖에 없었을까요? 사실 그의 인생 가운데 예수님을 만난 것은 큰 기회였습니다. 그런데 그 엄청난 기회를 그만 놓쳐 버리고 말 았습니다.

그는 사회적인 지위를 가진 사람으로 보입니다. 성경은 그가 '관리'였다 고 말합니다. 그리고 마태복음은 '청년'이었다고 묘사하고, 모든 본문은 그가 '부자'였다고 기록하고 있습니다. 그러니까 젊고 유능하고 부유한 관 리가 예수님께 나아와 "어떻게 하면 영생을 얻을 수 있습니까?" 하고 질문 을 한 것입니다. 생각마저 굉장히 바르고 좋은 것처럼 보입니다. 그러나 성경은 그가 근심하며 돌아갔다고 분명하게 말합니다. 구원의 길에서 벗 어났다는 뜻입니다. 어떻게 해서 이런 일이 일어난 것일까요? 본문은 한 사람의 이야기지만, 복음의 진수가 깊이 담긴 보석과도 같은 말씀입니다. 이 이야기에는 어떻게 구원을 얻을 수 있을지에 대한 예수님의 분명한 답 변이 들어 있기 때문입니다.

예수를 만나고 자신의 실패를 알게 된 사람

한 관리가 예수님을 찾아옵니다. 그런데 흥미롭게도 그가 예수 님을 찾아온 장면 바로 앞에 어린아이에 관한 말씀이 나옵니다. 어린아이 들이 예수님을 향하여 마구 달려들자 제자들이 막아섰습니다. 그러자 예 수님은 "어린아이들이 내게 오는 것을 용납하고 금하지 말라"(눅 18:16)라고 말씀하셨습니다. 이렇듯 조금은 어수선한 상황에 젊은 관리가 찾아옵니 다. 제자들은 방금 전까지만 하더라도 예수님을 향하여 달려드는 어린아 이들을 막았는데, 이 청년에게는 그러지 않은 것으로 보입니다.

이 관리는 예수님께 아주 중요한 질문을 던집니다. "선한 선생님이여 내가 무엇을 하여야 영생을 얻으리이까"(눅 18:18). 그는 예수님께 달려드는 어린아이들과는 다르게 매우 세련되고 중요한 질문을 던집니다. 사실 예수님께 나아온 사람 중에 이처럼 중요한 질문을 던진 경우는 없었습니다. 태어나면서부터 보지 못하는 자는 눈을 고쳐 달라고 했고, 귀신 들린 자는 귀신을 내쫓아 달라고 부르짖었습니다. 안식일에 손 마른 자를 고치신 예수님께 왜 일하느냐고 묻는 사람은 있었지만, 정작 영생을 얻는 방법을 물은 사람은 없었습니다.

그러자 예수님이 그의 질문에 대답하십니다. "네가 계명을 아나니 간음하지 말라, 살인하지 말라, 도둑질하지 말라, 거짓 증언하지 말라, 네 부모를 공경하라 하였느니라"(눅 18:20). 구약의 율법을 나열하면서 대화를 이어 가신 것입니다. "네가 알고 있는 율법을 그대로 다 지키면, 너는 영생을 얻을 수 있다!" 그러자 관리가 다시 말합니다. "여짜오되 이것은 내가 어려서부터 다 지키었나이다"(눅 18:21).

그는 어려서부터 계명을 어긴 적이 없다고 말합니다. 아마도 거짓말은 아니었을 것입니다. 영생의 문제를 고민하며 찾아온 만큼 틀림없이 율법을 지켰을 것입니다. 그래서 그는 자신 있게 "다 지켰다"라고 말합니다. 그럼에도 무엇인가 부족하다는 생각이 들자 예수님을 찾아온 것입니다. 마태복음은 그의 마음을 조금 더 분명하게 표현합니다. "그 청년이 이르되 이 모든 것을 내가 지키었사온대 아직도 무엇이 부족하니이까"(마 19:20).

그러자 예수님이 다시 대답해 주십니다. "예수께서 이 말을 들으시고 이르시되 네게 아직도 한 가지 부족한 것이 있으니 네게 있는 것을 다 팔아 가난한 자들에게 나눠 주라 그리하면 하늘에서 네게 보화가 있으리라 그리고 와서 나를 따르라"(눅 18:22). 무엇인가 부족하다는 청년 관리의 생각에 동의를 표하며, "너에게 부족한 것이 하나 있다"라고 말씀해 주신 것입니다. 그리고 해결책을 제시해 주십니다. 청년에게 부족한 것을 채울 수 있는 길을 열어 주십니다. "네가 가진 모든 재산을 다 팔아서 가난한 자들에게 나누어 주어라."

이 말씀의 의미는 무엇일까요? 그는 분명 도둑질하거나 살인하거나 거짓 증언하지 않았을 것입니다. 부모도 잘 공경하며 살았을 것입니다. 그럼에도 부족한 것이 있었는데, 가진 재산을 나누지 못했다는 것입니다. 그는 가진 재산을 모두 나누어야 했습니다. 그렇다면 반대로, 가난한 사람은 영생에 가까이 와 있다고 볼 수 있을까요? 아무것도 가지지 못한 사람은 영생에 들어갈 자격을 가진 사람으로서 자동적으로 구원에 이를 수 있다는 것입니까?

율법을 다 지킬 수 있는가

주님의 말씀을 보다 분명하게 이해하기 위해서는 율법, 특히 십계명과 관련해 예수님이 하신 말씀을 주의 깊게 살펴볼 필요가 있습니다. 본문이 십계명을 중심으로 흘러가고 있기 때문입니다. 예수님이 십계명과 관련해 가르쳐 주신 산상수훈의 내용은 다음과 같습니다.

"옛사람에게 말한바 살인하지 말라 누구든지 살인하면 심판을 받게 되리라 하였다는 것을 너희가 들었으나 나는 너희에게 이르노니 형제에게 노하는 자마다 심판을 받게 되고 … 또 간음하지 말라 하였다는 것을 너희가 들었으나 나는 너희에게 이르노니 음욕을 품고 여자를 보는 자마다 마음에 이미 간음하였느니라"(마 5:21-22, 27-28). 예수님은 구약의 율법을 상기시키며 말씀을 재해석하셨습니다. 그러니까 옛적에 '살인하지 말라'는 말을 들었거니와 그 말씀의 뜻은 '노하지 말라'는 것이며, '간음하지 말라'는 말을 들었거니와 그 말은 '음욕조차도 품지 말라'는 의미라는 것입니다.

사실 이렇게 해석한다면 율법을 지킬 수 있는 사람은 없습니다. 어느 누가 감히 율법을 지켰다고 말할 수 있겠습니까. 그렇습니다. 예수님이 전하신 산상수훈의 본래적 의미는 '어느 누구도 율법을 지킴으로 구원에 이를 수 없다'는 가르침을 담고 있습니다.

이러한 관점에서 예수님이 청년 관리와 나누신 대화를 생각해 봅시다. 성경은 그가 재물이 많은 부자였다고 말합니다. 레위기에 이러한 말씀이 있습니다. "네 이웃 사랑하기를 네 자신과 같이 사랑하라 나는 여호와이니라"(레 19:18). 이 말씀을 산상수훈에 나타난 예수님의 관점으로 해석해 본다면 어떻게 되겠습니까? "네가 정말 네 이웃을 네 몸과 동일하게 사랑한다면, 어떻게 너만을 위한 재산을 따로 남겨 둘 수 있겠니?"라고 해석할 수 있지 않겠습니까? 그러니 주님은 "네가 가진 모든 재산을 다 팔아서 가난한 사람들에게 나누어 주라"라고 말씀하시는 것입니다. 이것이 율법을 제대로 지키는 길이라는 의미입니다.

그러나 이것이 과연 가능합니까? 사실 주님은 불가능성을 두고 말씀하셨습니다. 물론 역사 속에는 이 말씀에 감동을 받아 모든 재산을 다 팔아서 가난한 사람들에게 나누어 주고 수도원으로 들어간 성인이 많습니다. 참으로 대단한 결단을 한 사람들입니다. 그러나 그렇다고 해서 그들이 영생을 얻었다고 판단할 수 있을까요? 재산은 다 팔아서 가난한 사람들에게 나누어 주었지만, 노하지 않거나 음욕을 품지 않는 일까지 가능할 수 있었겠습니까. 그 사람은 모든 율법을 지켜 따르는 일에 실패했을지 모릅니다. 그래서 주님은 '인간은 율법을 지킴으로 구원에 이를 수 없다'는 사실을 분명하게 말씀하십니다.

이러한 관점은 젊은 관리가 근심하며 돌아간 후에 예수님이 하신 말씀 가운데 잘 나타납니다. "재물이 있는 자는 하나님의 나라에 들어가기가 얼마나 어려운지 낙타가 바늘귀로 들어가는 것이 부자가 하나님의 나라에 들어가는 것보다 쉬우니라"(눅 18:24-25). 그러자 예수님의 말씀을 듣고 있던 사람들이 말하기 시작합니다. "듣는 자들이 이르되 그런즉 누가 구원을 얻을 수 있나이까"(눅 18:26). 솔직한 생각입니다. 예수님의 말씀처럼 모든 율법을 다 지켜야 한다면, 과연 어느 누가 구원을 얻을 수 있단 말입니까.

그러자 예수님이 말씀하십니다. "이르시되 무릇 사람이 할 수 없는 것을 하나님은 하실 수 있느니라"(눅 18:27). 주님의 말씀입니다. 구원은 사람이 이루어 낼 수 없고, 오직 하나님으로부터 오는 선물이라는 것입니다. 하나님만이 우리의 구원을 이루어 내실 수 있습니다.

아무리 젊고, 유능하고, 영생에 대한 관심과 철학적이고 사변적인 질문을 가지고 살았다 할지라도 그는 구원에 이를 수 없었습니다. 참으로 안타깝지만, 이것이 성경이 전하는 구원에 관한 하나님의 가르침입니다. 기독교가 다른 종교와 구별되는 매우 중요한 기준점이기도 합니다.

예수님은 가진 재산을 모두 팔아서 가난한 자들에게 나누어 주라고 하셨습니다. 물론 다른 종교도 이러한 가르침을 전합니다. 한편으로는 우리 자신과 이웃이 하나 되는 경험을 할 때 궁극적으로는 모든 피조 세계와 일치되는 경험을 이루며 진정한 구원에 이르게 된다고 말하는 종교도 많습니다. 그러나 예수님은 결코 인간의 노력으로는 구원에 이르지 못한다고 말씀하십니다.

구원은 하나님이 하신다

그렇다면 어떻게 구원을 얻을 수 있습니까? 어떻게 하나님 나라에 들어갈 수 있습니까? 어떻게 영생의 복을 누릴 수 있단 말입니까? 누가복음에 따르면, 부자 관리가 예수님을 찾아온 이야기의 앞과 뒤에 매우 중요한 단서가 있음을 보게 됩니다.

본문 앞에는 예수님께 달려 나온 어린아이의 모습과 어린아이를 제지하는 제자들을 향해 예수님이 말씀하시는 장면이 나옵니다. "예수께서 그 어린아이들을 불러 가까이하시고 이르시되 어린아이들이 내게 오는 것을 용납하고 금하지 말라 하나님의 나라가 이런 자의 것이니라 내가 진실로 너희에게 이르노니 누구든지 하나님의 나라를 어린아이와 같이 받아들이지 않는 자는 결단코 거기 들어가지 못하리라 하시니라"(눅 18:16-17). 이 말씀에 '하나님의 나라'라는 표현이 두 번 반복해서 나옵니다. 하나님 나라가 이런 자의 것일진대, 바로 어린아이와 같이 되어야 한다는 것입니다.

흥미롭게도 예수님을 찾은 젊은 관리가 돌아간 다음에도 주님은 이 같은 말씀을 이어 가셨습니다. "예수께서 그를 보시고 이르시되 재물이 있는 자는 하나님의 나라에 들어가기가 얼마나 어려운지 낙타가 바늘귀로 들어가는 것이 부자가 하나님의 나라에 들어가는 것보다 쉬우니라 하시니"(눅 18:24-25). 여기에도 '하나님의 나라'라는 표현이 두 번 반복됩니다. 즉 이야기의 흐름이 '하나님의 나라'라는 관점에서 연결되고 있습니다.

어린아이들이 달려옵니다. 그러자 예수님이 말씀하시기를 "하나님의 나라가 이런 자의 것이다"라고 하십니다. 그와는 정반대로 젊은 관리가 옷을 차려입고 너무나도 멋진 질문을 던지며 다가옵니다. 하지만 예수님은 도리어 '하나님 나라에 들어가기가 얼마나 어려운지'에 관해 말씀하십니다.

그렇다면 어린아이와 같은 자란 어떤 의미일까요? 생물학적으로, 신체적으로, 혹은 정신적으로 어린아이 같은 상태인 사람을 가리키는 것일까요? 과연 어린아이와 같은 사람은 어떤 사람이기에 하나님 나라를 소유한 자라고 말씀하신 것일까요?

주님이 말씀하십니다. "어린아이들이 내게 오는 것을 용납하고 금하지 말라 하나님의 나라가 이런 자의 것이니라"(눅 18:16). 주님께로 '나아오는' 자, 어린아이처럼 예수님을 향해 '나아오는' 그 행위야말로 하나님 나라를 받드는 것이라고 말씀하십니다. 세련되고, 멋있고, 예의 바르고 신중한 태도를 통해서가 아니라, 어린아이처럼 예수님을 찾고, 예수님 앞으로 달려나가는 모습에서 하나님 나라를 볼 수 있다는 의미입니다. 왜 그렇습니까? 부자 청년 관리가 슬픈 기색을 띠고 돌아간 후에 예수님이 말씀하셨습니다. "예수께서 열두 제자를 데리시고 이르시되 보라 우리가 예루살렘으로 올라가노니 선지자들을 통하여 기록된 모든 것이 인자에게 응하리라 인자가 이방인들에게 넘겨져 희롱을 당하고 능욕을 당하고 침 뱉음을 당하겠으며 그들은 채찍질하고 그를 죽일 것이나 그는 삼 일 만에 살아나리라 하시되"(눅 18:31-33).

하나님 아버지께서 계획하신 구원의 길을 하나님의 아들이신 예수님이 친히 걸어가시겠다는 선포입니다. 이제 예수님이 예루살렘으로 올라가서서 우리를 대신해 몸소 희롱을 당하고, 채찍질을 당하고, 죽임을 당한 후에 사흘 만에 다시 살아날 것이라는 말씀이었습니다. 그러니 예수 안에 생명이 있고, 예수 안에 구원이 있고, 예수 안에 영생이 있습니다. 우리는 그저 달려 나가면 되는 것입니다.

그러나 재미있게도, 주님이 이 말씀을 전하실 때 제자들은 하나도 깨닫지 못했습니다. 다시 말해, 하나님이 우리의 눈을 열어 주셔야만 구원의 길을 볼 수 있고, 우리의 귀를 열어 주셔야만 구원의 비밀을 알아차릴 수 있습니다.

어린아이 같은 마음으로 예수 앞으로 나아가라

하나님의 아들이신 예수님이 인간이 받아야 할 율법의 모든 짐을 지고 죽임을 당한 후에 사흘 만에 다시 살아나셨습니다. 우리는 예수님을 통하여 비로소 하나님과 화목하게 되었으며, 구원의 길을 얻게 되었습니다. 그러므로 "사람이 할 수 없는 것을 하나님은 하실 수 있느니라"(눅 18:27)라고 주님은 말씀하십니다. 구원은 오직 하나님으로부터 말미암는 은혜의 선물입니다.

그리고 이어지는 사건이 있습니다. 예수님이 맹인을 고치시는 이야기입니다. 이 말씀은 구원에 이르는 길에 대한 하이라이트라고도 볼 수 있습니다. 예수님이 여리고로 가는 길에 한 맹인이 예수님이 지나가신다는 소식을 듣게 됩니다. 그러자 제대로 보지 못하는 그가 크게 외칩니다. "다윗의 자손 예수여 나를 불쌍히 여기소서"(눅 18:38). 한 번이 아닙니다. 그가 다시 외쳐 부릅니다. "다윗의 자손 예수여 나를 불쌍히 여기소서." 그러자 예수님이 그를 고쳐 주며 말씀하십니다. "보라 네 믿음이 너를 구원하였느니라"(눅 18:42).

한 청년 관리가 예수님께 와서 고상한 질문을 던졌습니다. "내가 어떻게 하면 영생을 얻을 수 있겠습니까? 어떻게 하면 구원을 얻을 수 있겠습니까?" 그러나 "나를 구원해 주십시오. 나를 불쌍히 여겨 주십시오"라고 말하지는 않았습니다. 반대로 맹인은 주님이 누구신지 제대로 보지도, 알지도 못했을 텐데 크게 외쳤습니다. "다윗의 자손 예수여, 나를 긍휼히 여겨 주십시오!" 이 부르짖음이, 그의 믿음이 그를 구원으로 인도했습니다.

영생의 길은 어디에 있으며 구원의 길은 어디에 있습니까? 구원은 우리가 늘어놓는 사변이나 선한 행위를 통해서 얻을 수 있는 것이 아닙니다. 우리 스스로 노력해서 받을 수 있는 것도 아닙니다. 주님이 말씀하십니다. "어린아이와 같이 달려들어라." 예수님께 나아오라는 것입니다. 예수님 앞에 나아와 부르짖으라는 것입니다. "다윗의 자손 예수여, 나를 불쌍히 여겨 주십시오." 그럴 때 주님이 그를 맞아 주시고, 안아 주시며, 구원을 선물로 주십니다. 이것이 기독교가 말하는 구원의 신비입니다. 그러므로 예수께로 나아오는 모든 자는 구원을 얻게 될 것입니다. "누구든지 주의 이름을 부르는 자는 구원을 받으리라"(행 2:21).

1. 성경은 우리가 어떻게 구원을 받는다고 말합니까? 당신은 구원을 받았습니까?

2. 예수님은 어린아이와 같이 계산하지 않고 달려 나가는 믿음을 요구하십니다. 당신은 어린아이와 같은 믿음을 갖고 있습니까? 만일 없다면, 예수님 앞으로 달려 나가는 믿음을 달라고 기도하기 바랍니다.

3. 예수님을 만났음에도 슬픈 기색을 띠고 근심하며 떠난 젊은 관리의 근본적인 문제는 무엇입니까? 큰 소리로 은혜를 구하고 고침을 받은 맹인의 행동과 비교해서 설명해 보십시오.

감사의 고백은
현실의 벽을 뛰어넘는다

● 감사는 가능성을 여는 위대한 힘이다

이런 이야기가 있습니다. 한번은 악마가 사업을 접고 적정한 가격을 지불하는 사람에게 자신이 사용한 도구를 팔겠다고 발표했답니다. 판매 당일, 시기, 악의, 증오, 질투, 관능, 정욕, 속임수 등 수많은 악의 도구가 매력적으로 진열되어 있었는데, 보기에도 흉측한 물건이 많았습니다. 그리고 그 앞에는 가격이 표시되어 있었습니다. 그런데 이것들과는 별개로 언뜻 보기에 무해해 보이는 쐐기 모양의 도구가 한쪽에 놓여 있었습니다. 이것은 다른 도구보다 훨씬 낡았지만 가격은 매우 비싸게 매겨져 있었습니다.

누군가가 악마에게 그것이 무엇인지를 물었습니다. 그러자 악마가 대답했습니다. "낙담입니다. 실망이라고도 하지요." "왜 이것이 그렇게도 비싼가요?" 그 물음에 악마는 이렇게 대답했습니다. "저에게는 다른 어떤 것보다 이것이 가장 유용하기 때문입니다. 다른 어떤 도구로도 사람의 의식에 접근할 수 없을 때, 저는 '낙담'이라는 쐐기로 틈을 내어서 의식 속으로 들어갑니다. 그렇게 들어간 다음에는 다른 도구들을 마음껏 사용할 수 있습니다. 그러니 이 도구는 다른 어떤 도구보다 제게 유용합니다. 그리고 또 하나, 사람들은 낙담이라는 쐐기가 악마인 제가 사용하는 도구라는 사실을 잘 모르기 때문에 비싼 거랍니다."

누군가가 다시 물었습니다. "그렇다면 당신은 낙담이라는 도구를 가지고 항상 성공했습니까? 실패한 경우는 없었나요?" 악마는 오랫동안 망설이더니 마침내 낮은 소리로 대답했습니다. "감사하는 사람에게는 이 도구를 사용할 수 없습니다. 제가 이 사업을 그만두려는 이유도 감사하는 사람 때문입니다."

1911년, 윌리엄 래스본(William R. Rathvon)이 쓴 《악마의 경매》(*The Devil's Auction*)라는 소책자에 실린 내용입니다. 이 이야기는 1952년 1월호 〈가이드 포스트〉 매거진 17페이지에도 실린 바 있는데, 또 여러 차례 각색되고 번역되면서 많은 사람에게 알려지게 되었습니다.

래스본은 실망이 얼마나 강력한 악마의 무기인지를 알려 주는 자신의 글 말미에 다음의 이야기를 덧붙입니다. "'낙담'에 대해 악마가 매겨 놓은 가격이 너무 높기 때문에 그때 팔리지 않은 것은 당연하다. 그래서 악마는 지금도 낙담이라는 도구를 소유하고 있으며, 여전히 사용하고 있다." 그가 글을 쓴 지도 110여 년이 지났습니다. 그러고 보니 여전히 악마가 '낙담', '실망'이라는 무기를 사용하고 있는 것처럼 보입니다.

살아가면서 '이것이 어디서부터 왔을까?' 하는 궁금증을 일으키는 것들이 꽤 있습니다. '사랑'을 생각해 보면 그렇지 않습니까? 사랑이 어디서부터 온 것인지를 생각할 때가 있습니다. 남녀가 사랑하는 것을 보면, 또 서로를 보듬는 것을 보면 도대체 사랑이 어디서 온 것일까 궁금해지곤 합니다. 감사도 그렇습니다. 도대체 감사의 마음은 어디에서 오는 것일까요?

사람은 왜 감사라는 의식 체계를 가지게 된 것일까요? 실망도 그런 것 같습니다. 어떻게 우리의 의식 안에 무수한 감정이 존재할 수 있는지 질문하게 됩니다.

오늘날 발전하는 뇌 과학 분야가 질문에 답을 줄 수 있을지는 모르겠지만, 분명한 것은 우리에게 사랑이 존재하고, 감사가 존재한다는 것입니다. 물론 실망도 존재하고, 미움도 존재합니다. 때로 이것들은 우리 인생을 정반대 방향으로 이끌 힘들을 가집니다. 그래서 낙담과 감사, 실망과 감사는 함께할 수 없습니다. 둘은 방향을 서로 달리하기 때문입니다.

인생을 살다 보면 실망하고 낙담할 무수히 많은 것을 발견하게 됩니다. 어렵고 힘든 일을 나열하라면 끊임없이 말할 수 있을 것입니다. 그래서 절망이나 실망은 끝이 없습니다. 낙담도 한계가 없습니다. 그리고 이것들은 우리를 불행으로 이끌어 갑니다. 감사도 그러합니다. 다만 방향이 다를 뿐입니다. 감사한 일을 세어 보면 더 많은 감사한 일이 드러납니다. 복을 세는 사람은 더 많은 복을 셀 수 있게 됩니다. 감사는 감사를 낳고 행복을 선물로 안겨 줍니다. 감사는 우리 자신뿐만 아니라 모든 것을 살리는 특별한 능력이기도 합니다. 관계를 살리고, 공동체를 살리고, 사회를 살립니다.

누군가가 어떤 사람에게 감사한 마음을 표현한다면, 둘 사이는 좋은 관계가 이어질 것입니다. 그러나 섭섭한 마음을 표현한다면, 둘 사이는 결국 나빠질 수밖에 없습니다. 남편과 아내, 노와 사의 관계가 그렇습니다. 그러나 감사는 우리를 새로운 길로 놀랍도록 인도합니다. 그러므로 감사는 하나님이 우리에게 주신 행복으로 이끌어 가는 매우 중요한 키라고 할 수 있습니다.

누가 감사할 수 있는 사람인가

만약 자녀가 결혼해서 신혼 생활을 해야 한다면, 어떤 조언을 하겠습니까? 다양한 조언이 있을 수 있는데, 저는 결혼한 딸에게 이런 이야기를 해 주곤 합니다. "늘 감사한 마음을 가지고 살아라. 그리고 고맙다는 말을 자주 해라. 그래야 너희가 행복해진다. 너희 가정이 더 행복해질 수 있을 거야." 이처럼 저는 고맙다고 말하면 행복한 가정을 이룰 수 있을 것이라고 이야기해 줍니다.

어떻습니까? 가정에서 감사하다고 이야기하고 있는데 도리어 불행해진 적이 있습니까? 감사하다고, 고맙다고 말하는데 싸움이 일어난 적이 있습니까? 감사하는 말속에서는 항상 새로운 가능성이 열립니다. 어떤 사람은 이렇게 질문할지도 모릅니다. "감사할 만한 조건이 보여야 감사하지요. 감사할 조건이 없는데 어떻게 감사한단 말입니까? 아무리 찾아도 여기서는 감사를 찾을 수가 없습니다."

몇 해 전에 빈대를 퇴치하려고 많은 공을 들이고 있다는 뉴스를 본 적이 있습니다. 빈대가 빈번한 곳에 살면서 과연 감사할 수 있을까요? 빈대에 물리면서도 감사하는 마음이 생겨날 수 있을까요? 그런데 제가 과거의 한 글에서 빈대 때문에 감사했다는 사연을 읽게 되었습니다. 코리 텐 붐(Corrie ten Boon)이 쓴 책 《주는 나의 피난처》(*The Hiding Place*)에 나오는 내용으로 제2차 세계대전 당시의 이야기입니다.

당시 유대인에 대한 탄압이 늘어나면서 코리 가족은 집에 숨어 살고 있었습니다. 그러다 그만 발각되어서 모든 가족이 독일 강제 수용소에 끌려가게 되었습니다. 코리에게는 깊은 신앙심을 가진 베시라는 언니가 있었는데, 베시는 무슨 일을 만나든지 항상 "감사하다"를 외치는 사람이었습니다. 베시와 코리는 여성만 가두는 감옥으로 들어가게 되었습니다. 그런데 배정받은 방이 그만 빈대가 가득해서 도저히 생활이 불가능한 곳이었습니다. 그럼에도 언니 베시는 감사를 외쳤지만, 코리는 도무지 감사할 수 없었습니다. "나는 빈대 때문에 하나님께 감사할 수 있는 마음이 없어."

그런데 빈대로 가득하다 보니 간수들이 출입하지 않았던 것 같습니다. 그 덕분에 유대인들은 모여 예배를 드리고, 기도하며, 성경을 읽었다고 합니다. 또 여성들만 모인 수용소이기 때문에 비인격적인 대우를 당할 수도 있었지만 폭력적인 일은 일어나지 않았습니다. 왜 그랬을까요? 당시 코리는 간수들이 찾아와 괴롭히지 않은 이유를 생각하다가 깨닫게 되었다고 합니다. '아, 빈대 때문이구나. 빈대가 옮을까 봐 다가오지 않는 거구나.' 코리는 뒤늦게 빈대 때문에 감사할 수 있었습니다. 빈대 때문에 안전하게 보호받았고, 빈대 때문에 예배드리면서 신앙을 유지할 수 있었기 때문입니다.

17세 청년이 반신불수가 되었다면 감사할 수 있을까요? 타이론 플라워스(Tyrone Flowers)의 이야기입니다. 열 살 때 아버지가 살해되는 것을 경험한 그는 부모 없이 치료 시설, 특수 학교 등을 거치면서 어렵게 생활한 불우 청소년이었습니다. 그런 그에게도 한 가지 희망이 있었는데, 바로 농구였습니다. 그의 유일한 희망이자 잘하는 것이었다고 합니다. 유망한 농구 선수로 촉망받을 정도였기에 농구에 모든 것을 걸었습니다.

그런데 17세가 되는 해, 농구 경기 중에 일어난 동료와의 폭력 사건으로 친구가 쏜 총에 맞아 휠체어를 타는 신세로 전락하고 말았습니다. 농구만이 삶의 유일한 희망이자 전부였던 그에게 휠체어를 타는 인생은 얼마나 절망적이었겠습니까? 복수하고 싶은 마음과 원망이 가득했을 것입니다. 그런데 그가 하나님을 만나고 변화되기 시작합니다. 하나님과 대화하면서 그 안에 있는 분노와 자기 연민이 용서의 감정으로 새롭게 변화하는 경험하게 됩니다.

그는 하나님 앞에서 끊임없이 질문을 던집니다. "하나님, 왜 저 같은 사람을 구원하셨습니까? 왜 저 같은 사람에게 어려운 일을 겪게 하십니까? 이토록 어려운 일을 겪게 하시는 목적이 무엇인가요? 어렵고 힘든 상황에서 저는 어떻게 감사할 수 있습니까?" 그리고 마침내 그는 결론에 도달합니다. "하나님이 저에게 고위험 도시 청소년들과 함께 일할 수 있는 특별한 능력을 주셨다는 것을 깨달았습니다. 그들은 제가 이미 경험한 일을 겪고 있습니다. 부모는 투옥되었거나 사망했으며, 가난하게 자라고 있고, 학교에서는 문제를 겪고 있습니다. 이제 그들에게 저의 이야기를 통해 하나님을 전해 줄 수 있는 삶이 완성되었습니다."

이후 그는 미주리 대학교에서 '풀브라이트 장학금'(Fulbright Scholarship)을 받으면서 우등으로 졸업하고 법학 학위를 받았습니다. 그리고 졸업 후에는 고위험군 청소년들과 연결을 맺으며 '하이어 엠팩트'(Higher M-Pact)라는 사역을 이어 가고 있습니다. 참으로 놀랍습니다. 절망해야 할 것 같고 복수해야 할 것만 같은 상황에서 그는 희망과 감사를 발견하고, 새로운 일을 만들어 갔습니다.

감사는 은혜의 도구다

본문은 하박국이 유다를 향한 심판의 소식을 하나님으로부터 들게 되는 내용 중 일부입니다. 바벨론이 유다를 침략할 환난의 날이 다가오고 있습니다. 이제 이스라엘은 멸망할 것입니다. 포로로 잡혀가고, 척박한 땅에서 살아야만 합니다. 하나님의 심판 계획을 듣는 하박국은 육체의 내장이 떨리고 뼈가 썩는 두려움을 느끼게 됩니다. 이 두려움 속에서 환난 날을 기다리고 있습니다.

그런데 바로 그때 하박국이 감사의 노래를 드립니다. 이것이 본문의 내용입니다. "비록 무화과나무가 무성하지 못하며 포도나무에 열매가 없으며 감람나무에 소출이 없으며 밭에 먹을 것이 없으며 우리에 양이 없으며 외양간에 소가 없을지라도 나는 여호와로 말미암아 즐거워하며 나의 구원의 하나님으로 말미암아 기뻐하리로다"(합 3:17-18).

하나님의 심판 소식 앞에서 하박국은 감사의 조건을 찾아냅니다. 지금은 심판하시지만 언젠가는 다시 구원하실 주님, 그 주님이 이스라엘을 구원해 주실 것이라는 믿음을 가지며 감사의 기도를 드립니다. 구원의 하나님을 노래합니다.

1620년 9월 6일, 영국의 플리머스를 떠난 메이플라워호에 102명의 승객과 26명의 선원이 타고 있었습니다. 배에서 한 어린아이가 태어났는데 바다에서 얻었다고 하여 '오시아누스'라는 이름을 붙였습니다. 반대로 항해 중 거친 파도로 존 호우란드라는 사람은 희생을 당하게 됩니다. 한 명이 태어나고 한 명이 죽은 메이플라워호는 66일 만인 11월 11일에 케이프코드라는 곳에 닻을 내립니다.

11월 12일에 첫 예배를 드리고, 12월 22일에 산모 알러톤은 아이를 낳다가 그만 사산하게 됩니다. 이후 4월 25일까지 그들 중 53명의 승객과 13명의 선원만이 남게 됩니다. 꼭 절반의 인원이 죽고 사라지게 된 것입니다. 그럼에도 그들은 추수감사주일을 보냅니다. 옥수수를 심도록 도와준 왐파노아그 지역 인디언 90여 명과 함께 예배를 드리며 축하했습니다. 이것이 위대한 미국의 출발점입니다.

감사는 위대한 삶의 태도요, 우리를 행복으로 이끄는 마스터키입니다. 감사하는 사람은 행복해집니다. 감사하는 사람은 세상이 살 만하다고 느끼게 될 것입니다. 이 세상이 행복하게 느껴질 것입니다.

무슨 말을 더 하겠습니까? 감사합시다! 감사는 하나님이 주신 행복의 통로이고 축복의 도구입니다. 감사를 통해 우리는 주님이 주시는 큰 축복 안으로 들어가게 될 것입니다.

질문과 나눔

1. 늙은 악마가 가장 비싸게 내놓은 도구는 '낙담, 실망'이었습니다. 당신이 가장 크게 낙담하거나 실망한 적은 언제입니까? 당신은 그 시기를 어떻게 이겨 냈습니까?

2. 감사에는 우리 자신뿐 아니라 관계와 공동체 그리고 사회를 살리는 능력이 있습니다. 당신, 혹은 당신 주변에 감사로 인해 변화된 삶의 모습이 있습니까?

3. 매일 감사를 실천하기 위한 구체적인 계획을 세우고 나누어 보십시오(감사 노트 작성, 감사 구절 암송 등).

12

하나님을 경외할 때
고난도 축복이 된다

● 신앙의 길, 참된 위로를 찾는 여정

전통적인 장로교 교리 문답서 중 하나인 《하이델베르크 요리 문답》의 첫 번째 질문은 이렇게 시작합니다. "살아서나 죽어서나 당신의 유일한 위로는 무엇입니까?" 이 질문에 우리는 무엇이라고 대답할 수 있을까요? 살아 있는 현재뿐만 아니라 죽어서도 위로가 되는 것이 있다면, 그것은 무엇일까요?

많은 사람이 돈을 의지합니다. 재산이 많은 것을 힘으로 생각합니다. 은행 통장에 들어 있는 잔고를 보면서 '내가 언제든 원하기만 하면 이 돈으로 무엇이든지 할 수 있다'는 마음으로 위로를 얻는 사람이 있을 것입니다. 자신이 가지고 있는 땅이나 아름답고 멋진 외모가 위로가 되는 사람도 있을 것이고, 자신이 가진 좋은 직업이나 남들이 부러워하는 지식, 명예 같은 것들이 자랑거리와 위로가 되기도 할 것입니다.

어떤 사람은 자식들을 보면서 위로를 얻습니다. 자신보다 자식이 더 나은 삶을 사는 것을 큰 위로로 여기는 사람이 상당히 많습니다. 미국에서 잠시 목회할 때 이민 온 분들이 있었습니다. 대부분 한국에서 꽤 좋은 직장에 다니거나 영향력 있는 일을 했는데, 미국에 와서는 세탁소를 운영하거나 궂은일을 어렵게 감당하는 경우가 종종 있었습니다. 또 지방에서 군수를 하다가 청소부 일을 하는 사람도 있었습니다. 그들은 비록 자신은 행복한 삶을 살지 못하더라도 자식들만큼은 미국 땅에서 잘 뻗어 나가기를 바라는 소원을 가지고 있었습니다. 아마도 그것이 그들에게 큰 위로가 아니었을까 하는 생각이 듭니다.

어떤 사람들은 먹는 것으로 위로를 삼습니다. 폭식을 하거나 술과 담배, 심지어 약물이나 마약 등을 탐닉하면서 그것이 주는 잠시의 기쁨으로 위로를 얻으며 살아갑니다. 또 성적인 쾌락에 모든 것을 걸고 살아가는 사람도 꽤 많습니다. 이런 사람들을 보면 참 안타깝다는 생각이 듭니다. 그것들이 주는 위로가 너무나도 일시적이고 순간적이기 때문입니다. 그 짧은 순간의 위로를 얻기 위해 모든 인생을 허비하고 망가뜨리며 살아가는 사람들을 보면 참 안타깝습니다.

물론 우리가 위로를 받는 것이 한 가지만은 아닐 것입니다. 어떤 사람은 건강과 더불어 직업이나 가족이 위로가 될 수 있습니다. 또 어떤 경우에는 시기에 따라서, 어렸을 때는 외모가 위로가 되다가 나이가 들면서는 재산이, 그 이후에는 자식이 위로가 되는 사람도 있을 것입니다. 그래서 우리는 하나가 아닌 다양한 위로를 찾아가며 인생을 사는 것인지도 모릅니다. 이런 면에서 본다면 "당신에게 위로가 되는 유일한 한 가지를 꼽으라"라는 이 질문은 질문 자체가 성립되지 않는 듯 보이기도 합니다. 우리를 위로하는 것은 때마다 다르기도 하고, 절대 하나일 수도 없기 때문입니다. 그런데 이 말은 한편으로, 우리에게 위로를 주는 많은 것이 궁극적으로는 우리에게 진정한 위로가 되지 못한다는 반증이기도 합니다. 술과 약물, 성적인 쾌락이나 짧은 순간의 만족을 위해 살아가는 사람들을 보면 참 안타깝고 지혜롭지 못하다는 생각이 들지 않습니까?

그런데 또 생각해 봅니다. 우리에게 위로가 되는 것들 중에 그래도 정상적이라고 생각되는 덕목들은 또 어떻습니까? 그것은 얼마나 오래갈까요? 10년이나 20년, 30년 정도 우리에게 위로를 주는 것들이 있을 것입니다. 또 인생 전체에 큰 위로가 되는 것도 있을 것입니다. 그러나 그것도 우리의 인생 안에서만 위로가 될 뿐입니다. 우리는 모두 일시적이고 순간적인 위로를 찾으며 거기에 모든 것을 걸고 살아간다고 말할 수 있습니다.

또 어떤 경우는 위로가 되던 것으로부터 배반이나 배신을 경험할 때도 있습니다. 오직 자식이 잘되기만을 바라면서 그것을 위로로 삼고 살았던 부모가 훗날 자녀에게 버림받거나 홀대를 당하는 경우도 종종 있습니다. '어떻게 키웠는데 이럴 수 있는가!' 후회하지만, 자식으로부터 그런 대우를 받을 때 얻는 참담함은 이루 말할 수 없을 것입니다. 그래서 인생을 조금 더 깊이 생각하며 고민하는 사람이라면 어떤 것도 진정한 위로가 되지 않는다는 사실을 깨닫기 마련입니다. 그러다 보면 어떻게 살아갈 것인가에 대해서 마음을 더 많이 쓰게 됩니다.

신앙생활이란 무엇일까요? 어쩌면 앞선 질문에 대한 답을 찾아가는 인생의 여정이 아닐까요? 그 대답을 찾아 참된 안식 안에 거하고 싶은 사람들이 그 안식을 찾아 떠나는 여행, 그것이 신앙생활이 아닐까 생각합니다. 신앙의 길에는 물론 새벽 기도회에 나오는 것도 포함될 것입니다. 그리고 주일마다 예배에 참석하는 것도 중요한 일입니다. 그러나 그것만은 아닙니다. 헌금 생활에 참여하는 것도 중요하고, 어려운 이웃을 돕는 것도 중요합니다. 교회학교 교사나 찬양대 대원, 여전도회·남선교회 등 여러 제

직으로 활동하며 하나님의 사역에 동참하는 것도 매우 중요합니다. 그러나 그보다 더 중요한 신앙의 길이 있다면, 그것은 유한하고 복잡하며 혼란스러운 이 세상에서 참된 위로와 안식을 얻으며 살아가는 것이라 할 수 있습니다. 이것이 신앙의 길입니다.

들꽃 같은 인간에게 참된 위로는 하나님이다

그렇다면 참된 위로와 안식을 얻기 위해 우리는 무엇을 해야 할까요? 어떤 것을 먼저 점검해야겠습니까? 먼저는 우리 자신이 누구인가를 살펴볼 필요가 있습니다. '위로와 안식을 얻고자 하는 나는 누구인가? 나는 어디를 살아가고 있는 존재인가?' 실은 많은 사람이 듣기 싫어하는 말이고 이야기하기를 꺼리는 사실입니다.

본문은 우리에게 매우 중요한 사실을 알려 줍니다. "인생은 그날이 풀과 같으며 그 영화가 들의 꽃과 같도다 그것은 바람이 지나가면 없어지나니 그 있던 자리도 다시 알지 못하거니와"(시 103:15-16). 성경은 우리 인생이 그저 들판에서 한 번 피었다가 지는 꽃과 같이 참으로 짧다는 사실을 우리에게 분명하게 말해 줍니다.

사실 그렇지 않습니까? 나이가 들면 모든 것이 평등해집니다. 잘생겼던 사람이나 못생겼던 사람이나 어느 정도 나이가 들면 비슷한 수준이 됩니다. 젊었을 때는 아름다움과 못남이 분명하게 드러나는데, 60세, 70세, 80세가 되면 얼굴이 비슷해지는 경험을 하게 됩니다. 재산이 많은 사람도 한때는 그 재산이 힘과 위로가 되지만, 어느 순간이 되면 그 재산이 골칫덩어리가 됩니다. 재산이 문제의 발단과 상황을 어렵게 하는 단초가 될 때가 있습니다. 위로를 주던 것이 도리어 문제가 되는 것입니다.

또 나이가 들면 다양한 음식을 잘 먹던 사람도 결국 단순하고 비슷한 음식을 먹어야 하는 시기가 찾아옵니다. 그저 물이나 국에 밥을 말아서 조금 먹는 것으로 끼니를 때우는 날이 오고, 지금은 명품이나 멋진 옷을 입고 자랑하지만, 언젠가는 집 밖으로 나갈 수 없어 그저 잠옷을 입고 생활하게 될 평범한 일상이 도래합니다. 모든 것이 그렇게 평범해지는 순간이 옵니다. 인생은 참으로 짧습니다. 그 짧은 인생을 살면서 우리는 무엇에서부터 위로를 얻을 수 있을까요? 외모도 아니고, 재산도 아니며, 먹는 음식에서도 아닙니다. 죽어서나 살아서나 우리에게 참된 위로가 되는 것이 있다면, 그것은 과연 무엇일까요?

본문인 시편 103편은 이렇게 시작됩니다. "내 영혼아 여호와를 송축하라 내 속에 있는 것들아 다 그의 거룩한 이름을 송축하라 내 영혼아 여호와를 송축하며 그의 모든 은택을 잊지 말지어다"(시 103:1-2). 시편 기자는 하나님을 송축하라고 외칩니다. 그러고는 하나님이 우리 인간들에게 해 주신 모든 일을 하나씩 나열하면서 이렇게 말합니다. "여호와는 긍휼이 많으시고 은혜로우시며 노하기를 더디 하시고 인자하심이 풍부하시도다"(시 103:8).

그저 들판에 핀 한 송이 꽃처럼 잠시 있다 사라지는 존재인 우리에게 무엇이 큰 위로가 될까요? 한 가지 위로가 있습니다. 바로 영원하신 하나님이 긍휼과 인자한 마음으로 바라보며 우리를 사랑하신다는 사실입니다. 유한한 인생의 길을 걷는 우리에게 단 한 가지 위로가 되는 것이 있다면, 그것은 하나님의 돌보심과 사랑이라는 말입니다.

우리는 하나의 풀꽃과도 같습니다. 그런데 들에 핀 그 꽃을 하나님은 그 것의 시작부터 마침까지, 그것이 흙으로 돌아가 사라지기까지의 모든 과정을 보고 계십니다. 그것도 사랑의 눈으로 바라보고 계십니다. 이러한 확신을 시편 기자는 이렇게 말합니다. "아버지가 자식을 긍휼히 여김같이 여호와께서는 자기를 경외하는 자를 긍휼히 여기시나니 이는 그가 우리의 체질을 아시며 우리가 단지 먼지뿐임을 기억하심이로다"(시 103:13-14). 단지 먼지이며 티끌로 돌아갈 존재일 뿐인데, 그것을 잘 알고 계시는 하나님이 우리를 긍휼히 여기신다는 것입니다. 우리의 모든 것, 우리의 체질과 성분까지도 아시는 하나님이 우리를 기억하신다는 선언이며 믿음입니다. 한마디로, "나는 잊히지 않는다", "나는 결코 없어지지 않는다", "나는 하나님의 기억에서 사라지지 않는다"라는 고백입니다. 이것이 바로 신앙입니다.

하나님만을 참된 위로로 삼는 자들에게

이 신앙의 기초를 우리 주 예수 그리스도가 친히 이 땅에서 보여주지 않으셨습니까? 세상의 권력이 예수를 십자가에 달아매었습니다. 예수님은 죽임을 당하셨고, 사망의 권세가 승리한 것처럼 보였습니다. 모든 인간이 걸어갔던 그 길을 예수님도 걸어가셨습니다. 죽어 가는 길, 그저 들에 피었다가 시드는 꽃처럼 사라지는 인생의 길을 예수님도 걸어가셨습니다. 그것도 33세라는 짧은 인생에 모든 것을 경험하고 죽음에 내던져지셨습니다. 그렇게 예수님은 모든 인간이 그러하듯이 무덤에 장사되셨습니다. 티끌로 돌아갈 뿐이었습니다. 사망의 권세가 그 모든 것을 휘어잡고 있을 뿐이었습니다.

그런데 사흘째 되는 날, 하나님은 죽었던 예수를 다시 살려 냄으로 그분을 향한 당신의 사랑을 증명해 주셨습니다. 성경은 예수님이 죽음에 처하셨을 때 하나님으로부터 잊히지 않았다는 사실을 우리에게 알려 줍니다. 예수님이 사망의 권세에 휩싸이고 죽음이 그분을 감싸 생명이 끝났을 때조차도 하나님은 포기하지 않으셨습니다. 하나님은 끝없는 긍휼과 사랑으로 죽음 이후의 예수님을 보셨습니다. 그리고 마침내 그분을 살려 냄으로 부활의 기적을 보여 주셨습니다.

이것이 우리의 부활 신앙입니다. 이 신앙의 중심에는 하나님이 이 땅에서의 삶뿐만 아니라 이후의 삶까지도 보고 계시고, 주목하시며, 우리를 사랑하신다는 믿음이 깔려 있습니다. 하나님이 우리를 사랑하신다는 믿음으로 우리가 위로를 얻게 되는 것입니다.

목회를 하면서 많은 사람을 만납니다. 훌륭한 사람도 참 많이 만나지만, 아프고 어려운 상황에 처한 사람도 많이 만나게 됩니다. 이런 어려움과 실패를 경험하고 있는 사람들 앞에서 "그래도 희망이 있습니다. 그래도 괜찮습니다. 그래도 위로를 받을 수 있어요"라고 말할 수 있는 것이 있다면 무엇일까요? 저는 목회를 하면서 늘 이것을 고민합니다. 그리고 그 답을 찾으려고 노력합니다. 죽음 앞에 놓여 있는 사람에게까지도 "그래도 위로가 있습니다"라고 말할 수 있는 그것은 무엇일까요? 그것은 바로 "하나님이 우리를 사랑하신다. 하나님이 우리를 긍휼히 여기신다. 하나님이 우리를 보고 계신다"라는 고백이 아닐까 생각합니다.

그러므로 신앙인은 이 세상에서 가진 것이나 누리는 것에만 연연하지 않습니다. 그것으로부터 위로를 얻으려고 하지도 않습니다. 물론 이 세상 사람들처럼 위로를 얻는 부분도 없지는 않습니다. 재산과 건강, 자식 등 여러 다른 것으로부터도 우리는 위로를 받습니다. 그러나 그것이 진정한 위로가 되지 않는다는 사실을 우리는 늘 기억해야 합니다. 그리고 오직 하나님만이 우리의 온전한 위로가 되신다는 사실을 믿음으로 붙잡아야 합니다.

이런 생각을 가지고 살아가는 신앙의 삶의 태도를 성경은 '경외'라는 말로 표현합니다. 시편 103편 17-18절은 이렇게 말합니다. "여호와의 인자하심은 자기를 경외하는 자에게 영원부터 영원까지 이르며 그의 의는 자손의 자손에게 이르리니 곧 그의 언약을 지키고 그의 법도를 기억하여 행하는 자에게로다." 하나님의 사랑과 인자하심은 그분을 경외하는 사람에게 이릅니다. 다시 말하면, 하나님의 사랑과 인자하심을 받고 있다고 여기는 사람은 하나님을 향한 경외의 마음을 가지고 살아간다는 것입니다.

사랑받는 자답게 살아가라

그렇다면 '경외'란 무엇일까요? 우리는 '경외'라는 단어를 '두려워하다', '무서워하다'라는 의미로 우선적으로 번역합니다. 그래서 경외를 하나님을 두려워하고 무서워하는 것으로 이해하는 경우가 꽤 있습니다. 물론 그것도 포함되지만, '경외'의 보다 분명한 의미는 '대상을 존경하고 사랑하는 마음으로 그 존재를 의식하며 살아가는 삶의 태도'입니다. 그리고 그 존재를 기쁘게 하기 위해 살아가는 사람이 경외하는 사람이라고 할 수 있습니다.

이 말을 조금 더 분명하게 이해하기 위해서 레위기 19장 3절을 보십시오. "너희 각 사람은 부모를 경외하고." 여기에 사용된 '경외하고'가 하나님을 '경외한다'는 말과 같은 단어입니다. 부모를 경외하라는 말이 어떤 의미로 다가옵니까? '부모를 무서워하라', '부모를 두려워하고 겁내라'라는 말로 해석하지는 않을 것입니다. 이 말의 뜻은 무엇이겠습니까? 부모를 존경하고 공경하며 사랑하고, 부모의 존재를 의식하며 살라는 의미입니다. 그리고 부모를 기쁘시게 하기 위해서 생각하며 살아가라는 뜻입니다. 이것이 경외라는 말의 뜻입니다.

하나님에 대한 경외도 그러합니다. 하나님이 우리에 대하여 긍휼한 마음을 가지고 영원히 돌보신다는 믿음을 가진 사람은 하나님에 대해 경외하는 마음으로 살아야 합니다. 하나님을 사랑하고 존경하며, 그분의 사랑을 늘 기억하고 그분이 기뻐하시는 바를 이루어 나가는 것이 바로 하나님을 경외하는 삶이라 할 수 있습니다.

'하나님을 경외한다'라는 말을 조금 더 풀어서 설명해 보겠습니다. 성경에는 '경외'라는 단어가 많이 사용되어서 이를 모두 종합적으로 설명하기는 어려울 것 같습니다. 하지만 레위기의 말씀을 통해서 하나님을 경외하는 삶이 무엇인지를 살펴볼 수 있습니다. "너는 귀먹은 자를 저주하지 말며 맹인 앞에 장애물을 놓지 말고 네 하나님을 경외하라 나는 여호와이니라"(레 19:14). "너는 센 머리 앞에서 일어서고 노인의 얼굴을 공경하며 네 하나님을 경외하라 나는 여호와이니라"(레 19:32). "너희 각 사람은 자기 이웃을 속이지 말고 네 하나님을 경외하라 나는 너희의 하나님 여호와이니라"(레 25:17). "너는 그에게 이자를 받지 말고 네 하나님을 경외하여"

(레 25:36). "너는 그[종]를 엄하게 부리지 말고 네 하나님을 경외하라"(레 25:43).

흥미로운 말씀들이 이어지고 있지 않습니까? 하나님이 우리를 사랑하고 영원히 돌보신다는 믿음을 위로로 삼고 살아가는 사람들의 삶의 태도는 어떠하겠습니까? 하나님을 경외하는 삶은 어떠해야 할까요? 이웃을 속이지 않고, 노인을 공경하며, 장애인을 우습게 여기거나 무시하지 않고, 형제들에게서 이자를 받지 아니하며, 종을 엄하게 부리지 않는 모습으로 나타나야 합니다. 왜 이런 모습이 하나님을 경외하는 모습일까요? 한 마디로, 하나님의 무한한 은혜와 긍휼을 받은 사람으로서 그러한 사람답게 살아가는 것이 하나님을 경외하는 삶이라 할 수 있습니다. 이런 신앙의 태도를 가진 사람이 바로 그리스도인입니다.

'하나님을 경외한다'라는 말의 뜻은 '하나님이 나를 사랑하시되 끝까지 사랑하시고, 내가 죽어서까지도 나를 사랑하신다'라는 믿음을 가지고 너그러운 마음으로 세상을 살아가는 삶의 태도라 할 수 있습니다. 여기서 다시 질문을 던지고자 합니다. "죽어서나 살아서나 당신의 유일한 위로가 있다면 그것은 무엇입니까?" 그리고 만약 그 위로를 신앙으로 가지고 있다면 그것이 당신의 삶을 어떻게 바꾸어 놓았습니까? 이 질문에 대답할 수 있는 그리스도인이 되기를 바랍니다.

1. 현재 당신에게 가장 큰 위로를 주는 것은 무엇입니까? 그 위로의 유효 기간은 얼마나 됩니까?

2. 당신은 신앙생활을 하면서 위로를 경험한 적이 있습니까? 그 위로는 당신의 삶을 어떻게 바꾸었습니까?

3. '위로'와 '경외'는 서로 어떻게 연결되는지 이 장의 내용을 토대로 설명해 보십시오.

4부

그대,
무엇을 향해 가는가

13

인내 후에
수확의 기쁨이 있다

인생에 필요한 덕목

그리스 신화에 나오는 오르페우스(Orpheus)와 유리디케라고도 불리는 에우리디케(Eurydice)의 사랑 이야기는 잘 아는 내용일 것입니다. 오르페우스는 음악의 신 아폴론의 아들입니다. 최고의 시인이자 음악가인 오르페우스는 사랑하는 아내 에우리디케가 독사에 물려 죽자 아내를 잃어버린 슬픔으로 괴로워하다가 저승을 찾아갑니다. 이후 뱃사공 카론 앞에서 감동적인 리라 연주를 해서 강을 건너가고, 지하 세계 문지기인 케르베로스 앞에서도 감동적인 연주를 들려주어 지하 문을 통과합니다. 저승사자 하데스 역시 오르페우스의 리라 연주에 감동을 받아 죽은 에우리디케를 내어놓습니다. 저승에서 이승으로 데려가도록 허락해 준 것입니다. 그런데 한 가지 조건이 따랐습니다. 이승으로 나갈 때까지 절대로 뒤를 돌아보아서는 안 된다는 것이었습니다. 에우리디케의 손을 잡고 이승을 향하여 계속해서 올라가던 오르페우스는 마지막 문턱 앞에서 혹시나 하는 마음에 뒤를 돌아봅니다. 그 순간 에우리디케는 이승으로 나갈 수 없게 되고, 두 사람은 영원히 헤어지는 슬픈 운명을 맞이하게 됩니다. 참으로 슬픈 이야기입니다.

안타까운 이 이야기는 여러 화가에 의해서 그림으로 그려지기도 했습니다. 그중 하나의 그림을 소개하고자 합니다. 프랑스 화가 장 바티스트 카미유 코로(Jean Baptiste Camille Corot)의 그림인데, 스산한 느낌이 드는 지하 세계를 그려 냈습니다. 지하 세계를 상징하는 전체적인 분위기 속에서 지상 세계로 막 올라가려는 두 사람이 보입니다. 오르페우스의 손에는 등잔불과도 같은 리라가 들려 있습니다. 그가 마지막까지 뒤를 돌아보지 않았다면 어떠했을까 하는 생각이 듭니다.

성경에도 뒤를 돌아보아서는 안 된다는 구절이 나옵니다. "롯의 아내는 뒤를 돌아보았으므로 소금 기둥이 되었더라"(창 19:26). "뒤를 돌아보지 말라", 이것이 하나님이 내리신 명령이었습니다. 그런데 롯의 아내는 그만 뒤를 돌아 소돔과 고모라성을 보았고, 한순간에 소금 기둥으로 변화되고 말았습니다.

우리는 살아가면서 인내하지 못하고 실패한 사람의 이야기, 그동안 잘 참아 왔다가 한순간의 실수로 모든 것이 수포로 돌아가는 것을 경험한 사람의 이야기를 종종 듣곤 합니다. 그렇다면 인생을 살면서 가장 큰 덕목은 무엇일까요? 지혜를 얻는 것, 머리가 좋은 것, 신체가 건강한 것 등 다 필요하겠지마는 무엇보다 '참아 내는 능력', '견디는 능력'이 가장 필요한 덕목이 아닐까 싶습니다. 견디는 힘이 없으면 아무리 좋은 생각을 가지고 있고 아무리 지혜가 많아도 결국에는 아무것도 자신의 것으로 삼지 못하게 됩니다.

인내는 신앙생활에도 필수다

견디는 힘이란 무엇입니까? 사실 견디는 힘은 큰 능력이라고 할 수 있습니다. 우선적으로는 정신적인 힘을 가리킵니다. 정신적으로 강인한 사람, 그래서 어려운 중에도 문제를 뚫고 나가는 정신력이 견디는 힘에서부터 나오지 않을까 생각합니다. 정신적인 것뿐만 아니라 신체적으로 견뎌 내는 힘도 있습니다. 아무리 강한 정신력을 가지고 있어도 육체가 따라가지 못하면 견뎌 낼 수 없습니다. 육신도 건강해야 합니다.

요즘 주변에 마운틴 클라이밍같이 절벽에 올라가는 사람이 많지 않습니까? 그럴 때 어떤 힘이 필요할까요? 어디에다 발을 놓고, 손으로는 어디를 잡아야 하는지와 같은 기술도 필요하지만, 절벽에 올라서서 가려면 실제로 힘이 필요합니다. 근육의 능력, 손아귀의 힘이 필요합니다. 이것이 체력이고, 지탱하는 힘이라고도 할 수 있습니다. 그러니까 정신력이 아무리 좋아도 체력이 바탕이 되지 않는다면 절벽에서 떨어질 수밖에 없습니다. 그래서 우리에게는 정신력도 필요하고, 체력도 필요합니다.

지탱하는 능력은 신앙생활에도 매우 중요합니다. 주님이 주시는 평안과 기쁨으로 삶을 가득 채우기 위해서는 해야 할 일이 있는데, 성경은 우리가 어떻게 하면 형통하게 살 수 있는지를 여러 곳에서 이야기합니다. 대표적으로 시편 1편입니다. "복 있는 사람은 악인들의 꾀를 따르지 아니하며 죄인들의 길에 서지 아니하며 오만한 자들의 자리에 앉지 아니하고 오직 여호와의 율법을 즐거워하여 그의 율법을 주야로 묵상하는도다 그는 시냇가에 심은 나무가 철을 따라 열매를 맺으며 그 잎사귀가 마르지 아니함 같으니 그가 하는 모든 일이 다 형통하리로다"(시 1:1-3).

시편 1편에 따르면, 악인들의 꾀를 따르지 않고, 죄인들의 길에 들어서

지 않으며, 오만한 자의 자리에 앉지 않는 것이 형통한 삶의 비결입니다. 그렇다면 우리는 어떻습니까? 사실은 복 있는 자의 삶을 살아 내고자 힘씁니다. 노력합니다. 악인들의 꾀를 따르지 않고, 죄인의 길에 들어서지 않으며, 오만한 자의 자리에 앉지 않으려고 노력합니다. 물론 실패할 때도 있고, 타협할 때도 있습니다. 이것이 우리의 모습이기도 합니다. 그러므로 본질적인 문제라고 한다면, 주님이 주신 말씀을 따라 '지속적'으로 살아 내지 못하는 것이라고 할 수 있습니다.

언젠가 성도들에게 "슬기로운 입술"이라는 제목으로 말씀을 선포했습니다. 따뜻한 말, 격려의 말을 하자는 내용이었습니다. 바로 다음 주에는 "원망은 불신앙이다"라는 제목으로 말씀을 전했습니다. 원망하기보다 하나님께 감사하며 기도와 간구로 아뢰자는 말씀을 나누었습니다. 아마도 설교를 들으면서 많은 성도가 '따뜻한 말을 해야지', '원망하지 말아야지' 하는 마음으로 집으로 돌아갔으리라 생각합니다. 그런데 어떻습니까? 하루, 한 주가 지난 후에도 따뜻한 말이 계속해서 이어졌을까요? 원망하기보다 기도하고 감사하는 삶이 이어졌을까요? 아마도 그렇지 못했을 것입니다. 우리에게는 지속력이 없기 때문입니다. 말씀대로 살아 내는 힘이 없기 때문입니다.

우리가 따뜻한 말을 해야겠다고 생각하고 자녀에게 그 말을 건네면 반응이 어떻습니까? 떨떠름합니다. 그러면 부모님은 설교를 듣고 와서 모처럼 따뜻한 말을 건넸는데 반응이 왜 그러느냐며 야단을 치기 쉽습니다. 따뜻한 말은 겨우 한마디만 하고 야단으로 바뀌는 일이 일어나지 않습니까? 이러한 모습이 신앙생활에도 나타날 때가 참으로 많습니다.

체력을 기르려고 할 때 우리는 운동을 합니다. 근육을 키웁니다. 특별한 부위에 적절한 운동을 하면서까지 근육을 만듭니다. 그러면서 힘을 만들고 체력을 세워 갑니다. 그럴 때 우리가 많은 일을 감당해도 견디는 사람이 됩니다. 어려움 속에서도 견딜 수 있는 체력을 갖게 되는 것입니다.

신앙생활도 마찬가지입니다. '좋은 말씀이니까 말씀대로 살아 봐야지' 하고 한 번 실천한 후 좌절해 버리면, 운동하는 법은 알지만 운동하지 않는 사람과 똑같다고 할 수 있습니다. 우리가 운동하는 법을 알고 운동을 통해서 어떤 결과가 일어날지를 안다면, 마지막으로 할 일은 지속적으로 운동을 하는 것입니다. 지속적으로 견뎌 내는 과정이 필요하다는 의미입니다. 그렇듯이 '사랑해야지', '믿어야지', '희생해야지' 생각하면서도 그만 잊어버리면 우리의 신앙은 결코 성장할 수 없습니다.

● 인내는 하나님의 성품에 참여하는 과정이다

베드로후서는 성숙한 신앙을 성품과 관련해 표현합니다. "하나님께서는, 우리가 그를 앎으로 말미암아 생명과 경건에 이르게 하는 모든 것을, 그의 권능으로 우리에게 주셨습니다"(벧후 1:3, 새번역). 매우 중요한 말씀입니다. 이 말씀은 어떻게 하면 경건에 이르고 영생에 이르는지 하나님이 이미 다 말씀해 주셨다고 전합니다. 우리가 어떻게 하면 건강해질 수 있는지를 알고 있는 것처럼, 하나님이 우리에게 생명과 경건에 관해 다 알려 주셨다는 것입니다.

그러면서 성경은 그 이유가 무엇인지를 밝힙니다. "세상에서 정욕 때문에 부패하는 사람이 되는 것이 아니라, 하나님의 성품에 참여하는 사람이 되게 하시려는 것입니다"(벧후 1:4, 새번역). 부패하는 사람이 아니라 하나님의 성품에 도달하는 사람, 하나님의 성품에 참여하는 사람이 되게 하고자 생명과 경건에 관해 이미 말씀해 주셨다는 것입니다. 우리가 운동을 하면 체력이 좋아지고 근육이 붙듯이, 영적으로 성장할수록 우리 안에 하나님의 성품이 점점 더 자라난다는 것입니다. 하나님의 성품에 참여하는 사람으로 우리가 성장해 간다는 의미입니다.

"사랑합니다"라는 말이 얼마나 귀합니까? "희생합시다"라는 말은 또 얼마나 숭고합니까? 그러나 이것이 우리의 지식에만 머물러 있다면 삶 속에서 역동적인 힘을 발휘할 수 없습니다. 그러므로 베드로후서 1장 5-7절은 이어서 말합니다. "그러므로 너희가 더욱 힘써 너희 믿음에 덕을, 덕에 지식을, 지식에 절제를, 절제에 인내를, 인내에 경건을, 경건에 형제 우애를, 형제 우애에 사랑을 더하라." 더하고, 더하고, 더하고…. 마치 운동의 범위를 조금씩 넓히며 근육을 키워 가듯이 영적인 훈련도 유사하다는 뜻입니다. 믿음에 덕을, 덕에 지식을, 지식에 절제를, 절제에 인내를, 인내에 경건을, 경건에 형제 우애를, 형제 우애에 사랑을, 이처럼 하나씩 더해 가는 훈련을 거치면서 그리스도의 성품에 다가가라는 말입니다.

이어지는 말씀을 보십시오. "그러므로 형제들아 더욱 힘써 너희 부르심과 택하심을 굳게 하라 너희가 이것을 행한즉 언제든지 실족하지 아니하리라 이같이 하면 우리 주 곧 구주 예수 그리스도의 영원한 나라에 들어감을 넉넉히 너희에게 주시리라"(벧후 1:10-11). 영적인 훈련을 거듭하면서 하나님의 성품에 다가가게 되면 실족하지 않는 상태에 이르게 되고, 하나님의 영원한 나라에 들어갈 존재가 될 것이라고 성경은 말합니다. 그런 자가 하나님 나라에 합당한 존재라는 것입니다.

사실 우리가 몰라서 하지 않는 것이 아니라, 알면서도 지속적으로 말씀대로 살지 못해서 실패하는 것입니다. 요한계시록의 말씀 또한 그러합니다. "성도들의 인내가 여기 있나니 그들은 하나님의 계명과 예수에 대한 믿음을 지키는 자니라"(계 14:12). 이 말씀은 성도들이 어떤 부분에서 인내를 가지고 살아야 하는지를 말해 줍니다. 한 가지 영역은, 인내를 가지고 하나님의 계명을 따라야 한다는 것입니다. 사랑하라는 말씀, 희생하라는 말씀을 지키고자 끝까지 인내하며 노력해야 한다는 것입니다. 다른 영역은, 예수에 대한 믿음을 지켜 내는 것입니다.

하나님의 성품에 참여하는 자에게 하늘나라 열매가 맺힌다

제가 알고 있는 교수님 한 분은 부임할 때부터 지금까지 강의나 설교 때마다 항상 "사랑합니다"를 외치십니다. 그냥 말로만 하지 않고 꼭 제스처와 함께 인사를 하십니다. 그 모습을 보면서 한 번은 '조금 명목적이지 않은가' 생각한 적이 있는데, 그분의 이야기를 들으면서 감동받아 마음에 깊이 남은 내용이 있습니다. 그분의 말씀에 의하면, 사랑은 결코 쉽지 않다는 것입니다. 그래서 이를 악물고 사랑을 스스로 훈련한다고 하셨습니다. 이를 악물고 사랑해야만, 이를 악물고 사랑하기로 노력해야만 우리는 사랑할 수 있다는 것입니다. 그래야 진정한 사랑이 우리에게서 드러날 수 있다고 말씀하셨습니다.

그렇습니다. 이것이 어쩌면 인간의 한계이기도 합니다. 우리는 이를 악물고 사랑과 희생을 연습하면서 믿음의 삶을 살아 내야 합니다. 이것이 성도의 인내라고 말할 수 있습니다.

본문은 "우리가 시작할 때에 확신한 것을 끝까지 견고히 잡고 있으면 그리스도와 함께 참여한 자가 되리라"(히 3:14)라고 말합니다. 굉장히 중요한 말씀입니다. "그리스도와 함께 참여한 자가 되리라." 무엇이 그렇게 한다는 것입니까? "우리가 시작할 때에 확신한 것을 끝까지 견고히 잡고 있으면"이라고 말합니다. 우리가 신앙생활을 하면서 복음에 합당한 것들을 끝까지 붙잡고 나아가며 인내하는 것이 중요하다는 권면입니다.

"따뜻한 말을 합시다", "원망하지 맙시다", "감사의 말을 합시다", "사랑의 말을 합시다", "희생의 삶을 살아갑시다." 얼마나 좋은 말들입니까? 그런데 중요한 것은 이를 악물고 살아 내야 한다는 사실입니다. 우리가 확신한 바를 붙잡고 끝까지 가야 한다는 것입니다. 모든 삶의 영역에서 하나님 나라의 가치를 붙잡고 끝까지 가야 한다는 것입니다. 성경은 바로 그런 사람이 하나님 나라에 참여한다고 말합니다.

그저 가만히 있으면 아무것도 되지 않습니다. 예배당에 나와서 좋은 말씀을 듣는 것도 물론 조금은 도움이 될 것입니다. 그러나 듣는 것에만 머문다면 영적인 성장은 어렵습니다. 우리가 끊임없이 운동하듯이 말씀을 붙잡고 살아가는 삶을 포기하지 않을 때, 하나님의 성품을 닮아 가고 하나님 나라에 참여하는 영광을 얻게 될 것입니다.

1. 당신이 가장 꾸준히 해 온 일이 있다면 무엇입니까? 그 꾸준함은 어디에서 비롯되었다고 생각합니까?

2. 반대로, 당신이 가장 빈번하게 실패하는 일이 있다면 무엇입니까? 실패하는 이유는 무엇이라고 생각합니까?

3. 아래 말씀에서 당신이 지속하고 견뎌야 하는 경건의 자세에는 어떤 것들이 있는지 나누어 보십시오.

> "그러므로 너희가 더욱 힘써 너희 믿음에 덕을, 덕에 지식을, 지식에 절제를, 절제에 인내를, 인내에 경건을, 경건에 형제 우애를, 형제 우애에 사랑을 더하라"(벧후 1:5-7).

14

시야를 바꾸면
주님만 보인다

무엇을, 어떻게 보는가

옛날에 전쟁에 나가서 한쪽 눈을 잃은 왕이 있었습니다. 하루는 그가 자신의 집으로 화가를 불러 초상화를 그리게 했습니다. 화가는 보이는 그대로 한쪽 눈을 잃은 왕의 모습을 그렸습니다. 그런데 완성된 그림을 본 왕이 크게 화를 냈습니다. "왜 나를 이렇게 그려 놓았느냐!" 왕은 호통을 치면서 화가를 끌어내어 목을 치라고 명령했습니다. 이제 다른 화가가 왕궁으로 불려갔습니다. 먼저 불려갔던 화가의 소식을 들은 터라 두 번째 화가는 왕의 두 눈을 그려서 초상화를 완성했습니다. 그런데 이번에도 초상화를 본 왕은 화를 냈습니다. "이게 어떻게 나란 말이냐! 내 눈이 어째서 둘이냐? 이건 내가 아니라 다른 사람이다!" 이 화가 역시 첫 번째 화가처럼 참수를 당했습니다. 이제 세 번째 화가가 왕 앞으로 불려갑니다. 어떻게 해야 목숨을 부지할 수 있을까요? 앞선 두 화가가 한쪽 눈을 안 그려서 죽임을 당하고, 두 눈을 다 그려서 죽임을 당했으니 별 도리가 없어 보입니다. 그런데 그는 목숨을 부지했습니다. 세 번째 화가는 왕의 앞모습이 아닌 옆모습을 그렸기 때문입니다.

이 이야기가 실제인지 아닌지는 확실하지 않습니다. 그런데 역사적으로 왕의 옆모습을 그려서 최고의 예술가로 평가받은 사람이 있습니다. 마케도니아의 왕 안티고노스(Antigonus) 1세의 얼굴을 그린 아펠레스(Apelles)라는 화가입니다. 그가 그린 이 그림은 지금은 소실되어서 찾을 수 없다고 하는데, 《박물지》(Naturalis Historia)로 유명한 가이우스 플리니우스 세쿤두스(Gaius Plinius Secundus)가 안티고노스의 초상화를 두고 아펠레스가 그린 최고의 작품이라고 평가했다고 합니다. 한쪽 눈에 장애가 있는 왕의 초상화를 창의적인 방법으로 그려서 안티고노스왕이 크게 기뻐했다는 것입니다. 살아가면서 항상 느끼지만, '어떻게' 그리고 '무엇을' 보느냐가 참 중요합니다. 어떤 방향에서 보느냐에 따라 모양이 확연히 달라지기 때문입니다.

한 가정의 이야기입니다. 젊은 부부가 슬하에 어린 자녀들을 두었는데, 자녀들이 점점 자라나면서 방에서 뛰기 시작하자 층간 소음이 발생했다고 합니다. 이 문제 때문에 여러 번 이사를 했고, 또 해야 하는 상황이었습니다. 문제를 어떻게 해결할 수 있을까 고민하는 중에 마침 부모님이 사시는 아파트 바로 위층이 비어서 그곳으로 들어가게 되었습니다. 그러자 층간 소음 문제가 사라졌습니다. 물론 소리가 사라진 것은 아니었습니다. 아이들은 여전히 아침마다 일어나서 뛰었고, 소리를 내었습니다. 그런데 아래층에 사는 할머니, 할아버지가 그 소리를 들으면서 도리어 기뻐했다는 것입니다. '아, 아이들이 깼구나. 건강하게 자라나고 있구나.' 이처럼 어떻게 보느냐에 따라서 모든 것은 다르게 보일 수밖에 없습니다.

그렇습니다. 어떻게 보느냐에 따라서 모든 것이 달라집니다. 정치권이 여와 야로 나뉘어 계속해서 싸움을 벌이고 있습니다. 왜 그렇습니까? 관점의 차이 때문일 것입니다. 가정의 문제도, 노사의 문제도 마찬가지입니다. 어떤 방향에서 보느냐에 따라 문제는 확연히 달라지게 됩니다. 물론 싸움을 피하기 위해서 모두가 한 방향만을 바라보아야 한다는 것은 아니지만, 이전과는 다르게 창의적인 방법으로 바라보는 것은 정말 중요합니다. 그럴 때 보이지 않던 것들이 보이면서 정말로 중요한 것이 무엇인지를 깨닫게 되기 때문입니다.

평범한 것으로부터 위대한 것을 발견한 사람이 상당히 많습니다. 손으로 꼽을 수 없을 만큼 많습니다. 검은색 돌덩어리 속에서 생각하는 사람의 모양을 본 오귀스트 로댕(Auguste Rodin)과 같은 조각가가 있습니다. 사람들은 물이 끓는 주전자를 무심코 보았지만, 제임스 와트(James Watt)는 여기서 힘을 보고 증기 기관차를 만들었습니다. 사람들은 번개가 치는 것을 보며 무서워하고 도망갔지만, 벤저민 프랭클린(Benjamin Franklin)은 치는 번개 속에서 어둠을 밝히는 전기를 보았습니다. 같은 현상이지만 무엇을, 어떻게 보느냐에 따라서 결과는 완전히 달라집니다.

유다 백성의 눈에는 무엇이 보였을까

본문의 말씀도 동일한 내용을 전하고 있습니다. 유다의 백성이 바벨론 포로 생활에서 예루살렘으로 돌아와 성전을 재건하는 내용이 배경입니다. 유다 사람들은 70년 만에 바벨론에서 고향으로 돌아와 성전을 재건하기로 결정하고 공사를 시작하고자 합니다. 하지만 여러 가지 상황 때문에 성전 건축이 쉽지 않았습니다. 더디게, 더디게 진행됩니다. 생각하면 그럴 만도 합니다. 포로에서 막 돌아왔으니 그들에게 무엇이 있었겠습니까? 살기도 어려운 형편인데 성전을 그리 쉽게 지을 수 있었겠습니까?

그러나 학개를 통해 하나님은 성전을 지을 것을 끊임없이 독려하셨습니다. 형편이 어려워서 성전을 짓지 못하는 것이 아니라, 도리어 성전을 짓지 못해서 형편이 어렵다는 사실을 말씀하셨습니다. 그렇게 성전을 짓는 일이 이어지지만, 과거 솔로몬 시대에 완공된 성전과 비교하면 턱없이 초라한 성전을 지어야 했을 것입니다. 그때 하나님의 말씀이 학개를 통해 임합니다. "너희 가운데에 남아 있는 자 중에서 이 성전의 이전 영광을 본 자가 누구냐 이제 이것이 너희에게 어떻게 보이느냐 이것이 너희 눈에 보잘것없지 아니하냐"(학 2:3).

유다 백성의 마음을 꿰뚫어보고 하신 말씀입니다. 그들 중에는 과거의 영광을 바라보는 사람들이 있었습니다. 솔로몬 시대의 성전을 생각하는 사람들이 있었습니다. 과거의 화려하고 영광스러운 성전을 떠올렸습니다. 그런데 그들이 짓는 이 성전은 참으로 처량합니다. 보잘것없어 보입니다. '이런 건물을 지어서 무엇 하나' 하는 생각으로 짓고 있었을지도 모릅니다. 사실 동기 부여가 잘 되지 못했을 것입니다. 이전의 영광과 비교해 본다면 그럴 만도 합니다.

그런 그들의 생각을 콕 집어서 하나님은 이렇게 말씀하십니다. "그러나 여호와가 이르노라 스룹바벨아 스스로 굳세게 할지어다 여호사닥의 아들 대제사장 여호수아야 스스로 굳세게 할지어다 여호와의 말이니라 이 땅 모든 백성아 스스로 굳세게 하여 일할지어다 내가 너희와 함께하노라 만군의 여호와의 말이니라"(학 2:4). "너희가 보기에는 보잘것없는 성전이지 않느냐? 이 성전을 보면서 실망하고 있지 않느냐? 그러나 내가 너희에게 말하노라. 성전을 보지 말고 나를 보아라. 내가 너희와 함께하고 있노라.”
주님이 말씀하고 계십니다.

유다 백성은 화려했던 과거를 회상하며 현재의 초라한 현실과 비교합니다. 그런데 하나님은 과거의 영광도, 현재의 초라함도 생각하지 말고 그들과 함께하는 당신을 보라고 말씀하십니다. 그들과 함께 성전을 지어가고 계시는 하나님을 보라고 명령하십니다.

사실 이것은 우리의 삶에서 종종 일어나는 일입니다. 우리는 과거의 화려했던 사업, 건강, 명예 등을 회상하며 그에 비해 초라해진 현실을 바라볼 때가 꽤 많습니다. 어느새 노약하고 병약해진 모습, 이전처럼 번창하지 못하는 사업…. 그래서 힘겨운 마음을 가진 사람도 있을 것입니다. 그러나 하나님은 유다 백성에게 말씀하신 것처럼 우리에게도 함께하고 있는 당신을 바라보라고 말씀하십니다. 건물의 화려함이나 초라함이 중요한 것이 아니라 ‘누가’ 건물 안에 있는가, ‘누가’ 그들과 함께하는가가 중요하다는 말입니다. 건물이 아니라 건물 안에 임재하시는 하나님이 중요합니다.

믿음의 눈으로 바라보라

성경을 보면 같은 상황을 다른 시각으로 본 사람이 종종 등장합니다. 그중 민수기 13장에는 가나안 땅을 정탐하고 돌아온 사람이 서로 다르게 증언하는 내용이 나옵니다. 약속의 땅 가나안을 보고 온 열 명의 정탐꾼은 그곳의 거주민들이 강하고 성읍이 심히 클 뿐 아니라 거인 같은 아낙 자손을 보았다고 말합니다. 그들이 강하기 때문에 자신들은 전쟁에서 승리할 수 없다는 것입니다. "우리가 두루 다니며 정탐한 땅은 그 거주민을 삼키는 땅이요 거기서 본 모든 백성은 신장이 장대한 자들이며 거기서 네피림 후손인 아낙 자손의 거인들을 보았나니 우리는 스스로 보기에도 메뚜기 같으니 그들이 보기에도 그와 같았을 것이니라"(민 13:32-33).

그러나 여호수아와 갈렙은 똑같은 모습을 보았어도 다르게 증언합니다. "우리가 두루 다니며 정탐한 땅은 심히 아름다운 땅이라 여호와께서 우리를 기뻐하시면 우리를 그 땅으로 인도하여 들이시고 그 땅을 우리에게 주시리라 이는 과연 젖과 꿀이 흐르는 땅이니라 다만 여호와를 거역하지는 말라 또 그 땅 백성을 두려워하지 말라 그들은 우리의 먹이라 그들의 보호자는 그들에게서 떠났고 여호와는 우리와 함께하시느니라 그들을 두려워하지 말라"(민 14:7-9).

물론 두 사람도 장대한 아낙 자손과 견고한 성읍을 보았습니다. 그러나 그들은 다르게 말합니다. 하나님이 약속하신 땅은 젖과 꿀이 흐르는 땅이 맞는다는 것입니다. 이 땅을 하나님이 그들에게 예비해 주셨다는 것입니다. 그러면서 그들은 그 땅을 보호하던 보호자가 떠났고 방비는 이미 허술해졌으며, 하나님이 이스라엘 백성과 함께하신다고 말합니다.

또한 출애굽한 이스라엘 백성이 홍해를 앞에 두고 절규할 때의 일입니다. 앞으로는 홍해가 가로막고 있고, 뒤로는 바로의 병거가 뒤쫓아오고 있습니다. 그때 백성이 말합니다. "애굽에 매장지가 없어서 당신이 우리를 이끌어 내어 이 광야에서 죽게 하느냐 어찌하여 당신이 우리를 애굽에서 이끌어 내어 우리에게 이같이 하느냐"(출 14:11). 자신들은 이제 죽었다는 것입니다. 그러면서 차라리 애굽에서 죽는 게 더 좋았을 뻔했다고 진단

합니다.

그러나 모세는 영의 눈을 통해서 다른 것을 보고 있었습니다. "너희는 두려워하지 말고 가만히 서서 여호와께서 오늘 너희를 위하여 행하시는 구원을 보라 너희가 오늘 본 애굽 사람을 영원히 다시 보지 아니하리라 여호와께서 너희를 위하여 싸우시리니 너희는 가만히 있을지니라"(출 14:13-14). 그는 앞과 뒤가 막혀 있는 현실에서 하나님을 바라봅니다. 썩을 육체의 눈이 아니라 영적인 눈을 떠서 하나님의 전능하신 능력을 바라봅니다. 그래서 그는 백성을 향하여 담대하게 외칠 수 있었습니다.

스데반의 경우도 그러합니다. "스데반이 성령 충만하여 하늘을 우러러 주목하여 하나님의 영광과 및 예수께서 하나님 우편에 서신 것을 보고 말하되 보라 하늘이 열리고 인자가 하나님 우편에 서신 것을 보노라 한대"(행 7:55-56). 그는 사람들이 던지는 돌에 맞아서 죽게 될 지경이었습니다. 그만큼 고통도 심했을 것입니다. 분노로 가득 찬 사람들의 모습을 보기가 참으로 힘들었을 것입니다. 그런데 스데반은 눈을 들어 하늘을 향합니다. 그리고 하늘에 계시는 하나님과 그 옆에 함께하고 계시는 예수님을 바라봅니다. 그 열린 하늘 문을 통하여 하나님을 본 스데반은 결국 순교의 길을 감당하게 됩니다.

야곱 역시 그러합니다. 브엘세바를 떠나 하란으로 가다가 한곳에 이르게 된 야곱은 그곳에서 돌로 베개를 삼고 누워 자던 중 꿈에서 사닥다리가 하늘에 닿아 있고 하나님의 사자들이 오르락내리락하는 모습을 보게 됩니다. 그때 하나님이 야곱에게 말씀하십니다. "나는 여호와니 너의 조부 아브라함의 하나님이요 이삭의 하나님이라 네가 누워 있는 땅을 내가 너와 네 자손에게 주리니 네 자손이 땅의 티끌같이 되어 네가 서쪽과 동쪽과

북쪽과 남쪽으로 퍼져 나갈지며 땅의 모든 족속이 너와 네 자손으로 말미암아 복을 받으리라 내가 너와 함께 있어 네가 어디로 가든지 너를 지키며 너를 이끌어 이 땅으로 돌아오게 할지라"(창 28:13-15).

그저 한적한 곳에 머물러 있었습니다. 길을 가다가 어떤 곳에 머물러 돌베개를 벤 채 잠이 들었을 뿐입니다. 그런데 그곳이 하나님이 함께하시는 자리임을 꿈을 꾸면서 깨닫게 됩니다. 이후에 야곱은 이렇게 고백합니다. "야곱이 잠이 깨어 이르되 여호와께서 과연 여기 계시거늘 내가 알지 못하였도다"(창 28:16).

하나님을 믿을 때 능력 있는 삶을 살 수 있다

우리는 무엇을 다르게 볼 수 있을까요? 다르게 보는 방법에는 여러 가지가 있을 것입니다. 정치적인 입장에 따라 좌, 우로 나누어서 보는 시각이 있겠고, 노와 사의 입장에서 보는 시각도 있을 것입니다. 또 남자와 여자의 입장에서 보는 시각 등 다양한 시각이 존재합니다. 그런데 성경은 이 땅에 살아가면서 가장 중요한 시각이 있음을 끊임없이 이야기합니다. 상황이 어떠하든지 현실을 보지 말고 함께하시는 하나님을 바라보라는 것입니다. 하나님을 보는 시각이 우리 안에서 계속 열려야 한다고 말합니다.

신앙의 선배들이 그러했습니다. 우리의 삶의 여정 속에서도 때로는 암울하고, 힘들고, 도저히 넘을 수 없을 것 같은 장해물을 만날 때가 있습니다. 불치의 병일 수도 있고, 사업의 실패일 수도 있습니다. 건강의 이상일 수도 있고, 그 외 다양한 일이 일어날 수 있습니다. 이때 중요한 것은 상황 때문에 좌절하는 것이 아니라, 하나님이 함께하신다는 '믿음'을 갖는 것입니다. 이 믿음이 어렵고 힘든 상황을 이겨 내도록 도울 것입니다.

하나님과 동행함이 얼마나 귀한 것인지 모릅니다. 이 땅에서 함께하시는 하나님이 우리와 영원히 동행해 주십니다. 그러므로 우리 곁에 함께 계시는 하나님을 바라보고, 그분이 우리와 함께하신다는 사실을 인지하는 것이 매우 중요합니다. 이 영적인 시각이 우리 모두에게 열리기를 바랍니다. 그러므로 히브리서 12장 2절은 우리에게 이렇게 권면합니다. "믿음의 주요 또 온전하게 하시는 이인 예수를 바라보자."

예수를 바라봅시다. 예수 안에 소망이 있고 하나님의 은혜가 담겨 있습니다. 우리는 모든 상황을 다 볼 수 있지만, 그보다 더 중요한 것이 있다면 바로 예수 그리스도, 우리를 사랑하시는 그분을 보며 척박한 인생을 힘 있게 살아 내는 것입니다.

질문과 나눔

1. 현재 당신이 가장 많은 관심을 가지고 보는 것은 무엇입니까? 그것이 당신의 삶에 어떤 영향을 미치고 있습니까?

2. 동일한 사물이나 대상인데 어느 순간 이전과는 다르게 보였던 경험이 있습니까? 그 이유는 무엇이었습니까?

3. 익숙한 구절이지만 관점을 달리했을 때 더 은혜가 되었던 말씀이 있다면 나누어 보십시오.

뜻이 좋아도
방향이 틀릴 수 있다

하나님의 거절은 누구에게나 주어진다

　　우리는 때로 신앙생활을 하면서 하나님의 거절하심을 경험합니다. 하나님께 간절히 기도했음에도 하나님이 응답하지 않으시는 경험을 할 때가 있습니다. '내가 기도하는 대로 된다면 하나님도 영광을 받으시고 많은 사람이 주님 앞으로 나올 것인데, 왜 하나님은 이 일을 허락하지 않으실까?' 하는 생각이 들 때가 종종 있습니다. 다윗의 이야기는 이러한 의문과 안타까움을 가지고 있는 사람을 위한 하나님의 말씀입니다. 다윗도 하나님이 거절하신 아픔을 경험한 바가 있기 때문입니다. 이러한 하나님의 거절 앞에서 그는 어떻게 했는지 그리고 그의 신앙의 모습은 어떠했는지를 함께 살펴보겠습니다.

　다윗이 예루살렘에서 다윗성을 건설하고 그의 왕권이 점점 더 강성해 가던 시기였습니다. 그는 이미 왕궁을 세워 놓고 안정된 생활을 하고 있었습니다. 하나님의 법궤도 예루살렘으로 가져왔고, 이제 더 이상 부족함이 느껴지지 않는 삶을 살아가고 있을 때였습니다. 역대상 14장 1절을 보면 "두로 왕 히람이 다윗에게 사신들과 백향목과 석수와 목수를 보내 그의 궁전을 건축하게 하였더라"라는 말씀이 나옵니다. 다윗이 만든 왕궁은 초라하지 않았을 것입니다. 다양한 외부의 물건과 그 지역에서 얻을 수 없는 백향목을 비롯한 많은 좋은 물건으로 지은 왕궁이었을 것입니다. 그만큼 다윗의 왕권이 든든하게 세워져 가고 있었습니다.

그러던 어느 날, 다윗은 하나님을 위한 아주 좋은 생각을 하게 됩니다. 하나님의 성전을 지어야겠다는 생각이었습니다. 그는 이 생각을 나단 선지자에게 이야기하고, 그러자 나단 선지자도 다윗의 생각에 하나님이 반대하실 만한 이유가 없을 것이라고 생각합니다. 그래서 다윗에게 "하나님이 함께하시니 무엇이든지 하십시오"라는 말로 응답합니다. 이 내용을 성경은 다음과 같이 간단히 묘사합니다. "다윗은 자기의 왕궁에 살 때에 예언자 나단에게 말하였다. '나는 백향목 왕궁에 살고 있는데, 주님의 언약궤는 아직도 휘장 밑에 있습니다.' 나단이 다윗에게 말하였다. '하나님께서 임금님과 함께 계시니, 무슨 일이든지 계획하신 대로 하십시오'"(대상 17:1-2, 새번역).

이 짧은 이야기 속에서 우리는 다윗이 가지고 있는 하나님에 대한 사랑의 마음을 충분히 느낄 수 있습니다. 다윗은 '나는 이렇게 좋은 왕궁에 살고 있는데 하나님의 장막은 초라하다' 하고 생각하며 하나님의 법궤를 잘 모셔야겠다는 아주 선한 마음을 가지고 있었습니다. 하나님을 이 정도로 사랑하고 정성껏 모시는 사람은 일찍이 없었을 것입니다. 자발적으로 하나님이 거하시는 성전을 지어야겠다고 생각한 사람도 다윗 외에는 발견하기 어려울 것입니다. 그래서인지 나단도 고민 없이 다윗에게 그렇게 할 수 있을 것이라고 대답합니다.

그런데 뜻밖의 사건이 일어납니다. 하나님이 그날 밤 나단에게 말씀하십니다. 놀랍게도 성전을 짓지 말라는 거절의 말씀이었습니다. "그 밤에 하나님의 말씀이 나단에게 임하여 이르시되 가서 내 종 다윗에게 말하기를 여호와의 말씀이 너는 내가 거할 집을 건축하지 말라"(대상 17:3-4).

아마도 이 말씀을 들은 나단 선지자는 매우 당황스러웠을 것입니다. '하나님은 왜 이렇게 좋은 생각을 막으시는가?'라는 의문이 들었을 것입니다. 생각해 보면 하나님이 다윗이 짓겠다는 성전을 막으실 만한 이유가 없어 보입니다. 동기가 나빴습니까? 지금 다윗은 하나님을 향한 사랑과 열정으로 성전 건축에 대한 소망을 가지고 있습니다. 능력이 없습니까? 다윗은 이미 자신의 왕궁을 지을 만큼 능력을 확보했습니다. 두로 왕 히람을 통해서 백향목 등을 반입할 수 있는 길도 이미 열어 놓은 상태입니다. 얼마든지 마음만 먹으면 성전을 지을 수 있는 상황이었습니다. 그런데 왜 하나님은 다윗이 성전을 짓는 것을 거절하셨을까요?

하나님은 다윗에게 또 다른 계획을 말씀하십니다. "네 생명의 연한이 차서 네가 조상들에게로 돌아가면 내가 네 뒤에 네 씨 곧 네 아들 중 하나를 세우고 그 나라를 견고하게 하리니 그는 나를 위하여 집을 건축할 것이요 나는 그의 왕위를 영원히 견고하게 하리라"(대상 17:11-12). 한마디로 요약하면, 하나님은 다윗에게 성전 건축을 허락하지 않으시고, 그의 아들 중에 하나를 세워서 그가 성전을 건축하게 하겠다고 말씀하셨다는 의미입니다. 그것도 다윗이 세상을 떠난 후에 그렇게 하시겠다는 뜻입니다. 확실한 거절의 말씀입니다.

하나님의 거절에는 분명한 뜻이 있다

본문에는 하나님이 다윗으로 하여금 성전을 짓지 못하도록 하시는 두 가지 이유가 나옵니다. 첫째로, 하나님은 이스라엘을 애굽에서 올라오게 한 날부터 지금까지 항상 장막에 거하였다고 말씀하십니다(대상 17:5 참조). 둘째로, 하나님은 장막에 거하면서 불평하거나 백향목으로 집을 지어 달라고 말한 적이 한 번도 없었다고 말씀하십니다(대상 17:6 참조).

이 말씀의 뜻은 이렇습니다. "내가 말하거나 명령한 적도 없고, 내가 필요하다고 한 적도 없다. 그런데 왜 네가 나를 위하여 성전을 짓겠다고 하느냐." 성전을 짓고 싶다고 말하는 다윗에 대한 완곡한 거절 같지만, 그 핵심에는 매우 중요한 메시지가 담겨 있습니다. 다윗으로 하여금 성전을 지으라고 말씀하신 적이 없다는 것입니다.

이러한 맥락에서 한 걸음 더 나아가, 하나님은 과거에 대한 이야기를 하십니다. 하나님과 다윗의 관계 속에서 누가 주인공이었는지, 누가 주어였는지를 다시 상기시키면서 하나님이 주도적으로 모든 역할을 하셨다는 사실을 말씀하십니다. "내가 너를 목장 곧 양 떼를 따라다니던 데에서 데려다가 내 백성 이스라엘의 주권자로 삼고 네가 어디로 가든지 내가 너와 함께 있어 네 모든 대적을 네 앞에서 멸하였은즉 세상에서 존귀한 자들의 이름 같은 이름을 네게 만들어 주리라"(대상 17:7b-8).

이 말씀에서 하나님은 '내가'라는 표현을 여러 번 반복하십니다. '내가'라는 표현을 사용함으로 지금까지 다윗을 통해 이루어진 일은 모두 하나님이 이루신 일이라는 사실을 확실하게 강조하십니다. 한마디로, "하나님이 다윗을 지금까지 이끌어 주셨고, 앞으로도 이끌어 주실 것이며, 그 가문을 번성하게 하실 것이다"라는 말입니다. 그리고 다윗의 아들을 통해서 마침내 성전을 지을 것이라고 말씀하십니다. "내가 영원히 그를 내 집과 내 나라에 세우리니 그의 왕위가 영원히 견고하리라 하셨다 하라"(대상 17:14). 여기에서도 '내가'라는 단어가 계속해서 반복되고 있음을 보게 됩니다. 한마디로, '하나님의 주권'을 강조하는 표현입니다. 하나님의 뜻대로 이루어지는 것이지, 다윗의 뜻대로 이루어지는 것이 아니라는 말입니다. "성전을 짓는 주체는 다윗이 아니라 하나님이시다"라는 말입니다.

하나님의 거절에 대한 모범적인 반응

나단이 이와 같은 하나님의 말씀을 결국 다윗에게 전달합니다. 그러자 다윗이 말씀을 듣고 하나님께 기도하는 장면이 본문의 내용입니다. 본문의 기도의 내용에는 생략되어 있지만, 하나님이 성전을 짓는 것을 허락하지 않으신다는 말을 들은 후에 다윗은 그 이유를 즉시 알았던 것 같습니다. 좋은 의도와 좋은 생각, 사랑의 마음으로 하나님의 성전을 짓고 싶었던 다윗입니다. 그러나 자신에게 그러한 기회가 주어지지 않는 이유는 자신의 부족함 때문이라는 사실을 깨닫습니다.

훗날 다윗이 죽기 전에 솔로몬에게 성전을 지으라고 부탁하는 부분에서 그는 이렇게 이야기합니다. "다윗이 솔로몬에게 이르되 내 아들아 나는 내 하나님 여호와의 이름을 위하여 성전을 건축할 마음이 있었으나 여호와의 말씀이 내게 임하여 이르시되 너는 피를 심히 많이 흘렸고 크게 전쟁하였느니라 네가 내 앞에서 땅에 피를 많이 흘렸은즉 내 이름을 위하여 성전을 건축하지 못하리라"(대상 22:7-8).

본문에는 하나님이 이렇게 말씀하셨다는 하시는 내용이 나오지 않습니다. 하나님은 그저 나단에게 다윗이 성전을 짓지 못하리라는 말씀만 하셨습니다. 아마 그 말을 들었을 때 다윗은 마음속에서 우러나오는 또 다른 하나님의 음성을 들었을지도 모릅니다. 다윗은 나단을 통해 전해진 말을 "네가 흘린 피가 많아 부족하기 때문에 성전을 지을 수 없다"라는 하나님의 말씀으로 받았던 것 같습니다. 그래서 하나님의 거절을 자신의 허물의 결과로 인정한 것입니다.

그러나 다윗은 여기에 그냥 머무르지 않습니다. 실망하고 포기하거나 좌절하지 않습니다. 그의 기도를 보면 그가 어떻게 했는지를 알 수 있습니다. 그는 먼저 하나님에 대한 기억으로 돌아갑니다. '내가 생각하고 바라는 성전 건축을 거절하시는 하나님은 나에게 어떤 분이셨는가?' 다윗은 성전을 건축할 수 없다고 말씀하시는 하나님이 자신에게 어떤 일을 하셨는가에 대해 생각합니다. 그리고 과거로 돌아갑니다. "다윗왕이 여호와 앞에 들어가 앉아서 이르되 여호와 하나님이여 나는 누구이오며 내 집은 무엇이기에 나에게 이에 이르게 하셨나이까"(대상 17:16).

"내가 너를 양 떼를 데리고 다니던 곳에서 데려다가 이스라엘의 주권자로 삼았다"라고 말씀하시는 하나님의 음성에 대한 반응입니다. 생각해 보니 그렇습니다. 그는 양 떼를 치던 목자였습니다. 양들과 함께 있어야 할 자리에서 하나님이 그를 불러내어 이스라엘의 주권자로 삼아 주셨습니다. 사울이 죽이려 했던 여러 번의 위험도 피하게 하셨고, 마침내 이스라엘의 왕이 되게 하셨습니다. 이 모든 것은 하나님이 하신 일입니다. 다윗은 그저 목동에 불과했던 자신을 이스라엘의 왕으로 세우신 그 하나님을 기억합니다.

다윗은 또한 과거에 능력으로 함께하신 하나님을 기억합니다. '그때 그 하나님이 지금 나에게 거절하신다면 그것은 마땅하다'라는 마음으로 현재의 사실을 받아들이고자 합니다. "하나님은 지금까지 나에게 좋은 것을 주셨던 분이다. 하나님은 한 번도 나를 놓지 않으셨다. 그러므로 하나님이 이것을 거절하시는 데는 이유가 있을 것이다. 하나님의 선하신 뜻이 그 안에 담겨 있을 것이다." 다윗은 이렇게 과거를 돌아보면서 하나님의 뜻을 다시 받아들입니다.

다윗은 이제 한 걸음 더 나아가 미래를 향합니다. 그러면서 장래에 이루실 하나님의 뜻에 초점을 맞춥니다. 하나님이 이미 다윗에게 말씀하셨습니다. "네가 성전을 짓지는 못한다. 그러나 너의 아들 대에 이르러 내가 성전을 짓게 하겠다." 다윗은 거절이면서도 또 다른 길을 열어 주시는 하나님의 뜻을 보았습니다. 그리고 이제 그는 그 하나님의 뜻에 자신의 소원을 맞추려고 합니다. 그는 기도합니다. "나의 하나님이여 주께서 종을 위하여 왕조를 세우실 것을 이미 듣게 하셨으므로 주의 종이 주 앞에서 이 기도로 간구할 마음이 생겼나이다"(대상 17:25).

그는 이제 하나님이 원하시는 길에 초점과 주파수를 맞춥니다. 그리고 그 하나님의 뜻이 이루어지도록 기도하겠다고 고백합니다.

하나님이 주어가 되시게 하라

우리는 살면서 하나님의 거절을 경험할 때가 참 많습니다. 그럴 때면 당황하게 되고, 때로는 믿음이 흔들리기도 합니다. '이렇게 좋은 생각을 왜 하나님은 거절하실까?' 하는 의문이 들 때도 있습니다. 우리가 잘 살기 위해서, 세상의 일을 하기 위해서 간구하는 것이라면 "너의 욕망 때문이다. 네 욕심 때문이다"라고 말하며 거절하실 수도 있습니다. 하지만 원하는 것이 하나님의 영광을 위한 일이거나 성전을 짓는 것과 같은 고귀하고 선한 일입니다. 그런데 왜 하나님은 응답하지 않거나 도리어 거절하실까요? 하나님의 일을 한다면 얼마나 좋습니까? 그런데 왜 하나님은 아니라고 말씀하실까요? 그럴 때마다 우리는 때로 당황하곤 합니다.

그러나 다윗의 모습을 통해 우리는 하나님의 거절 앞에서 신앙인이 어떻게 반응해야 하는지를 보게 됩니다. 먼저 다윗은 자신의 부족함을 돌아봅니다. '과연 나는 이 일을 감당할 만한 사람이었는가? 나에게 허물이 있지는 않았는가?' 그는 하나님 앞에서 자신의 모습을 돌아보며 자신의 부족함을 생각합니다. '나는 선한 마음으로 하나님의 성전을 지으려는 생각을 가지고 있었다. 그러나 과연 나는 그 성전을 지을 만한 사람이었는가?' 하나님의 거절 앞에서 그는 자신을 돌아보며, 그 이유를 자신에게서 찾습니다.

하나님의 거절 앞에서 우리는 다윗처럼 과거에 하나님이 우리와 함께 하셨던 시절로 다시 돌아갈 필요가 있습니다. 우리와 함께해 주셨던 하나님, 우리를 먹이고 여기까지 이끌어 주신 하나님을 다시 생각하는 것입니다. 우리가 미약했던 시절에 하나님은 우리를 보호하여 지금 여기까지 이르게 해 주셨습니다. 그 하나님이 오늘의 문제를 거절하신다면 거기에는 분명 뜻이 있을 것이라고 믿고 그것을 받아들이는 것입니다.

한 걸음 더 나아가, 하나님의 거절이 한편으로는 아쉽지만, 먼 미래를 바라보며 하나님의 더 큰 복이 숨겨져 있을 것이라는 믿음을 갖는 것입니다. 다윗은 자신에 대한 하나님의 거절을 그렇게 이해했습니다. 그리고 도리어 하나님께 감사를 드렸습니다.

살아가면서 하나님의 거절을 직면할 때 우리는 무엇을 보아야 할까요? 우리의 허물을 보아야 합니다. 그리고 과거에 하나님의 함께하셨던 때로 돌아가 그 하나님을 다시 신뢰해야 합니다. 그리고 지금 거절하시는 하나님의 뜻을 다시 생각해 보아야 합니다.

역대상 17장 19절을 보십시오. 다윗은 이렇게 기도합니다. "여호와여 주께서 주의 종을 위하여 주의 뜻대로 이 모든 큰일을 행하사 이 모든 큰일을 알게 하셨나이다." 이제 '내 뜻', '내가 원하는 것', '성전을 짓고 싶은 나의 뜻'이라는 단어는 사라지고 '주의 뜻'이라는 단어가 부각됩니다. '주님'이 주어가 됩니다. 그리고 그는 그저 하나님의 뜻을 알아 갈 뿐입니다. "이 모든 큰일을 알게 하셨나이다."

처음에 다윗은 성전을 짓는 일에 대하여 자신을 주어로 둡니다. 그러나 주어가 점차 바뀝니다. 하나님이 주어가 되면서 그분이 그 뜻을 이루어 가십니다. 그리고 그는 그 하나님의 뜻을 알아 가고 배워 갑니다. 이제 다윗은 하나님의 관점에 모든 마음을 합하게 됩니다. 이것이 바로 다윗이 보여 준 신앙의 교훈입니다. 다윗은 끊임없이 신앙의 여정에서 배워 가는 사람이었습니다. 다윗의 위대함이 여기에 있다고 할 수 있습니다.

무한한 하나님의 뜻을 기억하라

그렇다면 하나님은 왜 다윗이 그렇게 성전을 짓고자 했는데 거절하셨을까요? 역대기의 흐름을 보면, 다윗은 이미 자신의 집을 건설한 후였습니다. 자기 자신을 위해서는 아름다운 왕궁을 완성했는데, 하나님이 거하시는 법궤는 그냥 휘장 앞에 놓여 있는 것이 참 죄송하고 안타까웠습니다. 그래서 하나님을 위한 집을 지어 드려야겠다고 생각했습니다. 건물로서의 성전을 지어 드리려고 한 것입니다.

그런데 하나님은 그것을 거절하면서 이렇게 말씀하십니다. "이제 내가 너의 자손들을 영구하게 만들겠다. 너의 자손들이 이곳에 살며 너의 왕권이 영구히 이어지도록 만들겠다. 그렇게 한 후에 나를 위하여 성전을 짓도록 하겠다." 이 말씀 속에서 우리는 하나님의 은혜를 보게 됩니다. 하나님의 계획은 아직 끝나지 않았습니다. 다윗을 위한 하나님의 놀라운 역사는 아직도 진행 중이었습니다. 그 진행이 끝나기까지는 성전을 짓도록 하지 않겠다는 뜻이 담겨 있습니다.

우선 다윗은 왕궁을 지었습니다. 그러나 건물로서의 집, 화려한 집은 그저 다윗 왕가의 겉모습에 불과했습니다. 그보다 더 중요한 것이자 하나님이 온전하게 완성하고 싶으셨던 것은 다윗의 왕가입니다. 다시 말하면, 왕권이 영구히 이어지는 가문을 완성하기를 원하셨습니다. 이것이 다윗에게 주고자 하셨던 최고의 복입니다. 다윗은 지금 왕궁을 가지고 있지만, 대대로 이어질 왕권은 아직 확보하지 못했습니다. 하나님은 모든 은혜를 내려 주신 다음에 다윗의 아들을 통해 성전을 짓도록 하겠다고 말씀하셨습니다.

하나님의 이 계획 속에는 그분의 무한한 은혜와 고귀한 뜻이 담겨 있습니다. 우리를 끝까지 사랑하여 더 좋은 것을 주고자 하시는 하나님의 계획이 숨겨져 있습니다. 단순한 거절이나 막음이 아닙니다. 우리에게 더 큰 것을 주기 원하시는 하나님의 그 마음이 담겨 있는 것입니다.

하나님은 왜 이 장면에서 당신의 주어를 반복해서 사용하셨을까요? 왜 '내가'라는 표현을 계속 사용하셨을까요? 그것은 나중에 다윗의 자손을 통해 건물로서의 성전이 지어지게 되더라도, 먼 훗날 진정한 성전을 하나님이 온전히 세우실 것이기 때문입니다. 성전은 사람에 의해서 세워지는 것이 아닙니다. 예수 그리스도이신 진정한 성전은 하나님에 의해서 세워지는 것입니다.

거기에는 어느 누구도 하나님 외에 자리할 곳이 없습니다. 하나님이 주어가 되시기 때문입니다. 다윗이 주어가 될 수 없습니다. 이것이 하나님의 무한한 은혜이기도 합니다. 인간이 만든 성전이 아닌, 하나님이 성전을 만들겠다는 계획을 세우고 계시는 것입니다. 하나님의 거절에는 이렇듯 무한한 하나님의 은혜가 늘 담겨 있습니다.

때로 우리는 거절을 당합니다. 그런데 그 거절에는 하나님의 복이 숨겨져 있습니다. 하나님의 거절 안에 하나님의 깨우침이 담겨 있습니다. 우리가 거절당할 때 하나님은 우리에게 더 큰 믿음을 주십니다. 이 마음으로 하나님의 거절 앞에서도 당당하고, 그분을 신뢰하며, 믿음으로 굳건한 주님의 군사가 되기를 바랍니다.

1. 당신은 하나님의 거절을 경험한 적이 있습니까? 하나님이 거절하시는 이유는 무엇이라고 생각합니까?

2. 하나님의 뜻과 당신의 뜻이 서로 다를 때, 당신은 이 문제를 어떻게 해결하는 편입니까?

3. 다윗이 하나님의 거절 앞에서 감사함으로 기도할 수 있었던 이유는 무엇입니까? 당신도 그럴 수 있겠습니까?

16

빠른 길보다
동행하는 길을 택하라

홍해는 인생 노정 중 하나일 뿐이다

본문은 조금 지루하고 건조한 내용이 아닐까 생각합니다. 이스라엘 백성이 애굽에서 나와서 가나안 땅으로 가기까지 머물렀던 지역의 명칭들이 하나씩 나열되어 있습니다. 본문인 민수기 33장은 이렇게 시작합니다. "모세와 아론의 인도로 대오를 갖추어 애굽을 떠난 이스라엘 자손들의 노정은 이러하니라"(민 33:1). 그리고 나서 출발지인 애굽의 라암셋에서부터 가나안 땅을 바라보는 요단강과 모압 평지까지 그들이 거쳐 갔던 지역들의 이름이 하나씩 거명됩니다. 대략 세어 보니 약 40개의 지명이 나열되어 있습니다. 이스라엘 백성이 광야에서 40년 동안 생활했으니, 대략 1년에 한 번씩은 짐을 싸고 거처를 옮겼을 것입니다. 물론 때로는 짧은 시간 동안 머무른 경우도 있었을 것이고, 때로는 조금 길게 머무른 때도 있었을 것입니다. 40년 동안 그들이 머물렀던 장소가 40곳이나 된다는 것은 여러 가지 의미를 전해 줍니다.

이 내용을 하나씩 읽어 가던 중에 '이 문장에서 무슨 의미를 발견할 수 있을까?'라는 마음으로 성경을 보았습니다. 그러던 중에 어느 한 곳에 저의 시선이 머물렀습니다. 그리고 두 가지 깊은 인상이 제 마음속에 박혔습니다. 그 본문은 홍해와 관련된 말씀이었습니다.

첫째, 지명의 이름을 순서대로 보면 '홍해'라는 이름이 생각보다 앞에 놓여 있습니다. 그리고 둘째, 본문은 홍해의 이야기를 대단하게 묘사하기보다 아주 평범하게 묘사하고 있습니다. 민수기 33장이 홍해와 관련해서 전하는 내용은 이렇습니다. "엘림을 떠나 홍해가에 진을 치고 홍해가를 떠나 신 광야에 진을 치고"(민 33:10-11). 이것이 전부입니다. 홍해 이야기를 잘 알고 있는 사람의 입장에서 본다면 너무 쉽게 지나가고 있다는 생각이 들 만합니다.

물론 지명들을 거명하고 있기에 어쩌면 단순하게 이야기하는 것이 당연합니다. 그렇지만 홍해 사건의 위대함을 기억하는 사람이라면 이렇게 지나가는 것에 조금은 아쉬움을 느낄 것입니다. 사실 그렇습니다. 이스라엘 백성이 경험했던 홍해 사건은 정말 대단하고 엄청난 기적의 이야기입니다. 이스라엘 백성은 그 사실을 끊임없이 기억했고, 다양한 성경 본문과 찬송 속에서 이 내용을 기억하며 함께 노래했습니다. 시편에 많은 본문이 있는데, 그중에서도 대표적으로 꼽을 수 있는 말씀이 시편 136편입니다. "홍해를 가르신 이에게 감사하라 그 인자하심이 영원함이로다 이스라엘을 그 가운데로 통과하게 하신 이에게 감사하라 그 인자하심이 영원함이로다 바로와 그의 군대를 홍해에 엎드러뜨리신 이에게 감사하라 그 인자하심이 영원함이로다"(시 136:13-15). 이렇게 이스라엘 백성은 그들이 홍해에서 경험했던 놀라운 기적의 사건을 끊임없이 기억하고 노래해 왔습니다.

홍해를 마른 땅으로 건너다

한번 상상해 봅시다. 뒤로는 애굽의 군대가 쫓아오고 있습니다. 말을 탄 기마병들이 달려오고 있고, 많은 군사가 칼과 창을 들고 죽이려고 달려들고 있습니다. 전진하려니 앞으로는 홍해가 가로막고 있습니다. 넘실거리는 홍해 앞에 그들은 오갈 데 없이 고립되어 모두 죽을 운명에 처해 있습니다. 물에 빠져 죽든지, 아니면 칼과 창에 맞아 죽든지, 둘 중 하나를 선택해야 하는 상황입니다.

이 절체절명의 순간에 하나님은 그들이 보지 못했던 길을 열어 주셨습니다. 한 번도 생각해 본 적 없고 상상할 수도 없던 길이었습니다. '바다에도 길이 있을 수 있는가?'라는 생각이 들 정도였습니다. 어떻게 바다에 길이 날 수 있을까요? 그러나 하나님은 도저히 있을 수 없을 것 같은 길을 열어 주셨습니다. 이때 열린 바닷길은 진흙이 아니었습니다. 성경은 분명히 '마른 땅'이라고 말합니다. 걸어갈 수도 있고 뛰어갈 수도 있는 길을 하나님이 마련해 주셨습니다. 이것은 놀라운 기적이었습니다.

저는 성경을 읽으면서 '마른 땅으로 건넜다'라는 말씀의 의미를 제대로 이해하지 못한 채 오랜 시간을 살아왔습니다. 옛날 1962년에 개봉한 〈십계〉라는 영화가 있습니다. 그 영화를 보면 홍해가 갈라지고 이스라엘 사람이 갈라진 길로 걷고 뛰어갑니다. 그런데 영화에서는 이 길을 마른 땅이 아니라 진흙탕으로 묘사하고 있습니다. 애굽의 군대가 쫓아오는데 사람들이 질척거리는 바닷길을 힘겹게 건너가는 모습이 매우 인상 깊었습니다. 또 수레바퀴가 진흙에 빠져서 끌어내느라 사람들이 달려들어 돕는 모습이 아주 실제처럼 느껴지기도 했습니다. 이것이 영화에서 보여 준 홍해가 갈라진 사건의 장면입니다.

이 영화의 장면이 저에게 너무나도 인상 깊어서였는지, '마른 땅'이라는 단어가 제 마음속에 있지 않았습니다. '당연히 진흙 길을 걸었을 것이다'라고 생각했는데, 성경을 볼 때마다 '마른 땅'이라고 적혀 있어 조금 의아했습니다. 마른 땅은 현실적이지 않다고, 진흙탕이라야 맞는다고 생각하곤 했습니다. 그러던 어느 날 가만히 묵상하면서 깨달았습니다. '그러면 바다가 갈라진 것은 현실적인가?' 그리고 생각이 더 깊어지면서 '마른 땅이 맞겠구나. 마른 땅이라고 말씀하신 것을 보니 그 사건이 정말 있었겠구나'라는 확신이 제 마음에 몰려왔습니다.

홍해를 가른 사건은 하나님이 땅과 물의 경계를 나누신 기적이라고 할 수 있습니다. 하나님은 이미 천지를 창조할 때 그와 같은 모습을 보여 주셨습니다. 궁창 위의 물과 궁창 아래의 물을 나누셨습니다. 그리고 창조할 때마다 물의 경계를 다양한 방식으로 나누셨습니다. 그렇게 함으로써 인간이 살아갈 수 있는 환경을 만들어 가셨다고 성경은 증언합니다.

그런데 하나님은 이스라엘 백성을 홍해 앞에 두고는 창조 때의 말씀을 하셨습니다. "물은 갈라지고 땅은 땅으로, 물은 물로 나누어지라"라고 명령하신 것입니다(창 1:9; 출 14:16 참조). 이것이 홍해가 갈라지는 사건입니다. 물이 나뉘라고 했으니 물기도 함께 물로 갈 수밖에 없지 않았겠습니까? 하나님의 온전한 능력이 임했다면 진흙은 수분조차도 담을 수 없었을 것입니다. 물은 물로 그리고 땅은 땅으로 완전히 나뉠 수밖에 없었을 것입니다.

저는 이 내용을 묵상하는 중에 '마른 땅'으로 건넜다는 말씀이 정말 설득력이 있다는 생각을 더 하게 되었습니다. 이 이야기는 어떤 사람들의 사색이나 철학적인 공부를 통해서 이루어진 내용이 아닙니다. 이스라엘 백성이 경험한 사건입니다. 그들은 홍해를 마른 땅 위로 건넜습니다. 당시에는 왜 마른 땅인지 이유를 몰랐고, 알 필요도 없었습니다. 그저 마른 땅을 건넜습니다. 이것이 그들의 경험이었습니다. 얼마나 놀라운 사건입니까?

● 홍해는 문제의 종착점이 아닌 또 다른 출발점

이후 출애굽기 15장은 모세의 노래와 이어지는 미리암의 노래로 우리에게 이 사건을 다시 확인시켜 줍니다. 이 놀라운 장면을 모세는 이렇게 표현합니다. "주님의 콧김으로 물이 쌓이고, 파도는 언덕처럼 일어서며, 깊은 물은 바다 한가운데서 엉깁니다"(출 15:8, 새번역).

얼마나 놀라운 경험이었을까요? 이스라엘 백성은 마른 땅으로 홍해를 건넜고, 뒤이어 홍해가 애굽의 군대를 덮치는 장면을 목격했습니다. 모든 백성이 홍해 주변 언덕에 서서 막강했던 애굽의 군대가 모두 수장되는 모습을 내려다보았습니다. 홍해를 건너는 동안 번개가 치고 바람이 부는 등 여러 가지 혼란스러웠던 상황이 점차 잠잠해졌고, 홍해가 다시 물을 품으며 햇볕이 비치고 평온한 바다의 물결이 다시 넘실거렸습니다. 이 모습을 보면서 이스라엘 백성은 '이제 살았다. 이제 모든 것이 끝났고, 우리에게는 더 이상 어떤 위협도 없다'라는 안도감에 휩싸여 함께 축하하며 기뻐했을 것입니다. 그런데 흥미롭게도 민수기가 보여 주는 그들의 노정은 다시 살펴보니 그렇지가 않습니다. 도리어 홍해에서의 경험은 시작에 불과합니다. 아직도 그들은 많은 길을 걸어야 합니다.

우리 역시 그러합니다. 우리가 살아가는 여정은 끊임없는 연속의 과정입니다. 하나님의 은혜를 경험하기도 하고, 어려움을 당하기도 하며, 그러다가 또 하나님의 은혜를 경험하는 연속적인 과정입니다. 때로 우리는 오늘 하나님의 큰 은혜를 경험할 수 있습니다. 마치 홍해가 갈라지는 것 같은 놀라운 기적을 맛볼 수 있습니다. 죽을병에 걸렸다가 낫는 기적을 체험할 수도 있습니다. 완전히 망했다고 생각되는 순간에 놀라운 반전이 일어나 성공하는 놀라운 경험도 가능합니다. 간절하던 기도의 제목이 이루어지는 기적을 경험할 수도 있습니다. 이스라엘이 경험했던 홍해가 그런 것이었습니다. 그런 경험을 하면 얼마나 놀랍고 감사합니까? 모세나 미리암처럼 노래를 만들어 하나님께 올려 드리고 감사의 제사를 드릴 것입니다.

그러나 이것이 끝이 아닙니다. 홍해의 이야기는 종착점이 아니었습니다. 홍해의 기적은 도착지에서 일어난 기적이 아니며, 홍해는 약속의 땅이 아니었습니다. 약속의 땅은 여전히 멀리 있습니다. 그곳에 들어가기까지 우리는 끊임없이 노력해야 하며 신앙의 싸움을 이어 가야 합니다.

저는 신체검사를 하고 군대에 가지 못했습니다. 그때 발견되었던 병이 폐결핵과 심장병입니다. 그때 병을 발견했기에 의료적인 치료를 받을 수 있었습니다. 긴 시간 치료를 받고 결국은 모두 낫는 축복의 여정을 경험했습니다. 물론 낫지 않을 수도 있었고, 그 지병을 계속 안고 갈 수도 있었습니다. 그런데 하나님이 그 모든 질병을 잘 낫게 해 주셨습니다. 처음에는 참 감사했습니다. 그러던 중에 시간이 조금 지나자 제 마음속에 다른 생각이 들어왔습니다. '하나님이 고쳐 주신 것이 맞아? 약이나 의료진들이 고쳐 준 것이 아닌가? 이것도 하나님이 고쳐 주셨다고 말할 수 있을까?' 그러다가 제 마음에 조금 모험 정신이 생겼는지 하나님께 이런 기도를 드렸습니다. "하나님, 제가 앞으로 목회하고 하나님을 따라가려면 이 정도의 표적 갖고는 안 될 것 같습니다. 조금 더 센 것을 주십시오. 보이는 증거를 주십시오." 잘못된 기도였던 것 같은데 하나님은 즉각 응답하셨습니다.

어느 날 집에서 탕수육을 만들었습니다. 열심히 만들어서 맛있게 밥을 먹고 있는데 부엌 쪽에서 "펑!" 하는 소리가 났습니다. 다가가 보니 고기를 튀긴 다음에 불을 끄지 않아서 그만 기름에 불이 붙은 것이었습니다. 뜨거운 온도가 느껴졌습니다. 가까이 다가갈 수 없을 만큼 높은 온도였습니다. 불이 이미 천장으로 옮겨붙는 모양이었습니다. 어떻게 해서든지 빨리 불을 치워야겠다는 생각에 불이 붙은 기름 냄비를 들고 바깥으로 달려 나갔습니다. 어떻게 되었을까요? 찬 공기가 다가가니까 불이 제 얼굴 쪽으로 와서 저를 상하게 했고, 아프다 보니 냄비를 한쪽으로 기울이게 되면서 기름이 흘러내렸습니다. 그러다 보니 팔이 완전히 망가졌습니다. 결국 3도 화상을 당하고 어려운 국면에 처했습니다. 정말 어려운 일을 된통 당하게 되었습니다.

제가 성형 수술도 하지 않고 여기까지 온 것은 하나님의 큰 기적입니다. 저에게는 이 것이 홍해를 건넌 사건과도 같습니다. 얼굴이 다 상할 수도 있었는데 어떻게 다시 돌아왔을까요? 좋은 의사 선생님을 만났고, 하나님의 은혜로 회복될 수 있었습니다. 그러나 이 사건 이후에도 이런저런 일이 많았습니다. 또 다른 과제와 또 다른 숙제 그리고 또 다른 눈물과 또 다른 힘든 일이 있었습니다. 훈련의 과정이 끊임없이 지속되었습니다. 출애굽기의 이야기도 그렇습니다. 출애굽기는 홍해의 사건을 아주 놀랍게 표현합니다. 그런데 홍해를 건넌 직후 찬송으로 끝난 후에 다음의 이야기를 이렇게 끌고 갑니다. "모세는 이스라엘을 홍해에서 인도하여 내어, 수르 광야로 들어갔다. 그들은 사흘 동안 걸어서 광야로 들어갔으나, 물을 찾지 못하였다. 마침내 그들이 마라에 이르렀는데, 그곳의 물이 써서 마실 수 없었으므로, 그곳의 이름을 마라라고 하였다"(출 15:22-23, 새번역).

이스라엘 백성은 홍해가 갈라져서 마른 땅으로 건너는 놀라운 일을 경험했습니다. 그러고 나서 사흘 길을 갔습니다. 그리고 물을 마셨는데, 그 물이 쓴물이었습니다. 놀라운 경험을 하고 첫 번째로 마신 물이 쓴물이었다는 것입니다. 이것이 인생입니다. 그리고 이것이 우리가 살아가는 삶의 여정이기도 합니다.

하나님은 빠른 길이 아닌 믿음의 길로 인도하신다

한 가지 더 생각해 봅시다. 홍해의 마른 길은 종착점이 아니라 도리어 출발점이었습니다. 또 한편으로는 돌아가는 '우회의 길'이었습니다. 하나님이 홍해의 길을 마른 땅으로 열어 주셨을 때, 이스라엘 백성은 이 길을 달려가면서 어떤 마음이 들었을까요? '이 길은 지름길일 것이다. 이 길로 달려가면 성공의 길로 가게 될 것이다'라고 생각하고 달려갔을 것입니다. 그들은 언덕에 올랐고, 애굽의 군사는 다 수장되었습니다. 그리고 그들은 이렇게 생각했을지 모릅니다. '하나님이 우리에게 가장 빠른 길을 주셨구나.'

그런데 성경은 하나님의 생각이 달랐음을 우리에게 말해 줍니다. "바로는 마침내 이스라엘 백성을 내보냈다. 그러나 그들이 블레셋 사람의 땅을 거쳐서 가는 것이 가장 가까운데도, 하나님은 백성을 그 길로 인도하지 않으셨다. 그것은 하나님이, 이 백성이 전쟁을 하게 되면 마음을 바꾸어서 이집트로 되돌아가지나 않을까, 하고 염려하셨기 때문이다. 그래서 하나님은 이 백성을 홍해로 가는 광야 길로 돌아가게 하셨다"(출 13:17-18, 새번역).

하나님이 기적으로 열어 주신 홍해의 길은 하나님이 생각하신 우회로였습니다. 바로 갈 수도 있었습니다. 쉽고 더 빠른 길이 있었습니다. 그런데 하나님은 우회로로 돌리셨습니다. 그들의 상황과 형편, 체력을 고려하셨습니다. 또한 그들의 체질과 능력, 한계와 믿음의 크기를 생각하셨습니다. 그래서 하나님은 그들을 우회로로 바꾸어 인도하셨습니다.

한 걸음 더 나아가, 하나님이 이스라엘 백성을 우회로를 통해 홍해로 이끄신 또 다른 이유가 있습니다. 하나님은 홍해를 열고 그 길을 통과하게 한 후 애굽의 군대를 수장시키며 그 바닷길을 다시 묻어 버리셨습니다. 홍해의 길은 열렸다가 닫힌 길이며, 닫힌 그 길은 다시는 열리지 않았습니다. 홍해의 그 길은 애굽으로 돌아갈 수 있는 유일한 길이었습니다. "다시 애굽으로 돌아가자" 하고 마음먹으면 돌아갈 수 있었을 것입니다. 하지만 하나님은 그 길을 홍해와 기적으로 가로막으셨습니다. 이제 그들은 다시는 애굽으로 돌아갈 수 없는 자리에 와 있는 것입니다. 하나님이 우리에게 베풀어 주신 놀라운 기적들은 무엇을 의미할까요? '이것으로 나의 모든 문제는 다 끝났구나. 하나님이 나를 지름길로 인도하시는구나.' 이것이 아닙니다. 하나님은 우리의 체질과 모든 것을 아시기에 우리를 우회로로 인도하십니다. 그리고 우리가 돌아갈 수 있는 길을 막고 우리에게 손을 내미십니다. "이제 나와 함께 가자. 내가 너에게 보여 준 이 기적은 너를 향한 나의 초청이다. 뒤를 돌아보지 말고 내 손을 붙잡고 이제 함께 걸어가자." 이것이 홍해의 사건이요, 주님의 초청입니다.

목적지에 도달하려면 아직 먼 길을 가야 합니다. 하지만 그 길은 안전

할 것입니다. 왜냐하면 하나님이 함께하실 것이기 때문입니다. 광야의 길입니다. 하지만 구름 기둥과 불기둥이 이스라엘 백성을 안내할 것입니다. 홍해가에만 머물러 있었다면 이스라엘 백성은 결코 하나님의 백성이라 불리지 못했을 것입니다. 홍해의 바닷물이 갈라지는 기적이 대단하기는 하지만, 그 기적에 몰입해서 기적만 붙잡고 눌러앉아 있었다면 이스라엘은 가나안 땅을 선물로 받지 못했을 것입니다.

그러므로 홍해가에서 다시 일어나야 합니다. 하나님이 보여 주셨던 놀라운 기적의 사건을 뒤로하고 마라의 쓴물을 대면해야 합니다. 그리고 또 다른 길로 나아가야 합니다. 한 걸음, 한 걸음 그리고 또 한 곳, 한 곳을 향해 전진해야 합니다. 성경은 이어서 말합니다. "엘림을 떠나 홍해가에 진을 치고 홍해가를 떠나 신 광야에 진을 치고 신 광야를 떠나 돕가에 진을 치고 돕가를 떠나 알루스에 진을 치고"(민 33:10-13). 그리고 또 다른 곳으로 이어집니다. 이것이 우리의 신앙이자 삶의 여정입니다. 그러나 한 가지 중요한 사실은, 주님이 우리와 함께하십니다.

질문과 나눔

1. 당신은 기적을 경험한 적이 있습니까? 있다면, 그 경험은 당신의 삶을 어떻게 바꾸었습니까?

2. 당신의 신앙의 목적지는 어디입니까? 당신은 그 목적지에 다다르기 위해 어떤 방법으로 가고 있습니까? 현재 당신의 위치는 어디쯤입니까?

3. 위험하지만 빨리 갈 수 있는 지름길과 우회로지만 안전하게 갈 수 있는 길 중에서 당신은 어느 쪽을 더 선호하는 편입니까? 그 이유는 무엇입니까?

5부

그대,
어떻게 꿈을 이루는가

17

움켜쥔 손을 펴고
하나님을 붙잡으라

그럼에도 사랑하신 하나님

애덤 그랜트(Adam Grant)의 《기브앤테이크》(생각연구소)는 주는 것이 왜 복된지, 주는 것이 세상을 어떻게 풍요롭게 바꿀 수 있는지에 대해 생각해 볼 수 있는 책입니다. 그랜트는 세 유형을 소개하는데, '기버'(Giver, 주는 데서 즐거움을 얻는 사람), '테이커'(Taker, 주는 것보다 받기를 좋아하는 사람), '매처'(Matcher, 얻은 만큼 주는 사람)입니다. 세 유형의 사람을 통해 나타나는 여러 사회적, 관계적 양상이 흥미롭게 제시되어 있습니다. 이 장에서는 성경에 나오는 인물 중에서 전형적으로 테이커에 속하는 한 사람을 살펴보고자 합니다. '원조 테이커'라고도 할 수 있을 것 같은데, 그는 바로 야곱입니다.

누구나 가지려는 욕망이 있습니다. 하지만 가지는 것에 과도하게 몰두하는 사람이 있습니다. 자신이 손해 보는 것은 결코 용납하지 못하는 사람입니다. 주는 것보다 더 가지려 하고, 더 받으려고 하는 사람입니다. 놀랍게도 야곱이 그런 사람이었습니다. 그의 인생은 어떠했습니까? 그리고 그러한 야곱을 하나님은 어떻게 다루셨습니까? 여기서는 야곱의 긴 인생을 네 개의 단계로 나누어 조목조목 살펴보면서 그와 함께하신 하나님을 알아보고자 합니다.

테이커 야곱은 태어날 때부터 범상치 않았습니다. 리브가가 에서와 야곱을 임신했을 때, 두 아이가 태 속에서 싸웠다는 것으로부터 야곱의 이야기는 시작됩니다. 태 속에서부터 형과 싸우던 야곱은 형 에서의 발꿈치를 잡고 태어납니다. "후에 나온 아우는 손으로 에서의 발꿈치를 잡았으므로 그 이름을 야곱이라 하였으며 리브가가 그들을 낳을 때에 이삭이 육십 세였더라"(창 25:26). 그야말로 태어나면서부터 갖고자 하는, 잡고자 하는 열망을 가진 사람이 야곱입니다. 태어남 자체가 잡으려고 하는 본성을 보여줍니다.

야곱의 본성은 자라나는 동안에 점점 더 강하게 드러납니다. 어느 날 그가 팥죽을 끓입니다. 그러자 사냥을 하고 돌아온 에서가 시장했는지 죽을 좀 달라고 합니다. 그런데 야곱이 팥죽을 그냥 주지 않습니다. 도리어 에서에게 요청을 합니다. "장자의 명분을 나에게 넘겨. 그러면 내가 팥죽을 줄게." 무엇인가를 받아야만 줄 수 있는 태도입니다. 배고파서 지쳐 있는 에서의 상황을 파고들어서 팥죽의 가치를 최고로 높입니다. 에서는 동생의 심정을 아는지 모르는지 그 제안을 받아들입니다. 그리고 야곱은 형 에서의 장자권을 가로챕니다. 테이크한 것입니다.

장자의 명분을 가진 야곱은 아버지 이삭이 에서를 축복하려는 것을 알고, 그 축복마저 차지하려고 안간힘을 씁니다. 절대로 빼앗기는 법이 없습니다. 우리가 잘 알듯이 에서가 사냥하러 나간 사이, 야곱이 에서인 것처럼 변장을 하고 아버지 앞으로 나아가 축복을 대신 받습니다. 사냥에서 돌아온 에서가 "남은 축복이 있습니까?" 하고 물을 때, "너에게 줄 축복이 없다"라고 말할 만큼 아버지 이삭으로부터 모든 축복을 받아 냅니다.

이 과정에서 야곱은 거짓말을 합니다. 에서로 변장하고 들어가서 아버지 앞에서 속이는 연극을 거침없이 합니다. 수단과 방법을 가리지 않고 자신이 갖고자 하는 것을 손에 쥐는 테이커입니다. 이것이 야곱이 경험한 인생의 첫 번째 단계입니다. 고향에서 그는 쟁취하는 테이커였습니다.

그 결과 야곱은 어떻게 됩니까? "그의 아버지가 야곱에게 축복한 그 축복으로 말미암아 에서가 야곱을 미워하여 심중에 이르기를 아버지를 곡할 때가 가까웠은즉 내가 내 아우 야곱을 죽이리라 하였더니"(창 27:41). 야곱이 형 에서의 축복을 가로챈 결과는 전쟁이었습니다. 태 속에서부터 싸우면서 태어난 에서와 야곱 사이에는 미움이 생겨났고, 에서는 결국 야곱을 죽이겠다는 살의마저 품게 되었습니다.

테이커 야곱은 이제 생명의 위협을 느끼는 단계에 이릅니다. 손에 쥔 것은 많아졌지만 대가는 매우 컸던 셈입니다. 두려움과 공포가 그에게 몰려옵니다. 원하는 것은 얻었으나 피곤한 인생이 되고 말았습니다. 스스로 가지려고 해서 생겨난 고통스러운 현실을 직면해야 하는 상황에 이르렀습니다. 이 모습에서 우리는 테이커가 겪게 되는 안타까운 현실을 보게 됩니다.

테이커 야곱은 결국 가족 관계를 망가뜨립니다. 형과는 원수지간이 되고, 고향을 떠나 자신의 운명을 홀로 개척해 나가야 하는 처량한 신세로 전락합니다. 고향 브엘세바를 떠나 외삼촌 라반이 있는 밧단아람으로 가야 하는 상황이 되었습니다. 집에 있거나 어머니와 함께 음식 만들기를 좋아하던 그가 들짐승과 도적들이 우글거리는 먼 길을 홀로 걷게 된 것입니다. 어쩌면 그 넓은 광야를 홀로 걸어가던 바로 그때가 야곱에게는 참으로 힘든 시간이 아니었을까 생각합니다.

하지만 하나님은 테이커 야곱을 결코 버리지 않으셨습니다. 야곱에게조차 하나님의 은혜는 똑같이 임하고 있었습니다. 아니, 하나님의 축복을 받은 야곱이기에 하나님이 그를 주시하고 계셨습니다. 벧엘에서 야곱은 하나님이 보여 주시는 환상을 보게 됩니다. 그가 꿈을 꾸고 하나님께 서원하는 내용이 참으로 흥미롭습니다. "야곱이 서원하여 이르되 하나님이 나와 함께 계셔서 내가 가는 이 길에서 나를 지키시고 먹을 떡과 입을 옷을 주시어 내가 평안히 아버지 집으로 돌아가게 하시오면 여호와께서 나의 하나님이 되실 것이요 내가 기둥으로 세운 이 돌이 하나님의 집이 될 것이요 하나님께서 내게 주신 모든 것에서 십분의 일을 내가 반드시 하나님께 드리겠나이다 하였더라"(창 28:20-22).

매우 엄숙한 장면입니다. 아무것도 없어 보이는 땅 한 곳에서 돌베개를 베고 잔 야곱이 하나님과 대면하여 그분 앞에서 약속을 하는 장면입니다. 그런데 이 내용을 보면서 저는 때로 웃음이 납니다. 하나님과 약속을 하는 엄숙한 자리에서도 야곱은 태생적으로 테이커의 모습을 보여 주기 때문입니다.

야곱은 그토록 놀라운 꿈과 환상을 보았지만 하나님께 받을 것, 얻을 것을 먼저 생각합니다. 하나님 앞에서 무엇인가를 하겠다고 먼저 말하지 않습니다. 도리어 "나를 지켜 주시고 고향 땅으로 편안히 돌아가게 하신다면" 하고 전제를 깔고 있습니다. 그러면 하나님이 주신 것의 십분의 일을 드리겠다고 서원합니다. 여전히 받는 것이 먼저인 모습입니다.

뺏고 뺏기는 자

이렇듯 하나님 앞에서도 테이커의 모습을 감추지 않은 야곱이 하란에 가서 어떤 인생을 겪게 됩니까? 흥미로운 이야기가 성경에 이어집니다. 그곳에서 테이커 야곱은 자신보다 한 수 높은 또 다른 테이커인 삼촌 라반을 만납니다. 아버지 이삭을 속인 야곱이 이제는 삼촌 라반에게 속게 되는 것입니다.

야곱이 라헬을 좋아합니다. 그래서 야곱은 라헬을 얻기 위해 라반의 집에서 7년 동안 무보수로 노동을 합니다. 여기까지는 정당한 거래라고도 할 수 있습니다. 고대 근동에서는 그런 일들이 종종 일어났습니다. 드디어 7년이 차고 야곱은 아내를 맞아들일 자격을 얻게 됩니다. 잔치가 열리고 첫날밤을 보내는데, 아침에 일어나 보니 함께한 사람이 라헬이 아니라 언니 레아였습니다. 보기 좋게 라반에게 당하고 만 것입니다. 항의하는 야곱을 향해서 라반이 말합니다. "라반이 이르되 언니보다 아우를 먼저 주는 것은 우리 지방에서 하지 아니하는 바이라 이를 위하여 칠 일을 채우라 우리가 그도 네게 주리니 네가 또 나를 칠 년 동안 섬길지니라"(창 29:26-27).

야곱이 라헬을 사랑하는 것을 안 라반이 7년 동안 공짜 노동력을 얻기 위해서 만든 계략이었습니다. 결국 야곱은 또다시 7년을 일해야만 했습니다. '뛰는 놈 위에 나는 놈'이라고, 나름 수준급의 테이커인 야곱의 뺨을 치는 또 다른 테이커 라반의 등장입니다. 그렇게 야곱은 14년 동안 무임금으로 노동을 하고 레아와 라헬을 아내로 얻습니다. 그리고 여기서 우리는 한 가지 교훈을 얻게 됩니다. 빼앗은 인생은 늘 그렇듯 빼앗기는 인생이 된다는 것입니다. 야곱이 그랬습니다. 속이고 뺏는 사람은 결국 누군가에게 다시 속고 빼앗깁니다. 이렇게 야곱이 하란에서는 다른 테이커에게 빼앗기는 존재였습니다. 이것이 야곱이 경험한 인생의 두 번째 단계입니다.

라헬이 요셉을 낳았을 그때, 아마도 7년의 노동을 마친 후의 일이었을 것입니다. 야곱은 고향으로 돌아가고자 합니다. 하지만 라반이 야곱을 붙잡습니다. 그러고는 품삯을 정해 줄 테니 자신의 가축을 돌보라고 말합니다. 이번에도 라반은 야곱을 통해 더 많은 것을 가지려고 합니다. 하지만 야곱이 라반의 의도를 간파하고 테이커답게 반격을 가하기 시작합니다. 라반에게 이렇게 제안합니다. "오늘, 제가 장인어른의 가축 떼 사이로 두루 다니면서, 모든 양 떼에서 얼룩진 것들과 점이 있는 것과 모든 검은 새끼 양을 가려내고, 염소 떼에서도 점이 있는 것들과 얼룩진 것들을 가려낼 터이니, 그것들을 저에게 삯으로 주십시오"(창 30:32, 새번역).

여기에는 나름의 계산이 있었던 것 같습니다. 성경을 보면 야곱이 양 떼를 칠 때 버드나무, 살구나무, 신풍나무의 가지 껍질을 벗겨 흰 무늬를 내고, 양들이 물을 마실 때 껍질 벗긴 가지를 보면서 새끼를 배도록 하여 얼룩진 것과 점이 있는 새끼를 많이 생산할 수 있게 했다는 구절이 나옵니다(창 30:37-38 참조). 가만 생각해 보면 잡종과 순종의 관계를 나름대로 인식하고 찾았다는 사실을 알 수 있습니다. 그리고 그러한 법칙을 따라서 가축을 키운 것 같습니다. 라반의 가축은 점점 약하게 만들고, 자신의 가축은 점점 더 강하게 만드는 방식으로 반격을 가한 셈입니다.

그러나 이 반격은 야곱 자신만의 힘으로 이루어지지 않았습니다. 야곱이 아내들에게 자신의 삶에 대해 이야기할 때, 꿈속에서 하나님이 얼룩진 것과 점 있는 것들을 야곱 자신의 것으로 삼으라고 말씀하셨다는 내용이 나옵니다(창 31장 참조). 하나님의 도우심과 함께 야곱이 나름의 지혜를 가지고 또 다른 테이커로서의 역할을 보인 것입니다.

후에 야곱이 이야기하는 내용을 보면, 라반이 계약 조건을 여러 번 바꾼 사실을 발견하게 됩니다. 테이커 라반의 입장에서는 가만히 있을 수 없었을 것입니다. 성경은 이 이야기를 야곱의 음성으로 전합니다. "그대들도 알거니와 내가 힘을 다하여 그대들의 아버지를 섬겼거늘 그대들의 아버지가 나를 속여 품삯을 열 번이나 변경하였느니라 그러나 하나님이 그를 막으사 나를 해치지 못하게 하셨으며 그가 이르기를 점 있는 것이 네 삯이 되리라 하면 온 양 떼가 낳은 것이 점 있는 것이요 또 얼룩무늬 있는 것이 네 삯이 되리라 하면 온 양 떼가 낳은 것이 얼룩무늬 있는 것이니 하나님이 이같이 그대들의 아버지의 가축을 빼앗아 내게 주셨느니라"(창 31:6-9).

우리는 이 내용을 통해 테이커 야곱이 하나님의 도우심으로 성공하는 모습을 볼 수 있습니다. 하나님은 가지려고 하는 야곱을 축복하며 그가 얻고자 하는 것을 얻도록 해 주셨습니다. 이제 야곱은 하나님이 자신에게 복을 주셨다는 사실을 알게 됩니다. 하나님의 도우심으로 얻는 단계에 이른 것입니다. 이것이 야곱이 경험한 인생의 세 번째 단계입니다.

하지만 하나님의 축복으로 인하여 재산이 늘어나는 상황도 그를 행복하게 만들어 주지는 못합니다. 오히려 상황은 점점 더 나빠졌습니다. "야곱이 라반의 아들들이 하는 말을 들은즉 야곱이 우리 아버지의 소유를 다 빼앗고 우리 아버지의 소유로 말미암아 이 모든 재물을 모았다 하는지라 야곱이 라반의 안색을 본즉 자기에게 대하여 전과 같지 아니하더라"(창 31:1-2).

테이커 야곱은 다시 위기에 몰립니다. 하나님이 도와주셔서 얻은 재산이지만, 그 옆에 있는 테이커들이 가만 놔두지를 않습니다. 결국 몰래 야반도주하듯이 레아와 라헬, 자녀들과 가축들을 이끌고 라반에게서 떠납니다. 이때 라헬이 아버지의 드라빔을 훔쳐서 나옵니다. 가지고 빼앗는 테이커 야곱 가문의 모습이 드라빔까지 훔쳐 나오는 라헬의 모습에서 최고조에 달합니다.

인생 마지막에 하나님을 취하다

이제 테이커 야곱이 또 다른 결정적인 순간을 만나게 됩니다. 고향을 향하여 가던 그는 형 에서가 자신을 받아 줄지 걱정합니다. 그래서 사자들을 앞서 보내어 고향으로 돌아가고 있다는 사실을 알리며, 에서에게 은혜 입기를 원한다는 전갈을 보냅니다. 그런데 임무를 받고 간 사자들이 돌아와서 이야기를 전합니다. "우리가 주인의 형 에서에게 이른즉 그가 사백 명을 거느리고 주인을 만나려고 오더이다"(창 32:6). 400명이라는 숫자는 전쟁을 의미합니다.

야곱은 이 말을 듣고 심히 두려워합니다. 형 에서의 공격을 받아서 '모두가 죽을 수도 있겠구나', '모든 것을 다 빼앗길 수도 있겠구나' 하는 위기감을 느꼈을 것입니다. 그래서 함께 오던 동행자, 양, 소, 낙타를 모두 두 떼로 나눕니다(창 32:7 참조). 한 떼를 치면 다른 한 떼라도 살아 남겨야 한다는 생각이었습니다. 에서를 위해서는 예물을 준비합니다. "야곱이 거기서 밤을 지내고 그 소유 중에서 형 에서를 위하여 예물을 택하니 암염소가 이백이요 숫염소가 이십이요 암양이 이백이요 숫양이 이십이요 젖 나는 낙타 삼십과 그 새끼요 암소가 사십이요 황소가 열이요 암나귀가 이십이요 그 새끼 나귀가 열이라"(창 32:13-15).

야곱은 이 많은 가축을 형 에서에게 보냅니다. 자신이 그렇게도 긁어모은 재산들을 예물로 내어놓기로 작정한 것입니다. 죽음의 위기 속에서 자신이 가진 것들을 하나씩, 하나씩 포기하기 시작합니다. 살기 위해서는 내어놓을 수밖에 없었습니다. '가진 것이 아무리 많아도 죽으면 무슨 소용이 있겠는가?' 하는 생각으로 내어놓았던 것 같습니다.

그렇게 야곱은 한 떼, 두 떼, 세 떼로 예물을 나누어 보냅니다. 마지막으로는 아내와 여종과 아들들로 하여금 얍복 나루를 건너게 합니다. 자신이 가진 모든 것을 손에서 내어놓습니다. 어쩌면 인생에서 처음 빈손이 된 순간일지도 모릅니다. 가진 것이 더 이상 의미가 없어지게 됩니다. 이것이 테이커 야곱이 경험한 인생의 네 번째 단계, 얍복의 경험입니다. 하나님은 테이커인 야곱이 더 큰 테이커에게 빼앗기게도 하시고, 또다시 빼앗게도 하셨습니다. 그러나 네 번째 단계에 이르러서는 가진 모든 것을 다 내어놓고 빈손이 되게 하셨습니다.

우리 인생이 그렇습니다. 우리가 무엇을 붙잡고 있든지 주님은 결국 우리를 빈손으로 만드십니다. 가진 것이 무의미해지고 무가치해지는 날을 경험하게 하십니다. 하나님이 그런 자리로 우리를 이끌어 가십니다. 죽음 앞에 이르렀을 때, 우리 자신이 연약해졌을 때 우리가 가진 것들이 무슨 의미가 있겠습니까?

물론 우리 각자는 열심히 살았을 것입니다. 그러나 어느 순간, 모든 것을 다 내려놓아야 하는 빈손의 단계를 경험할 때가 옵니다. 하나님은 우리 모두를 그런 자리로 이끌어 가십니다. 야곱이 그런 경험을 했습니다. 그때 야곱은 어떻게 반응했습니까?

"야곱은 홀로 남았더니 어떤 사람이 날이 새도록 야곱과 씨름하다가 자기가 야곱을 이기지 못함을 보고 그가 야곱의 허벅지 관절을 치매 야곱의 허벅지 관절이 그 사람과 씨름할 때에 어긋났더라 그가 이르되 날이 새려 하니 나로 가게 하라 야곱이 이르되 당신이 내게 축복하지 아니하면 가게 하지 아니하겠나이다"(창 32:24-26). 빈손이 되자 비로소 야곱은 하나님을 붙잡습니다. '얍복 나루의 씨름'이라고도 불리는 장면입니다. 테이커의 근성이 다시 나오기도 합니다. 태어날 때 에서의 발을 붙잡은 그 손의 힘이 여전히 남아 있는 듯 보입니다.

그런데 야곱이 잡은 것은 에서의 발도 아니고, 얼룩진 양도 아니고, 14년이나 노동해서 얻은 라헬도 아니었습니다. 모든 것을 다 내어놓고 마지막으로 가지고자 한 것은 하나님이었습니다. "나를 축복하지 않으시면 절대로 놓지 않겠습니다."

야곱은 하나님의 축복을 가지려고 합니다. 그제야 무엇을 정말 가지기 원했는지를 알게 됩니다. 그는 장자의 명분을 얻으려 한 것도, 아버지 이삭으로부터 축복을 얻으려 한 것도, 라헬을 얻으려 한 것도, 많은 가축과 재산을 가지려 한 것도 아니었습니다. 돌아보니 결국은 하나님이었습니다. 여호와 하나님의 축복이었습니다.

얍복 나루 경험에서 야곱은 이스라엘, 곧 진정 이긴 자가 됩니다. 하나님을 가진 자가 된 것입니다. 이렇듯 테이커 야곱의 인생이 해피 엔딩으로 끝난 이유는 마지막에 그가 가져야 할 가장 가치 있는 것을 붙잡았기 때문입니다. 그것은 바로 하나님이었습니다. 하나님을 테이크했습니다. 이것이 그의 운명을 바꿉니다. 가지기 위해서라면 속임도 불사하는 자에서 이제는 하나님을 붙잡은 사람, 하나님과 씨름한 자가 됩니다. 이스라엘이 됩니다. 놀랍게도 야곱은 그러고 나서 모든 것을 되찾게 됩니다. 형 에서를 만나고 그와 화해합니다. 또한 재물, 가축, 아내들, 자녀들을 포함하여 모든 재산을 되찾습니다.

가지고자 하는 열망이 없는 사람이 어디 있겠습니까. 세상에 보암직한 것, 먹음직한 것이 얼마나 많습니까. 그런 면에서 우리는 사실 테이커입니다. 하지만 야곱의 이야기에서 한 가지 중요한 사실을 얻게 됩니다. 우리가 정말 가져야 할 것, 테이크해야 할 것은 하나님이시라는 사실입니다. 하나님을 붙잡을 때 우리의 재물도, 우리의 가정도 모든 것이 제자리를 찾게 됩니다. 진정 우리가 가진 자가 됩니다.

우리는 야곱을 향한 하나님의 역사가 우리를 향해서도 이루어진다는 사실을 고백하지 않을 수 없습니다. 주님은 오늘도 우리를 향해 일하고 계십니다. 그렇다면 우리는 어느 단계에 있습니까? 우리가 어느 단계에 이르렀든지 언젠가는 모두 빈손이 되는 날이 올 것입니다. 그리고 반드시 하나님을 붙잡아야 하는 때가 다가올 것입니다. 그 마음으로 오늘을 살아가는 진정한 테이커가 되기를 바랍니다.

1. 현재 당신이 가장 가지고 싶은 것은 무엇입니까? 그것을 갖기 위해 치러야
   할 대가가 있다면 무엇입니까?

2. 당신은 '기버'(Giver, 주는 데서 즐거움을 얻는 사람), '테이커'(Taker, 주는 것보다 받기
   를 좋아하는 사람), '매처'(Matcher, 얻은 만큼 주는 사람) 중에서 어떤 유형에 속합니
   까? 그렇게 생각하는 이유는 무엇입니까?

3. 야곱의 인생 단계 중 당신과 가장 비슷하다고 생각되는 시기는 언제입니
   까? 그렇게 생각하는 이유는 무엇입니까?

18

'많은 것'을 바라지 말고
'받은 것'을 누리라

탕자의 비유 속 두 아들

본문은 교부 시대부터 '탕자의 비유'라는 제목으로 전해져 내려온 말씀의 뒷부분에 해당합니다. 아마도 라틴어 성경인 벌게이트(Vulgate) 성경에 붙여진 소제목에서 유래한 듯 보입니다. 하지만 비유를 자세히 살펴보면 후반부에는 맏아들도 등장하기 때문에 둘째 아들에게만 집중해서 '탕자의 비유'라고 명명한다면, 맏아들이 설 자리가 없어집니다. 그래서 어떤 사람은 이 비유의 핵심이 맏아들에게 있다고 주장하기도 합니다. 누가복음 15장 1-2절을 배경으로 볼 때 맏아들이 비유의 주인공이 될 수 있다는 것입니다. "모든 세리와 죄인들이 말씀을 들으러 가까이 나아오니 바리새인과 서기관들이 수군거려 이르되 이 사람이 죄인을 영접하고 음식을 같이 먹는다 하더라."

수군거리는 바리새인과 서기관들을 향하여 예수님이 비유의 말씀을 전하시는데, 그중에 하나가 '탕자의 비유'입니다. 그러니까 마치 바리새인과 서기관들에게 하시듯 맏아들에 대해 들려주시는 말씀이라는 것입니다. 이러한 맥락에서 어떤 이들은 '불평하는 형의 비유' 혹은 '기뻐하지 않는 형의 비유'로 불러야 한다고 주장하기도 합니다. 다른 이들은 본문에 두 아들이 등장하므로 '두 아들의 비유'라고 부르는 것이 좋겠다고 해석하기도 합니다. 그들은 누가복음 15장 11절 말씀을 근거 삼아 주장합니다. "또 이르시되 어떤 사람에게 두 아들이 있는데."

이와 같은 다양한 견해는 성경을 보다 풍요롭게 해석하도록 도왔고, 다양한 시대의 사람들에게 필요한 말씀으로 전달해 왔습니다. 타락하고 방탕한 삶을 살던 사람에게는 '탕자의 비유'로 다가가 하나님께 돌아가는 길을 열어 주었고, 때로는 주님을 따른다고 하는 충성된 사람에게 '맏아들의 비유' 혹은 '불평하는 형의 비유'를 통하여 보다 성숙한 신앙인이 될 것을 다짐하도록 이끌었습니다.

우리는 이러한 흐름 가운데 불평하는 형의 입장에서 본문을 살펴보며 하나님과의 관계 그리고 이웃과의 관계에서 어떤 태도를 가지고 살아야 하는지를 생각해 보고자 합니다.

● 둘째 아들, 돌아온 탕자

우선 둘째 아들인 탕자와 관련한 내용입니다. 그와 관련해서 주목해 볼 몇 가지가 있습니다. 첫째, 재산 분배 과정에서 일어난 일입니다. 아버지가 아들을 불러서 재산을 분배하지 않습니다. 오히려 둘째 아들이 아버지를 찾아가서 재산 분배를 요청합니다. 돈을 달라고, 재산을 내놓으라고 말합니다. 둘째, 아버지로부터 자신의 몫을 받은 둘째 아들은 아버지의 간섭으로부터 속히 자유로워지기를 원합니다. 그래서 재산을 받자

마자 아버지의 영향력이 닿지 않는 외국 땅으로 가서 재산을 처분합니다. 13절의 "그 후 며칠이 안 되어"라는 표현에서 알 수 있듯이 모든 일이 급하게 진행된 것 같습니다. 요즘으로 말하면 재산을 급히 매각한 셈입니다.

사실 예수님 당시에는 아버지가 건강하게 살아 있는 동안에 자식이 유산을 분배해 달라고 하는 일은 상상조차 할 수 없었습니다. 아버지의 죽음을 바라는 것과 같은 엄청난 불경이었습니다. 설사 아버지가 자발적으로 재산을 넘겨주었다 할지라도 아버지 생전에 받은 재산을 처분하지는 말아야 했습니다. 그런데 둘째 아들은 유산을 임의로 팔고 가족을 떠났습니다. 어떤 의미에서 본다면 완전한 이별을 결단한 것 같습니다. 다시는 아버지에게 돌아오지 않겠다는 일종의 선언입니다.

이렇게 함으로써 둘째 아들은 또 다른 죄를 짓습니다. 유대의 전통에 따르면, 아버지의 재산을 분배받게 된 아들은 부모를 봉양할 책임을 가집니다. 그런데 둘째 아들은 부모를 떠나고, 설상가상으로 모든 재산을 탕진함으로써 부모를 봉양할 수 있는 가능성조차 상실합니다. 마음도 없었겠지만, 재산도 없어진 상태가 된 것입니다.

한 걸음 더 나아가, 그가 돼지를 친 것은 또 다른 죄의 모습을 보여 줍니다. 유대인들은 돼지를 부정한 동물로 생각했기 때문에 돼지를 먹지도 않을 뿐만 아니라 접촉도 하지 않으려 했습니다. 그럼에도 그는 돼지를 치며 짐승의 우리에서 머물게 됩니다. 이제 그의 마음에는 율법도 없어지고, 아버지의 종교도 사라졌습니다. 육체적으로만 멀리 떠난 것이 아니라 아버지의 하나님과도 멀어짐으로써 신앙적으로도 멀어진 셈입니다.

이렇게 하나씩 꼽아 보면 둘째 아들이 얼마나 큰 죄를 지었는지 어느 정도 짐작이 됩니다. 그런데 당시로서는 상상할 수 없는 죄를 지은 아들을 기다리는 아버지의 모습이 비유 속에 나타납니다. 아버지께로 돌아오는 탕자, 아버지는 아직도 거리가 먼데 그를 측은히 여기며 달려가 목을 안고 입을 맞춥니다. "아들이 이르되 아버지 내가 하늘과 아버지께 죄를 지었 사오니 지금부터는 아버지의 아들이라 일컬음을 감당하지 못하겠나이다 하나 아버지는 종들에게 이르되 제일 좋은 옷을 내어다가 입히고 손에 가락지를 끼우고 발에 신을 신기라 그리고 살진 송아지를 끌어다가 잡으라 우리가 먹고 즐기자 이 내 아들은 죽었다가 다시 살아났으며 내가 잃었다가 다시 얻었노라 하니 그들이 즐거워하더라"(눅 15:21-24).

여기까지가 둘째 아들과 관련한 내용입니다. 그런데 이 이야기는 여기서 끝나지 않고, 첫째 아들이 집으로 들어오는 사건으로 이어집니다. 둘째 아들에게 재산을 분배했을 때 함께 재산을 분배받았을 아들입니다. 본문은 그가 밭에서 돌아왔다고 말합니다.

아버지를 원망한 맏아들

둘째 아들이 방탕한 생활을 하다가 돼지를 키우던 이방의 땅에서 돌아왔다면, 맏아들은 아버지의 밭에서 일을 하다가 돌아옵니다. 확연히 구분되는 장면입니다. 첫째는 가문의 기업인 밭에서 열심히 땀 흘리며 일했습니다. 그가 법적으로 아버지의 재산을 물려받았다 할지라도 둘째 아들과는 달리 소유권을 주장하지 않고, 관할권도 요청하지 않았던 것처럼 보입니다. 아버지를 위해서 종들을 거느리고 밖에서 매일 열심히 일하다가 돌아오곤 했습니다. 이것이 맏아들의 일상이었습니다. 참으로 성실한 아들의 모습입니다.

그런데 맏아들이 돌아왔을 때, 잔칫집의 분위기가 확연히 바뀝니다. 아버지가 돌아온 동생을 위하여 잔치를 베푼 소식을 듣고 맏아들은 화를 냅니다. 화가 나서 집으로 들어가기를 거절하기조차 합니다. 그는 이렇게 아버지께 불효하는 아들이 되고 맙니다. 아버지가 마련한 잔치를 거부함으로써 동네 사람들 앞에서 아버지의 권위에 흠집을 내고 만 것입니다. 신명기 21장 18절 이하의 말씀을 토대로 판단해 보면, 유대 사회에서 아버지의 마음을 상하게 하거나 아버지의 권위에 도전하는 불효자에 대해서는 아버지가 그를 죽일 수도 있었습니다. 그만큼 맏아들도 아버지에게 큰 죄를 지었고, 얼마든지 아버지는 아들을 죽일 수 있는 상황이었습니다.

그런데 아버지는 다르게 행동합니다. 탕자인 둘째 아들을 맞아들일 뿐만 아니라 맏아들을 찾아 나섭니다. 그를 향한 아버지의 행동이 시작됩니다. 아버지는 잔치에 모인 사람들을 떠나 친히 밖으로 나옵니다. 그러고는 맏아들에게 "아들아"라는 말보다도 다정한 호칭으로 "얘야" 하고 부릅니다. 그러면서 그를 향하여 "너는 항상 나와 함께 있지 않느냐" 하고 말하며 맏아들과 아버지의 관계에서 변한 것은 하나 없고 여전히 돈독하다는 사실을 확인시켜 줍니다. 여기에 더하여 재산상의 피해가 없다고 말합니다. "내가 가진 모든 것이 다 너의 것이 아니냐." 그러면서 동생이 돌아온 잔치에 맏아들이 참여하도록 요청하며 가족 관계를 끝까지 유지하려는 아버지의 간곡한 심정이 표현됩니다.

이 비유를 읽을 때마다 저는 맏아들의 심정이 이해됩니다. 얼마나 억울할까요? 자신은 뼈 빠지게 아버지를 위해서 일하는 사이, 동생은 아버지의 재산을 가지고 달아나듯 도망갔습니다. 심지어 모든 것을 탕진하고 돌아왔습니다. 부양의 의무도 지키지 않고, 아버지에게 한 것이라곤 하나도 없습니다. 도대체 누가 효자이고, 누가 불효자입니까? 그런데 어떻게 이토록 아버지는 동생을 환영해 줄 수 있단 말입니까? 아마도 맏아들 편에서는 이것이 공정한 처사는 아니라고 생각했을 것입니다.

저는 맏아들의 모습에서 오늘을 살아가는 '매처'(Matcher, P. 188 참조)의 모습을 봅니다. 말 그대로 탕자가 돌아왔는데, 아버지는 잔치를 벌입니다. 그뿐 아니라 손에 가락지를 끼우고 입을 맞추며, 온 동네 사람을 초청해서 돌아온 아들을 자랑합니다. 맏아들의 입장에서는 동생을 그저 종으로 써 주면 모를까, 사실 그마저도 큰 은혜라고 생각했을지 모릅니다. 그런데 성경을 읽다 보면 비슷한 문제를 가지고 반항하거나 문제를 제기한 사람을 여럿 발견하게 됩니다. 마태복음 20장에서 예수님이 들려주신 '포도원 품꾼들의 이야기'가 그렇습니다.

이른 아침 포도원 주인은 한 데나리온을 주기로 약속하고 품꾼을 고용합니다. 그런데 다시 제 삼 시, 즉 우리 시간으로 아침 9시에 나가 보니 놀고 있는 사람들이 보여서 그들을 품꾼으로 또 고용합니다. 제 육 시, 제 구시, 제 십일 시, 다시 말해 12시와 오후 3시, 오후 5시에도 그렇게 놀고 있는 사람들을 보고 품꾼으로 채용합니다. 날이 저물었습니다. 주인은 오후 5시에 온 사람들에게 한 데나리온씩을 줍니다. 그러자 그들보다 앞서 온 사람들은 자신들이 더 많이 받을 것으로 생각합니다. 하지만 먼저 온 사람들도 동일하게 한 데나리온을 받습니다. 그러자 사람들이 수군거립니다. 그리고 주인을 원망하기 시작합니다. "받은 후 집 주인을 원망하여 이르되 나중 온 이 사람들은 한 시간밖에 일하지 아니하였거늘 그들을 종일 수고하며 더위를 견딘 우리와 같게 하였나이다"(마 20:11-12).

그들은 이렇게 말합니다. "이것은 공정하지 않아!" "이것은 정의롭지 않아!" 사실 주인은 약속한 그대로 모두에게 품삯을 주었습니다. 그런데 먼저 온 사람들이 주인을 원망합니다. 공정하지 않다는 이유였습니다.

만일 주인이 조금 지혜롭게 했더라면 얼마나 좋았겠습니까. 먼저 온 사람들에게 약속한 한 데나리온을 주고, 그들이 돌아간 후에 제 삼 시에 들어와 일한 사람들에게 한 데나리온을 주고, 또 제 육 시, 제 구 시, 제 십일 시에 온 사람들에게 한 데나리온씩 주었다면 아마도 나중에 온 사람들은 웃는 얼굴로 돌아갔을 것이고, 문제가 생기지 않았을 것입니다. 그런데 주인은 반대로 합니다. 일찍 온 사람이나 늦게 온 사람이나 동일하게 한 데나리온씩 줍니다. 그것이 주인이 품꾼과 약속한 내용이었기 때문입니다. 그러므로 엄밀히 따져 본다면 문제는 품삯을 받는 사람들이 갖게 된 상실감입니다. 나중에 온 사람과 비교해서 드는 상대적인 상실감이 문제였던 것입니다.

본문에 나오는 맏아들의 이야기에서도 마태복음 20장에 나오는 포도원 품꾼들의 비유에서도 한결같이 손해를 보았다고 말하는 사람들이 나옵니다. 억울하다고 생각하는 것입니다. 사실 그들은 평범한 사람들이었습니다. 하루 품삯을 기대하며 하루를 시작하는 일꾼들이었고, 아침부터 밭에 나가서 일하는 것을 당연한 도리로 여긴 맏아들이었습니다. 그런데 그들에게 계산이 일어납니다. 다른 사람보다 대우를 받지 못하는 자신을 보면서 갑자기 매처의 본능이 살아나기 시작한 것입니다. '내가 손해 본 것 아닌가? 공정하지 않은 처사가 아닌가? 이것은 뭔가 잘못된 게 아닌가?'

우리가 무엇을 '받았는가'를 생각하라

요나에게 하나님의 말씀이 임합니다. 니느웨로 가라는 명령이었습니다. 그 말씀을 들으며 요나는 이방 니느웨를 구원하시려는 하나님의 뜻을 간파합니다. 그러자 매처의 본능이 살아납니다. 그리고 생각합니다. '이건 아니야. 하나님! 이방 민족을 우리와 동일하게 대하셔서는 안 됩니다!' 이에 그는 다시스로 도망갑니다. 이후 하나님이 니느웨성을 구원하시는 모습을 보면서 차라리 자신을 죽여 달라는 하소연까지 합니다. "여호와께 기도하여 이르되 여호와여 내가 고국에 있을 때에 이러하겠다고 말씀하지 아니하였나이까 그러므로 내가 빨리 다시스로 도망하였사오니 주께서는 은혜로우시며 자비로우시며 노하기를 더디 하시며 인애가 크시사 뜻을 돌이켜 재앙을 내리지 아니하시는 하나님이신 줄을 내가 알았음이니이다 여호와여 원하건대 이제 내 생명을 거두어 가소서 사는 것보다 죽는 것이 내게 나음이니이다"(욘 4:2-3).

요나는 하나님께 원망합니다. "차라리 저를 죽여 주세요! 제가 죽는 게 낫겠습니다." 저주받아 마땅한 사람들을 구원하시는 하나님을 보는 것보다 자신이 죽는 편이 낫겠다는 처사입니다. 이처럼 성경에는 매처적인 성향을 가진 사람들이 있습니다. 우리는 이들을 통하여 하나님과의 관계에서 잘못된 방향으로 나아갈 가능성을 확인하게 됩니다.

매처가 가지는 두 가지 가능성이 있습니다. 기버(Giver, P. 188 참조)로부터 무엇인가를 받게 된 매처는 '자신이 받았기 때문에 다른 사람에게 주어야 한다'는 생각을 가지게 됩니다. 기버로서 변화될 가능성을 갖는 것입니다. 반면에 빼앗겼다는 생각을 하는 매처라면 다시 찾고자 다른 누군가의 것을 뺏앗게 될 가능성이 높습니다.

본문에 나오는 사람들은 어떻습니까? 평범해 보이는 매처입니다. 평범한 일상을 살아가는 사람들입니다. 그런데 자신이 빼앗겼다고 생각합니다. 가질 수 있는 것을 도리어 못 받았다는 생각에 사로잡힙니다. 매처 요나가, 매처 품꾼이, 매처 맏아들이 그러합니다. 그들은 이방 민족을 구원하시는 하나님을 보면서 그리고 나중에 온 사람이 동일하게 한 데나리온을 받는 모습을 보면서 그리고 탕자가 돌아왔다는 이유로 벌어진 잔치로 인해서 상실감을 느낍니다.

여기서 조금 더 깊이 생각해 보겠습니다. 그렇다면 매처의 문제는 무엇일까요? 그들은 다른 사람이 가진 것과 비교하면서 상실감을 느낀다는 것입니다. 자신이 얼마나 받았는지, 자신이 얼마나 누리고 있는지의 관점에서 본다면 맏아들은 이미 아버지로부터 무한한 사랑과 신뢰를 받았습니다. 아버지의 재산이 모두 그의 것입니다. 오히려 맏아들은 감사해야 할 형편입니다. 그런데 그는 둘째 아들을 위해 열린 잔치가 못마땅합니다. 이른 아침에 들어온 포도원 품꾼들도 마찬가지입니다. 하루 품삯에 달하는 한 데나리온을 받았으니 행복하지 않습니까? 일당을 받아서 아이들에게 먹을 것을 사 줄 수 있으니 얼마나 감사합니까? 그런데 그들도 자신보다 나중에 온 사람들이 동일하게 한 데나리온을 받자 마음이 그만 달라집니다. 불행해집니다.

우리 마음속에는 모든 것을 공평하게 처리하고자 하는 매처적인 성품이 각인되어 있습니다. 특별한 경우를 제외하면, 대부분의 사람들은 공평함을 삶의 기준으로 삼고 살아갑니다. 그런데 이것을 어떻게 사용하는지가 매우 중요합니다. 다른 사람들이 받아 누리는 것만을 보면서 공평을 논하면 한없이 불행해질 수 있습니다. 공평하지 않은 세상처럼 보입니다.

나는 하루에 10만 원을 버는데 다른 사람은 100만 원을 법니다. 공평하지 않고 정의롭지 않습니다. 다른 사람은 건강한 아이를 낳아서 잘 키우는데, 나는 약하고 장애가 있는 자녀를 키웁니다. 다른 사람과 비교하면 감사할 수 없습니다. 늘 손해 보는 것 같고 저주받은 인생처럼 느껴집니다.

그러나 정직한 매처라면 하나님께 무엇을 받았는지를 먼저 생각합니다. 다른 사람들에게 무엇이 주어졌는지가 아니라, 내가 무엇을 '받았느냐'가 중요합니다. 하나님이 주신 것을 생각하면 온통 받은 것뿐입니다. 생명도, 가족도, 작든 크든 모든 것이 하나님께로부터 주어졌습니다. 이런 마음을 가질 때 우리는 행복할 수 있습니다.

본문을 보면 아버지는 맏아들에게 가족이라는 관점을 심어 주고자 노력한 듯 보입니다. "우리는 사랑하는 가족이다. 그러니 누군가가 조금 더 가진다 해도 그것은 아버지의 기쁨이요, 우리 모두의 기쁨이다." 누군가가 가짐으로써 모두가 평안을 누릴 수 있다면 말입니다. 이른 아침 포도원에 나온 품꾼들의 비유도 마찬가지입니다. 제 삼 시든, 제 육 시든, 제 구 시든 상관없이 일거리를 찾지 못해 서성거리다가 밭에 들어와 일을 하고 하루 품삯을 얻게 되었으니, 그가 우리의 형제이고 자매입니다. 얼마나 감사한 일입니까! 이처럼 나와 너를 분리하고 산다면 우리는 더욱 불행해질 수밖에 없습니다. 반면에 나와 너가 하나가 되고 가족이 된다면, 우리는 더욱더 행복해지고 서로를 더 가깝게 사랑할 수 있습니다.

매처도 좋습니다. 그러나 남의 것을 보면서 매칭을 하려는 태도는 바람직하지 않습니다. 그것은 우리를 불행하게 이끌 뿐입니다. 그러나 받은 것을 세어 보며 하나님이 주신 것에 감사하는 매처라면 더 큰 은혜를 나눌 수 있습니다. 그렇게 하나님을 닮은 또 다른 기버가 되는 것입니다. 우리 모두가 하나님을 닮아 가는 진정한 매처가 되기를 간절히 소망합니다.

.

질문과 나눔

1. 당신은 맏아들과 둘째 아들 중에 누구와 더 닮았다고 생각합니까? 그렇게 생각하는 이유는 무엇입니까?

2. 당신은 '포도원 품꾼의 비유'에서 주인이 공평했다고 생각합니까? 당신이 생각하는 '공평'과 하나님이 말씀하시는 '공평'은 서로 어떻게 다른지 이야기해 보십시오.

3. 당신은 원수 나라인 니느웨성의 구원을 막고 싶어 했던 요나의 마음을 얼마나 이해할 수 있습니까? 당신도 혹시 그런 마음을 가진 적이 있다면 나누어 보십시오.

19

또 다른 간절함의
수신자가 되라

왜 선한 '사마리아인'인가

본문은 '선한 사마리아인의 비유'입니다. 말씀의 발단은 율법교사가 예수님을 찾아왔을 때로 거슬러 올라갑니다(눅 10:25-29 참조). 어느 날 한 율법교사가 예수님을 찾아와 질문을 던집니다. "선생님, 내가 무엇을 하여야 영생을 얻으리이까?" 이에 예수님은 "율법에 무엇이라 기록되었으며 네가 어떻게 읽느냐?"라고 물으십니다. 율법교사는 질문에 당당하게 대답합니다. "네 마음을 다하며 목숨을 다하며 힘을 다하며 뜻을 다하여 주 너의 하나님을 사랑하고 또한 네 이웃을 네 자신같이 사랑하라 하였나이다." 율법교사는 정답을 말했습니다. 그러자 주님은 "네 대답이 옳도다. 이를 행하라. 그러면 살리라"라고 답을 주십니다.

그는 자기를 더 옳게 보이려고 자랑하듯이 한 가지 질문을 덧붙입니다. "그러면 내 이웃이 누구니이까?" 그때 예수님이 주신 말씀이 '선한 사마리아인의 비유'입니다. 예루살렘에서 여리고로 내려가던 한 사람이 강도를 만났고, 거의 죽게 되었다는 내용입니다. 그때 한 제사장이 지나갔지만 그를 피하여 갔고, 레위인도 마찬가지로 그를 피하여 갔습니다. 그런데 한 사마리아인이 지나가다가 그를 보고는 상처를 싸매 주고 그를 나귀에 싣고 여관까지 데려가서 살펴 주었습니다. 다음 날 떠날 때는 데나리온 둘을 여관 주인에게 맡기면서 이 사람을 돌보아 주라고 부탁을 했다는 이야기입니다. 그리고 예수님이 물으십니다. "네 생각에는 이 세 사람 중에 누가 강도 만난 자의 이웃이 되겠느냐?" 그때 율법교사는 대답합니다. "자비를 베푼 자니이다." 그러자 주님이 말씀하십니다. "가서 너도 이와 같이 하라."

이것은 우리가 잘 알기도 하고 많은 감명을 받기도 한 말씀입니다. 수많은 사람이 세상으로 나가서 사마리아인과 같은 삶을 살기 위해 노력했습니다. 많은 자선 단체가 만들어졌고, 이름을 '사마리아인' 또는 '선한 사마리아인'으로 하여 여러 돕는 일을 베풀기도 했습니다. 우리는 익숙한 이 본문을 주된 흐름보다는 다른 관점에서 살펴보려고 합니다.

우선 이 질문을 던져 봅니다. 왜 예수님은 많은 사람이 있었음에도 이 이야기의 주인공으로 '사마리아인'을 말씀하셨을까요? 그리고 왜 그를 '선한' 사마리아인으로 말씀을 만들어 가셨을까요? 지나가는 아라비아 상인이라고 했어도 내용이 충분히 재미있게 전개될 것 같습니다. 그런데 왜 당시 천대받던 사마리아인을 이야기 속에 집어넣어 주인공으로 만드셨을까요? 강조나 과장의 용법으로 가지고 오신 것일 수도 있습니다. 그러나 이외에 다른 이유가 있었을지 질문을 던져 보게 됩니다.

한 가지 다른 관점으로도 살펴볼 수 있습니다. "과연 강도 만난 사람은 어떤 사람이었을까?" 누가복음 10장의 말씀만 가지고는 도저히 강도 만난 사람이 어떤 사람인지 알 길이 없습니다. 그럼에도 이 질문을 가지고 본문을 좀 더 깊이 살펴보려고 합니다. 답을 찾으려면 성경의 다른 말씀을 참고할 수밖에 없는데, 비슷한 이야기가 구약에 나옵니다.

구약의 구절은 누가복음의 비유와 아주 밀접하고 '사마리아' 및 '여리고'와 같은 비슷한 지명도 나옵니다. 특별히 본문에서 '예루살렘에서 여리고로 내려갔다'는 장면처럼 구약 본문에서도 예루살렘에서 '여리고'를 지나 '사마리아'로 가는 길이 전개되고 있습니다. 바로 역대하 28장 말씀입니다. 이 말씀에는 예수님의 비유와 유사한 내용이 담겨 있습니다. 그렇기 때문에 예수님이 이 사건을 염두에 두고 비유를 말씀하시지 않았을까 추정이 됩니다.

역대하에는 남유다 백성이 북이스라엘 동족에게 패하여 전쟁 포로로 잡혀가는 상황이 묘사되고 있습니다. 그런데 포로로 잡혀가던 중에 하나님이 개입하셔서 다시 돌아오게 되는데, 그때 사마리아인들이 도움을 준 내용이 소개됩니다. 누가복음 10장과 역대하 28장에는 비슷한 내용이 담겨 있는데, 앞서 언급했듯이 예루살렘에서 여리고로 이동하는 장면과 '사마리아'와 '여리고'라는 지명이 나타난다는 것, 더 중요한 것은 두 곳에 비슷한 문장이 나온다는 것입니다.

누가복음에 나오는 사마리아인의 행동을 설명하는 부분은 이렇습니다. "가까이 가서 기름과 포도주를 그 상처에 붓고 싸매고 자기 짐승에 태워 주막으로 데리고 가서 돌보아 주니라"(눅 10:34). 역대하 28장에도 사마리아인들의 행동이 소개되는데 다음과 같습니다. "옷을 가져다가 벗은 자들에게 입히며 신을 신기며 먹이고 마시게 하며 기름을 바르고 그 약한 자들은 모두 나귀에 태워 데리고 종려나무 성 여리고에 이르러 그의 형제에게 돌려준 후에 사마리아로 돌아갔더라"(대하 28:15).

누가복음 10장과 역대하 28장 말씀에 유사한 부분이 많습니다. 예수님이 선한 사마리아인의 비유를 말씀하셨을 때 아마도 율법교사였던 사람은 역대하 말씀을 기억하고 있었을 것입니다. 그리고 유사하다는 사실을 깨달았을 가능성이 높습니다. 성경을 연구하는 학자들 중에서도 몇몇은 구약성경에 나오는 이 이야기가 예수님이 말씀하신 선한 사마리아인의 비유의 배경이 아닐까 추측하기도 합니다.

강도 만난 자는 누구이며, 사마리아인은 누구인가

그렇다면 역대하 28장을 조금 더 자세히 살펴보겠습니다. 때는 아하스왕이 통치하던 시기였습니다. 예루살렘 남유다는 아람 왕을 비롯하여 여러 민족의 침략을 받았는데, 계속해서 패배하고 많은 사람이 포로로 잡혀갔습니다. 한 걸음 더 나아가, 동족인 북이스라엘 사람들의 침공을 받아 전쟁에서 패했으며, 많은 사람이 죽고 포로로 끌려갔습니다. 남유다의 현실은 참으로 참혹했다고 할 수 있습니다. 그 상황을 성경은 이렇게 묘사합니다. "그러므로 그의 하나님 여호와께서 그를 아람 왕의 손에 넘기시매 그들이 쳐서 심히 많은 무리를 사로잡아 다메섹으로 갔으며 또 이스라엘 왕의 손에 넘기시매 그가 쳐서 크게 살육하였으니 … 이스라엘 자손이 그들의 형제 중에서 그들의 아내와 자녀를 합하여 이십만 명을 사로잡고 그들의 재물을 많이 노략하여 사마리아로 가져가니"(대하 28:5, 8).

참으로 놀라운 일, 동족상잔의 비극이 일어났습니다. 북이스라엘 사람들이 남유다를 침공해 와서 많은 형제를 죽이고 20만 명이나 되는 사람을 포로로 끌고 간 것입니다. 그때 이스라엘의 선지자 오뎃이 이스라엘로 올라오고 있는 사람들을 막으면서 하나님의 예언의 말씀을 전합니다. "남유다 백성이 하나님께 범죄하여 하나님이 전쟁에서 패하게 하시므로 너희가 승리하게 되었다. 그런데 너희는 도리어 승리를 자축하면서 살육하고 너희의 동족인 형제들을 노예로 끌고 오고 있다. 너희에게 죄가 없다고 생각하느냐. 잡아 오는 포로를 속히 돌려보내라. 그렇지 않으면 너희에게 큰 화가 있을 것이다." 이 같은 진노의 말씀을 선포합니다.

오뎃의 예언을 들은 사람들은 머뭇거립니다. 수많은 사람이 전쟁에서 승리해서 돌아오고 있을 때 멈추어 서는 것은 쉽지 않을 것입니다. 그런데 그들 중에 네 용사가 나타납니다. 사마리아 사람들입니다. 에브라임의 우두머리들이 일어났는데 '아사랴'와 '베레갸', '여히스기야', '아마사'라는 이름이 거명됩니다. 그들이 군사들을 막아서면서 "우리가 이렇게 해서는 안 된다. 속히 하나님의 진노를 피하자"라고 말합니다. 자신들의 허물이 커서 하나님의 진노하심이 임할까 두렵다고 말하면서 사람들을 설득합니다. 그러면서 자신들의 동족과 형제들을 결코 노예로 삼을 수 없다고 말합니다.

그러자 이스라엘 군사들은 머뭇머뭇거리다가 끌고 오던 노예와 물건들을 다 놓고 도망가듯이 사라집니다. 성경은 이 사실을 다음과 같이 표현합니다. "이에 무기를 가진 사람들이 포로와 노략한 물건을 방백들과 온 회중 앞에 둔지라"(대하 28:14). 모든 것을 놓아두고 사라지고 말았습니다. 그러자 사마리아 사람들이 포로들을 풀어서 돌보아 주고 여리고까지 데려다 줍니다. 그들을 돌려보낸 것입니다. 포로로 잡혀 올 때 많이 맞고 살육을 당하기도 했을 텐데, 그들의 상처를 싸매어 주고 약한 자들은 나귀에 태워서 고향으로 돌려보냅니다. 성경은 이렇게 증언합니다. "이 위에 이름이 기록된 자들이 일어나서 포로를 맞고 노략하여 온 것 중에서 옷을 가져다가 벗은 자들에게 입히며 신을 신기며 먹이고 마시게 하며 기름을 바르고 그 약한 자들은 모두 나귀에 태워 데리고 종려나무 성 여리고에 이르러 그의 형제에게 돌려준 후에 사마리아로 돌아갔더라"(대하 28:15).

그렇다면 율법교사가 예수님께 나아와 질문하고 있던 그때 사마리아 인들은 어떤 대우를 받고 있었을까요? 그들은 이스라엘 사람들에게 사람으로 취급받지 못하는 존재였습니다. 그들의 잘못은 아니었습니다. 북이스라엘을 침략했던 앗수르의 정책에 의해서 그들은 뿔뿔이 흩어지게 되었고, 혼혈 정책이 이루어지면서 많은 이방 민족과 함께 거주하게 되었습니다. 이스라엘인들이 다양한 민족과 섞여 버리는 일이 일어난 것입니다. 후에 그들이 땅을 되찾기는 했지만 모든 혈통이 섞여 버림으로써 남유다 백성은 그들을 이웃과 형제로 여기지 않았습니다. 그들을 멸시하고 천대했습니다.

예수님은 비유를 통해서 '과거 사마리아 사람들이 너희의 이웃이었다. 그리고 그들이 너희를 형제로 대우했다'라는 사실을 다시 떠올리게 하십니다. 예수님의 이 비유의 배경을 이해한다면 우리는 "강도 만난 자가 누구인가?"에 대한 답을 찾을 수 있을 것 같습니다. 역대기에 나오는 포로로 잡혀가고 있는 사람들이 예수님의 비유에 나오는 강도 만난 자가 아닐지 상상할 수 있습니다. 누가복음에서는 예루살렘에서 여리고로 내려가는 길에 강도를 만났고, 역대하에서는 남유다 백성이 예루살렘에서 포로로 잡혀서 여리고를 통해 사마리아 땅으로 끌려갔습니다. 똑같이 강도 만난 자의 모습이라고 할 수 있을 것입니다.

자신을 돌아보라

역대하에서 남유다 백성이 왜 포로로 잡혀가고 있습니까? 물론 전쟁에서 패했기 때문입니다. 그러나 성경은 다른 이유를 알려 주고 있습니다. 때는 아하스 시대입니다. 아하스왕은 하나님 앞에서 정직하지 못하고 하나님을 섬기지 않는 왕이었으며, 백성도 그러했습니다. 당시 상황을 성경은 이렇게 묘사합니다. "바알들의 우상을 부어 만들고 또 힌놈의 아들 골짜기에서 분향하고 여호와께서 이스라엘 자손 앞에서 쫓아내신 이방 사람들의 가증한 일을 본받아 그의 자녀들을 불사르고 또 산당과 작은 산 위와 모든 푸른 나무 아래에서 제사를 드리며 분향하니라"(대하 28:2-4). 이것이 남유다 백성의 모습이었습니다.

하나님은 이러한 모습에 진노하며 유다를 보호하지 않기로 결정하셨습니다. 이방 사람들에게 유린당하게 하셨고, 심지어는 자신의 동족에게도 침략을 당하게 하셨습니다. 성경은 이렇게 말합니다. "그러므로 그의 하나님 여호와께서 그를 아람 왕의 손에 넘기시매 그들이 쳐서 심히 많은 무리를 사로잡아 다메섹으로 갔으며 또 이스라엘 왕의 손에 넘기시매 그가 쳐서 크게 살육하였으니 이는 그의 조상들의 하나님 여호와를 버렸음이라"(대하 28:5-6).

강도 만난 자와 포로로 잡혀간 사람들이 겪은 고난의 이유는 하나님께 버림받았기 때문입니다. 다시 말하면, 하나님이 진노하셨기 때문에 그들은 강도 만난 자가 되었고, 포로로 잡혀가는 자가 되었습니다. 즉 '하나님의 심판의 결과'라고 성경은 말합니다.

우리는 선한 사마리아인의 비유를 읽으면서 강도 만난 자를 중립적인 관점에서 바라봅니다. 그냥 지나가다가 재수 없게, 우연히 강도를 만나서 죽어 가고 있던 한 사람으로 이해할 수 있지만, 역대하 말씀과 연결해서 본다면 그는 자신의 죄 때문에 강도를 만난 것입니다. 하나님이 그렇게 허용하셔서 죽어 가고 있던 사람입니다. 어찌 보면 '우리의 모습이 아닐까?' 하는 생각이 들기도 합니다.

우리는 먼저 사마리아인이 되려는 결단보다 '우리가 누구인가?'를 생각할 필요가 있습니다. 우리는 누구입니까? 우리는 상처와 괴로움을 당하고 있고 피를 흘리며 내던져진 강도 만난 사람입니다. 왜 강도를 만났습니까? 우리가 하나님을 떠났기 때문입니다. 이 사실을 먼저 기억해야 합니다.

사업에 여러 가지 어려운 문제가 있습니다. 물론 하나님은 우리에게 죄가 없음에도 보다 나은 길로 이끌기 위해 어려운 국면을 만들어 가실 때가 있습니다. 그러나 때로 우리가 당하는 고난 중에는 우리의 죄 때문에 초래된 결과도 상당히 많습니다. 사업에 실패하고, 가정에 어려움이나 힘든 일이 닥친 경우를 돌이켜 보면 우리가 하나님을 떠났기 때문이라는 사실을 깨닫게 될 때가 많습니다. 따라서 우리가 강도를 만난 것은 재수가 없어서가 아니라 우리의 죄 때문입니다. 우리가 죄를 지어 하나님께 버림받았기 때문입니다.

은혜, 받은 대로 돌려주라

놀라운 것은, 하나님은 죄지은 유다 백성이 자신의 동족에게 20만 명이나 잡혀서 올라가게 하셨음에도 다시 선지자 오뎃을 통해 말씀하시고 더 이상 포로로 잡혀가지 않도록 막아 주셨다는 것입니다. 그리고 당신의 말씀에 순종하는 이들을 보내어 포로로 잡혀가던 이스라엘 백성을 다시 돌보게 하시고, 그들을 여리고로 돌려보내십니다. 사마리아인들을 통해서 놓임을 받게 하시고 다시 고향으로 돌아가게 하신 것입니다. 이것이 하나님의 은혜입니다. 하나님은 우리를 향해 잠시 진노하고 심판의 자리까지 끌고 가시지만, 우리를 사랑하사 용서하고 보듬어 주며 다시 고향으로 돌아가게 하십니다.

선한 사마리아인의 비유의 핵심에는 "가서 너도 이와 같이 하라"(눅 10:37)라는 말씀이 자리하고 있습니다. 그런데 말씀을 더 깊이 이해하려면 강도 만난 사람의 자리에서 바라볼 필요가 있습니다.

예수님의 비유의 말씀은 그저 제삼자 관찰자의 관점에서만 이해하도록 이끌고 있지 않습니다. 윤리적인 규범이나 교과서적 관점에서 하나의 선택을 요청하는 것도 아닙니다. 강도 만난 사람을 본 레위인과 제사장은 그냥 지나갔고 사마리아인은 그를 도와주었는데, '그들 중에 어떤 사람이 되고 싶은가'를 묻는 가벼운 윤리적 질문이 아니라는 의미입니다. 주님은 비유의 말씀을 통해서 "네가 강도 만난 자였다"라는 사실을 보게 하십니다. 죄 때문에 강도 만난 자처럼 죽어 가고 있던 우리를 도와주신 분이 누구인지를 다시 보라고 말씀하시는 것입니다.

우리는 살아가면서 도움을 주기도 하고 도움을 받기도 하지 않습니까? 그런데 도움을 받았던 것은 크게 기억이 안 나지만, 도움을 주었던 것은 영원히 기억될 것처럼 또렷합니다. 당신이 어려웠을 때 당신에게 도움을 주었던 사람은 누구입니까? 우리는 이렇게 다짐해야 합니다. "내가 힘들었을 때 나에게 손을 내밀고 나를 붙잡아 줬던 한 사람이 있었습니다. 그 손길 덕분에 내가 여기까지 왔습니다. 감사합니다. 나도 그분처럼 살겠습니다." 이것은 단순한 가치의 선택이 아니라, 경험으로부터 끌어 올라오는 우리의 선택과 결단입니다. 그것은 갚아지는 것이지 우리가 자발적으로, 선택적으로 하는 것이 아닙니다. 이것이 주님이 우리에게 말씀하시는 이웃 사랑의 비밀이라 할 수 있습니다.

오늘날 수많은 사람이 우리의 도움을 요청하고 있습니다. '그저 좋은 일이니까 사마리아인처럼 하자'가 아니라, 우리가 도움을 받았기에 갚아야 할 것입니다. 그것이 예수님이 우리에게 말씀하시는 이웃 사랑의 비결입니다. 모든 열방과 이 땅에 살아가고 있는 많은 어려운 사람을 향해 열린 마음을 가지고 선한 사마리아인과 같이 살아갈 것을 결단하는 그리스도인이 되기를 간절히 바랍니다.

질문과 나눔

1. 당신은 살면서 누군가에게 큰 도움을 받거나 큰 도움을 준 적이 있습니까? 있다면, 그때 도움을 주거나 받은 사람을 기억하고 있습니까? 그때의 일을 나누어 보십시오.

2. 당신의 주변에 있는 '강도 만난 사람'은 누구입니까? 당신은 그에게 어떤 도움을 베풀 수 있겠습니까?

3. 역대하 28장의 내용에 비추어 볼 때, 우리가 '강도 만난 사람'이 되지 않기 위해서는 어떻게 해야 할까요?

20

'아는 신앙'에서
'믿는 신앙'이 되라

예수님의 지체하심에 담긴 메시지

요한복음 11장은 예수님이 죽은 나사로를 살리신 말씀입니다. 요한복음에만 나오는 이 내용은 예수님이 죽은 자를 살리신 몇 개의 기적 이야기 중 하나로, 그중에서도 가장 분명하게 죽은 사람을 살리신 기적을 알려 주는 특별한 본문입니다. 예를 들어, 죽은 야이로의 딸을 살리신 기적에서는 예수님이 이렇게 말씀하십니다. "이 아이가 죽은 것이 아니라 잔다"(막 5:39). 이 말씀을 한 후에 아이를 살려 주십니다. 어쩌면 그때 사람들은 이 아이가 죽은 것이 아니라 자고 있는 것인데 죽은 것으로 착각한 것은 아니었는지 생각했을 수도 있습니다. 하지만 나사로의 경우는 그렇지 않습니다. "죽은 지가 나흘이 되었으매 벌써 냄새가 나나이다"(요 11:39). 이 말씀과 더불어 죽었던 나사로가 장사되었다가 수족을 베로 동인 모습 그대로 나옵니다. 그 모습은 예수님이 정말 죽었던 나사로를 살리셨다는 확신을 주기에 충분합니다.

그런데 나사로의 이야기를 읽다 보면 한 가지 흥미로운 사실을 알게 됩니다. 예수님이 나사로가 죽기까지 마치 기다리신 것 같은 정황이 여기저기에서 발견되기 때문입니다. 본문 첫 절은 이렇게 시작됩니다. "어떤 병자가 있으니 이는 마리아와 그 자매 마르다의 마을 베다니에 사는 나사로라"(요 11:1). 베다니에 한 병자가 있는데, 그는 마리아와 마르다의 오라비인 나사로였습니다. 마리아와 마르다는 예수님을 매우 사랑하는 자매였고, 예수님 역시 그들을 매우 사랑하셨습니다. 한마디로 마리아와 마르다의 가족과 예수님은 예사로운 관계가 아니었습니다. 당연히 그의 오라비인 나사로도 예수님은 잘 알고 계셨을 것입니다.

그래서 마리아와 마르다는 예수님께 사람을 보내어 나사로의 위급한 상황을 말씀드렸습니다. 아마도 예수님이 이 소식을 들으면 바로 발길을 돌려 자신들에게로 오실 것이라는 기대를 했을 것입니다. 그런데 예수님의 반응은 의외였습니다. "나사로가 병들었다 함을 들으시고 그 계시던 곳에 이틀을 더 유하시고 그 후에 제자들에게 이르시되 유대로 다시 가자 하시니"(요 11:6-7).

요한복음의 이야기 흐름을 보면, 나사로가 위급한 상황이라는 소식을 들을 때 예수님은 예루살렘 지역에 계셨습니다. 거리상으로 예루살렘과 나사로의 집인 베다니 사이는 약 2킬로미터밖에 되지 않습니다. 한마디로, 반나절 길도 되지 않는 거리에 예수님이 계셨다는 뜻입니다. 그런데 성경은 예수님이 나사로에 대한 소식을 듣고 이틀이나 더 그곳에 머무셨다고 말합니다. 그러고 나서 이틀 후에 베다니로 가지도 않으셨습니다. 예수님은 또 다른 지역, 베다니에서 더 먼 유대 지역으로 나가셨다고 성경은 기록하고 있습니다.

그래서 예수님이 뒤늦게 마리아와 마르다에게 오셨을 때 그들은 섭섭함을 표현합니다. "마르다가 예수께 여짜오되 주께서 여기 계셨더라면 내 오라버니가 죽지 아니하였겠나이다"(요 11:21). 마리아 역시 똑같은 말을 합니다. "주께서 여기 계셨더라면 내 오라버니가 죽지 아니하였겠나이다"(요 11:32). 그렇다면 예수님은 왜 그토록 사랑하는 나사로가 위급하다는 소식을 듣고도 바쁘게 움직이지 않으셨을까요?

처음 나사로가 아프다는 이야기를 들었을 때 예수님은 이런 말씀을 하셨습니다. "예수께서 들으시고 이르시되 이 병은 죽을병이 아니라 하나님의 영광을 위함이요 하나님의 아들이 이로 말미암아 영광을 받게 하려 함이라 하시더라"(요 11:4). 예수님은 그때 '이 병은 죽을병이 아니다'라는 판단을 내리셨던 것으로 보입니다. 다시 말하면, 예수님이 '나사로는 죽지 않는다'고 잘못 판단해서 시간을 끌다가 그만 나사로가 죽는 상황을 맞이하셨다는 추측도 가능해 보입니다.

그러나 우리가 알고 있는 예수님은 그런 분이 아니시지 않습니까? 예수님은 모든 것을 다 아는 분인데 왜 이런 판단을 하셨을까요? 요한복음 11장 11절 이하에 보면 예수님이 다른 곳에서 긴 시간을 보내다가 갑자기 제자들에게 말씀하시는 내용이 나옵니다. "이르시되 우리 친구 나사로가 잠들었도다 그러나 내가 깨우러 가노라 … 예수께서 밝히 이르시되 나사로가 죽었느니라"(요 11:11, 14).

예수님께 나사로의 소식이 전해졌다는 내용이 아무것도 보이지 않지만, 예수님은 나사로가 죽었다는 사실을 아셨습니다. 그리고 "이제 내가 그를 깨우러 간다"라고 말씀하셨습니다. 그러니까 예수님은 나사로가 죽어 가는 것을 알면서도 의도적으로 긴 시간을 밖에 계셨다는 뜻이 됩니다. 그리고 나사로가 죽은 다음에야 "나사로를 깨우러, 그를 살리러 간다"라고 하면서 베다니로 향하신 것입니다. 이런 정황으로 볼 때 예수님은 분명 어떤 목적을 가지고 나사로가 죽기까지 기다리셨다는 사실을 알 수 있습니다.

예수님은 왜 그렇게 하셨을까요? "이 병은 죽을병이 아니라 하나님의 영광을 위함이요 하나님의 아들이 이로 말미암아 영광을 받게 하려 함이라 하시더라"(요 11:4). 여기에 예수님이 시간을 끄셨던 한 가지 이유가 드러납니다. 그 이유는, 나사로가 죽은 다음에 그를 다시 살려 냄으로써 영광을 받고자 하셨다는 것입니다. 예수님이 어떤 분이신지를 알려 주고, 예수님의 능력이 어느 정도인지를 분명하게 드러내는 역사를 통해 영광을 받기를 원하신 것입니다. 이것이 예수님이 나사로가 죽어 가고 있음에도 시간을 끄셨던 첫 번째 이유입니다.

예수님을 어디까지 믿을 것인가

또 한 가지 이유가 있습니다. 그것은 예수님이 죽은 나사로를 살리기 위해 하나님께 드리는 기도의 내용에 잘 드러나 있습니다. "예수께서 눈을 들어 우러러보시고 이르시되 아버지여 내 말을 들으신 것을 감사하나이다 항상 내 말을 들으시는 줄을 내가 알았나이다 그러나 이 말씀하옵는 것은 둘러선 무리를 위함이니 곧 아버지께서 나를 보내신 것을 그들로 믿게 하려 함이니이다 이 말씀을 하시고 큰 소리로 나사로야 나오라 부르시니"(요 11:41-43).

예수님은 하나님이 예수님 당신의 말을 들으신다는 사실을 모든 사람이 밝히 알게 하고, 더 나아가 예수를 '믿게 하려고' 하셨던 것입니다. 예수님이 하나님께로부터 보냄 받은 자임을 분명히 믿게 하기 위해 나사로를 살리는 기적을 보여 주시겠다는 의미입니다.

예수님께서 이렇듯 모든 사람이 믿게 하려 한다고 말씀하셨는데, 그러면 마리아와 마르다는 믿지 못하고 있었을까요? 사실 그들은 예수님을 믿고 있었다고 할 수 있을 것입니다. 마리아는 이렇게 말하지 않았습니까? "주께서 여기 계셨더라면 내 오라버니가 죽지 아니하였겠나이다"(요 11:32). 그러니 마리아와 마르다는 예수님이 오시면 나사로를 살리실 수 있다는 믿음을 분명히 가지고 있었습니다. 그런데 그만 나사로가 죽고 만 것입니다. 이것이 예수님을 향한 불만과 한탄으로 표현되고 있습니다.

마리아와 마르다는 나름 믿고 있었는데, 그들의 믿음은 이런 것이었다는 생각이 듭니다. '현실의 문제, 질병의 문제, 이 세상의 모든 문제를 주님은 분명히 해결해 주실 수 있다. 그러니까 나사로가 아무리 나쁜 병에 걸렸더라도 주님이 오시기만 하면 분명히 살려 내실 수 있다.' 그런데 나사로가 죽은 다음에는 그 믿음이 더 이상 작동하지 않았습니다. 죽음 이후까지는 아니었던 것 같습니다. 그래서 그가 죽었을 때 마리아와 마르다는 절망하며 '이제 주님이 오셔도 더 이상 소용이 없다'고 생각했던 것 같습니다. 다시 말하면, 그들은 예수님이 자신의 삶 안에서의 문제를 해결해 주실 수 있는 분이라는 사실을 믿기는 했지만, 나사로가 죽은 다음에는 예수님도 더 이상 어쩌실 수 없다고 생각했다는 것입니다.

예수님이 나사로가 죽을 때까지 기다리셨던 이유가 어쩌면 여기에 있다고 할 수 있습니다. 죽은 나사로를 살리신 예수님의 이야기는 우리에게 "예수님을 어디까지 믿을 것인가?"라는 질문에 대한 대답을 주고 있습니다. 예수님은 마르다에게 이렇게 말씀하십니다. "예수께서 이르시되 나는 부활이요 생명이니 나를 믿는 자는 죽어도 살겠고 무릇 살아서 나를 믿는 자는 영원히 죽지 아니하리니 이것을 네가 믿느냐"(요 11:25-26). "나는 살아 있는 자에게도 소망이지만 죽은 자에게도 소망이다. 이것을 네가 믿느냐?"라고 묻고 계시는 것입니다.

만약에 예수님을 믿는 믿음이 이 세상을 살아가는 데만 소용 있는 것이라면 예수님은 나사로를 살리는 기적을 보이지 않으셨을 것이고, 또 보이실 수도 없었을 것입니다. 이 세상에서 힘들게 살아가는 사람들을 고치는 데만 주력하셨을 것입니다. 보지 못하는 사람들의 눈을 열어 주시고, 중풍병자와 듣지 못하는 자를 고쳐 주셨을 것입니다. 그러나 예수님의 능력은 이 세상에서 우리가 살아가는 데만 국한된 것이 아닙니다. 예수님은 우리가 죽음에 삼켜진 다음에도 우리를 살려 내시는 분입니다. 그래서 예수님은 나사로가 죽을 때까지 기다렸다가 그를 살려 내는 아주 특별한 기적을 우리에게 보여 주셨습니다.

이 땅에서 건강하고 행복하게 살고, 병이 들었을 때는 병 고침을 받기도 하며 살기를 원하는 것이 우리가 예수를 믿는 하나의 이유일 것입니다. 예수님은 이 땅에 살아가는 우리에게 능력과 긍휼을 베푸시는 분이기 때문입니다. 하지만 그렇게 살지 못하고 죽음 속으로 들어가게 된다 하더라도 주님은 우리를 살릴 수 있는 분이십니다. 이것이 우리가 예수님을 믿는 이유라고 할 수 있습니다. 그 사실을 주님은 우리에게 밝히 보여 주고자 하십니다. 그 사실을 가르쳐 주기 위해 모범 수업으로 나사로를 살리는 기적을 보여 주셨습니다. 우리는 죽음 앞에서 절망하거나 두려워하지 않습니다. 기독교 신앙은 그래서 부활의 종교인 것입니다. 예수님은 당신의 능력의 한계 범위가 어디까지인지를 우리에게 분명하게 보여 주셨습니다.

아는 신앙에서 믿는 신앙으로

이 지점에서 한 가지 중요한 신앙의 태도에 대해 점검해 보려고 합니다. 신앙이 무엇입니까? 믿음이 무엇입니까? 이 질문에 대한 매우 중요한 관점을 본문이 우리에게 알려 주고 있습니다. 특별히 예수님이 마르다와 만나신 지점에 그 내용이 잘 드러나 있습니다.

나사로가 죽은 지 나흘이 되고 드디어 베다니에 나타나신 예수님께 마르다는 실망스러운 어조로 이야기합니다. "예수님이 조금 더 일찍 오셨더라면, 예수님이 여기 계셨더라면 나사로는 죽지 않았을 것입니다." 이 현실 세계 속에서의 예수님의 능력은 인정하지만, 죽음 이후의 세계에 대해서는 인정하지 않는 말을 한 것입니다. 그럼에도 마르다는 예수님께 나름의 희망이 있을 것이라는 기대를 막연하게 했던 것 같습니다. 마르다는 이후에 이렇게 말을 이어 갑니다. "그러나 나는 이제라도 주께서 무엇이든지 하나님께 구하시는 것을 하나님이 주실 줄을 아나이다"(요 11:22).

이 말을 할 때 마르다의 마음에는 '예수님이 나사로를 살리려고 하나님께 기도하시면 나사로가 살아날 것입니다'라는 기대를 가진 것은 분명 아니었던 것 같습니다. 왜냐하면 뒤의 맥락이 그러합니다. 아마 마르다의 생각은 이랬던 것 같습니다. '예수님이 때에 맞춰 오시기만 했더라도 나사로가 죽는 일은 없었을 텐데, 늦게 오심으로 나사로는 그만 죽고 말았습니다. 이제 더 이상 돌이킬 수는 없습니다. 그러나 예수님이 우리를 위해서 다른 기도를 해 주실 수는 있겠지요. 슬프고 힘들지만, 주님이 현실을 사는 우리를 위해 고통을 잊도록 기도해 주시면 어떻겠습니까?' 이처럼 하나의 제안이었을 가능성이 높습니다.

그런데 예수님은 뜻밖의 말씀을 하십니다. "네 오라비가 다시 살아나리라"(요 11:23). 이 말씀을 들을 때 마르다는 어떤 마음이었을까요? 전혀 기대하지 않았던 말씀에 약간 당황했을 것입니다. 이에 나름대로 알고 있는 지식을 가지고 대답합니다. "마르다가 이르되 마지막 날 부활 때에는 다시 살아날 줄을 내가 아나이다"(요 11:24). 멋진 대답이기는 합니다. 예수님은 지금 즉시 이 자리에서 나사로가 살아날 것을 말씀하셨는데, 마르다는 나름 배운 것이 있었습니다. '하나님이 마지막 날에 모든 사람을 다시 살리실 것이다. 우리는 모두 부활할 것이다.' 율법과 선지자, 서기관들을 통해서 배웠던 내용일 것입니다. 그래서 예수님께 말씀드립니다. "그렇습니다. 지금은 아니겠지요. 그러나 언젠가는 나사로가 살아날 것을 저도 배워서 알고 있습니다. 주님, 감사합니다. 어찌 보면 위로가 됩니다."

마르다의 대답 중에 이런 표현이 나옵니다. "내가 아나이다." 그런데 예수님은 이 '안다'라는 말에 이어서 다음과 같이 말씀하십니다. "나는 부활이요 생명이니 나를 믿는 자는 죽어도 살겠고 무릇 살아서 나를 믿는 자는 영원히 죽지 아니하리니 이것을 네가 믿느냐"(요 11:25-26). 예수님과 마르다의 대화의 흐름을 보면, 마르다는 계속해서 "내가 아나이다"라고 말하고 있고, 예수님은 "믿느냐", 즉 믿음에 대해서 말씀하고 계십니다. 마르다가 "내가 안다"(Οἶδα, Oida, 오이다)라고 말할 때 예수님은 "나를 믿느냐?"(πιστεύων εἰς ἐμὲ, pisteuōn eis eme, 피스튜온 에이스 에메)라고 물으며 질문과 단어를 바꾸십니다.

믿음으로 주님께 무작정 달려들라

믿음이 무엇입니까? 신앙이 무엇입니까? 우리는 때로 믿음을 '내가 아는 무엇'으로 정의할 때가 있습니다. 우리는 신앙생활을 하면서 많은 훈련을 받습니다. 설교 말씀이나 성경 공부, 또는 여러 신앙 훈련을 통해 하나님에 대해서 많이 알아 갑니다. 우리는 신앙 안에서 꽤 많은 것을 알고 있습니다.

예를 들어, 삼위일체 하나님을 우리는 알고 있습니다. 성부, 성자, 성령, 그러나 한 분으로 계시는 하나님을 우리는 배워서 알고 있습니다. 또 하나님이 마지막 날 모두를 심판하실 것이고, 결국 모든 악인을 멸망시키실 것이라는 사실을 성경을 통해서 배워 알고 있습니다. 그리고 하나님을 경외하는 모든 사람에게 하나님이 은혜를 베푸신다는 사실도 알고 있습니다. 마르다 역시 그와 같은 흐름 속에서 안다고 말한 것입니다. "나의 오라비가 죽었지만 언젠가는 다시 살아날 것을 나도 배워서 알고 있습니다. 이것이 신앙 아닙니까?"라고 말한 것입니다.

그런데 예수님은 다시 고쳐서 물으십니다. "나는 부활이요 생명이니 … 이것을 네가 믿느냐." 즉 "너는 나에 대한 믿음이 있느냐?"라는 질문으로 바꾸신 것입니다. "무엇을 알고 있느냐?", "무엇을 고백하고 있느냐?"라는 질문이 아니라 "누구를 믿고 있느냐?", "누구를 의지하고 있느냐?"라는 질문으로 바꾸신 것입니다. 한마디로, "부활이며 생명이 되는 나를 너는 믿고 있느냐?"라는 질문입니다.

신앙이 무엇입니까? 우리는 신앙을 교리로 정하고, 그 교리를 통해서 신앙을 배워 갑니다. 신앙 안에는 알아야 하는 것도 많고, 그것들이 신앙생활에 많은 도움이 되기도 합니다. 하지만 신앙생활은 교리를 아는 것,

성경의 내용을 아는 것을 넘어섭니다. 사실 신앙은 이보다 훨씬 더 미련할 만큼 단순합니다. 이것이 신앙의 모습입니다.

우리가 많은 것을 알지 못해도 우리는 믿음을 가질 수 있고, 믿음을 통해 능력을 경험할 수 있습니다. 이것이 신앙의 신비입니다. 예수님이 우리가 당면한 모든 문제를 해결해 주실 수 있는 분이라는 사실을 믿는 것입니다. 이 땅의 문제뿐만 아니라 우리가 풀지 못하는 문제, 죽음까지도 해결해 주시는 분이라는 사실을 믿는 것입니다. 이것이 믿음이고 신앙입니다.

그러므로 은혜는 주님께 무작정 달려드는 사람들이 누리게 되어 있습니다. 그래서 어떤 맹인은 예수님이 길을 지나가실 때 그 소식을 듣고는 소리 내어서 외치지 않았습니까? "다윗의 자손 예수여 나를 불쌍히 여기소서"(눅 18:38). 이 말을 하고 그는 놀라운 기적을 경험했습니다. 또 어떤 이는 예수님 옆에서 십자가에 달려 죽으면서 "예수여 당신의 나라에 임하실 때에 나를 기억하소서"(눅 23:42)라고 말했고, 이 한마디의 고백으로 낙원에 가는 놀라운 기적을 경험했습니다.

예수님을 믿고 예수님께 모든 것을 거는 것, 이것이 진정한 신앙이라 할 수 있습니다. 예수 안에 생명이 있습니다. 예수 안에 능력이 있습니다. 예수 안에 소망이 있습니다. 이것이 우리의 믿음입니다. 예수님이 길이 되시는 것입니다.

어떤 아이가 높은 곳에 있습니다. 아래에는 아버지가 있습니다. "아버지, 내가 여기서 뛰어내리면 아버지가 나를 받아 주실 거죠? 나는 그것을 알고 있어요." 이렇게 이야기하는 아이가 있다고 한번 생각해 봅시다. 물론 아이는 아버지에 대해서 분명히 잘 알고 있습니다. 그런데 또 다른 아이는 그저 아빠가 아래에 있는 것을 보고 "아빠!" 하고 부르고는 바로 뛰어

내립니다. 그러면 아빠는 어떻게 합니까? 아이를 어떻게 해서든지 받아내지 않겠습니까? "아빠!"라고 부르고 뛰어드는 바로 이것이 신앙이고 믿음입니다. 고상한 경건의 지식도 중요하고 필요하겠지만, 정작 은혜는 예수님을 향하여 울부짖는 사람이 누리게 되어 있습니다.

삶의 문제가 있습니까? 불치병에 걸렸습니까? 출구 없는 막힌 곳에 들어섰습니까? 예수님께 부르짖으십시오. 예수님은 이 땅에서 우리의 모든 문제를 해결해 주실 수 있는 유일한 통로이며 해결책이십니다. 그리고 우리가 이 땅에서 해결하지 못하는 일까지도 이미 완전히 해결하고 우리를 기다리시는 전능한 주님이십니다. 주님의 그 은혜가 우리 모두에게 함께하기를 간절히 바랍니다.

질문과 나눔

1. 당신의 신앙은 '지식'과 '믿음'의 단계 중 어느 쪽에 더 가깝습니까? 지식의 차원에서 믿음의 차원으로 도약하기 위해서는 어떤 노력이 필요할까요?

2. 당신은 신앙생활에서 '믿음'이 무엇을 의미한다고 생각합니까? 마르다와 마리아에게도 믿음은 있었지만 예수님의 능력을 제한하는 믿음이었습니다. 당신의 믿음은 어떻습니까? 어느 정도 수준에 도달해 있습니까?

3. 예수님이 나사로의 소식을 듣고 바로 달려가지 않으신 이유는 무엇입니까? 요한복음 11장의 내용을 바탕으로 이야기해 보십시오.

6부

그대,
왜 소망을 가져야 하는가

21

주님과 동행할 때
인생이 즐겁다

인생의 마지막에 할 말

북부 유럽 지역 르네상스 미술의 거장으로 알려진 한스 홀바인 (Hans Holbein)의 작품 중에 〈대사들〉(The Ambassadors)이라는 그림이 있습니다. 1533년에 완성된 초상화입니다. 이 작품에는 프랑스 대사 두 사람이 등장합니다. 장 드 당트빌(Jean de Dinteville)과 조르주 드 셀브(Georges de Selve)입니다. 두 사람이 다양한 물건을 사이에 두고 양옆에 서 있습니다. 왼쪽에 서 있는 인물이 당트빌입니다. 몸에 걸친 화려한 옷이 그의 부유함과 지휘를 잘 드러내 줍니다. 그리고 옆에 서 있는 셀브는 주교의 직책을 가진, 당시 존경받는 위치에 있는 사람입니다.

두 사람 사이에는 문명을 상징하는 많은 물건이 놓여 있습니다. 그들의 학식과 능력을 자랑하는 물건들도 함께 있습니다. 그리고 중간에는 의미심장한 시계 하나가 놓여 있습니다. 이처럼 디테일이 강한 이 작품 속에는 한 가지 비밀이 담겨 있습니다. 바로 두 사람 사이 앞부분에 그려진, 형체를 제대로 알 수 없는 사물입니다. 이 그림은 왜곡된 형태로 그려져 있는데, 자세히 들여다보면 해골임을 알게 됩니다.

무엇보다 두 젊은이와 해골의 상징적인 대비가 눈에 띕니다. 그들은 화려한 옷을 입었습니다. 한창 젊은 나이에 다양한 학문을 학습하고, 음악을 하고, 과학과 수학을 이해했습니다. 나침반이나 천문학 기기들도 활용할 줄 알았습니다. 외국에 대사로 진출해서 역할도 감당할 수 있었습니다. 그런 두 사람이 서 있는 초상화에 놀랍게도 그들의 미래가 함께 나타나 있습니다. 아무리 화려하고 멋지고 젊은 현재라도 두 사람은 결국 죽는다는 것입니다. 그래서 해골은 허무를 표현합니다. 그런데 이 해골은 정면에서는 볼 수 없습니다. 비스듬하게 다른 각도에서 볼 때 역력하게 드러납니다. 이것이 이 그림이 특별하게 평가받는 이유이기도 합니다.

　덴마크에서 최고의 작가로 꼽히는 이자크 디네센(Isak Dinesen)이 쓴 《바베트의 만찬》(Babette's Feast)이라는 작품이 있습니다. 1987년에 영화로도 제작되어 많은 사람에게 사랑을 받은 대표작입니다. 노르웨이 산골 마을의 목사인 아버지를 도와서 독실한 청교도 공동체를 이루며 살아가는 두 자매가 있습니다. 마르티네와 필리파라는 젊은 여인들인데, 이 여인들은 너무나도 아름다워서 주위의 많은 남성이 주변을 기웃거릴 정도입니다.

　그곳에 어느 날 군인 장교 로벤히엘름이라는 사람이 찾아옵니다. 그리고 잠시 머물던 중에 자매 중 한 사람인 마르티네와 사랑에 빠지게 됩니다. 그러나 그곳에 오래 머물지는 못합니다. 그가 세상적인 욕망을 가지고 있었기 때문입니다. 그는 세상에서 이루고자 한 욕망 때문에 결국 사랑하는 여인을 버리고 떠납니다. 그리고 시간이 흘러서 장군이 됩니다. 세상적으로 본다면 많은 부귀와 영화를 누리게 된 셈입니다.

　이후 시간이 흐르고 나이가 많이 들어서 로벤히엘름이 마르티네의 마을을 다시 찾습니다. 마르티네와 필리파는 여전히 가난하고 어려운 사람들을 도우면서 살다가 노인이 되어 있습니다. 그때 모든 것을 다 얻은 그가 젊은 시절 로벤히엘름 자신에게 독백하듯 이야기하는 장면이 나옵니다. "로벤히엘름, 오늘 너는 네가 젊은 시절 이곳을 떠났던 너의 행동이 옳았다는 것을 증명해야 해!"

젊은 시절 자신의 욕망을 이루고자 사랑하는 여인을 떠난 결단이 옳았다는 것을 사람들 앞에서 증명해야 한다는 마음으로 그는 잔치 자리에 들어갑니다. 그런데 로벤히엘름은 일어서면서 마지막으로 이런 대사를 내뱉습니다. "헛되다! 헛되다. 모든 것이 헛되다!" 사랑을 버리고 영광을 찾아 떠난 인생이 한마디로 요약되고 있습니다. "헛되다."

인생을 마무리할 때쯤, 어떤 대답을 하고 싶습니까? 우리도 "헛되다! 모든 것이 헛되다!"라고 말하게 될까요? 본문에 나오는 지혜자가 같은 고백을 합니다. "전도자가 이르되 헛되고 헛되며 헛되고 헛되니 모든 것이 헛되도다"(전 1:2). 참으로 유명한 말씀입니다. '헛되다'라는 단어가 무려 다섯 번이나 사용되고 있습니다. 히브리어로 '헛되다'는 '헤벨'(הֶבֶל, hebel)입니다. 헤벨은 '증기' 또는 '숨'을 의미합니다. '공허함', '덧없음', '헛됨'으로 번역됩니다. 여기서 다섯 번이나 '헛되다'고 표현한 것은 히브리어의 최상급을 나타내는 문학적 표현이라고 합니다. 전도자는 해 아래에서 수고하는 사람의 수고가 헛되고 헛되다고 고백합니다.

그런데 헛되다고 고백하는 전도자, 이 지혜자는 누구입니까? 이스라엘의 위대한 왕, 최고의 지혜자로 소문난 솔로몬입니다. 그의 지혜에 대한 소문이 이방에도 퍼져서 많은 왕과 사람들이 찾아왔습니다. 이스라엘의 왕으로서 가장 큰 영예와 부귀와 명예를 얻은 왕이기도 합니다. 그런데 풍요와 번영의 중심에 있던 왕이 얻은 지혜는 결국 '모든 것이 헛되다'는 사실이었습니다.

인생이 헛되다는 말속에 담긴 비밀

많은 사람이 지혜가 많은 솔로몬을 부러워하지만, 정작 그는 지혜가 있어서 번뇌와 근심도 많았다고 이야기합니다. 그는 모든 것을 다 누리고 경험한 끝에 모든 것이 헛되다는 사실을 알아차립니다.

어떤 사람은 이렇게 말할지도 모릅니다. "나도 솔로몬 같은 인생을 경험하고 나면, 헛되다는 말을 할 수 있을 것 같다!" 그런데 사실 우리도 인생을 살아가면서 헛되다는 고백을 하게 되지 않습니까? 그런 모습을 발견하곤 하지 않습니까? 나이가 점점 들면서, 주위 어르신들이 주님께 부르심을 받는 모습을 보면서, 또 나이가 들어 질병과 고통 속에 살아가는 분들을 보면서 인생이 참으로 헛되다는 생각을 하곤 합니다. 그럴 때마다 마음속에 드는 생각이 무엇입니까? '인생 잘 살아야겠구나. 어떻게 알차게 살까?' 반대로 이렇게 생각할지도 모릅니다. '헛된 인생이니 그저 포기하고 살자.'

이런 의식을 표현하는 단어가 있습니다. 고대 로마의 시인이었던 퀸투스 호라티우스 플라쿠스(Quintus Horatius Flaccus)의 작품에 나오는 표현으로 '카르페 디엠'이라는 명언입니다. "현재를 즐기고, 미래에는 최소한의 기대만 걸어라"(Carpe diem, quam minimum credula postero.). 이 말은 영화 〈죽은 시인의 사회〉에서 존 커팅 선생님 역을 맡은 로빈 윌리엄스(Robin Williams)가 학생들에게 전한 대사로 알려지면서 유명해졌습니다. "카르페 디엠. 오늘을 즐겨라, 아이들아. 너희의 삶을 특별하게 만들어라"(Carpe diem. Seize the day, boys. Make your lives extraordinary.).

카르페 디엠이라는 말은 '인생이 유한하니 향락에 빠져 살라'는 뜻이 아닙니다. '인생이 짧으니 게으르게 살아도 된다'는 말이 아닙니다. 오히려 '단 한 번인 인생이기 때문에 알차게 살아라, 즐겁게 살아라'라는 가르침이라고 할 수 있습니다. '삶에 대해 치열함을 가지고 몸부림치며 살라'는 명령을 역설적으로 전하는 것이기도 합니다. 이와 비슷한 표현이 본문에 나옵니다. "청년이여 네 어린 때를 즐거워하며 네 청년의 날들을 마음에 기뻐하여 마음에 원하는 길들과 네 눈이 보는 대로 행하라"(전 11:9상). 인생이 헛되다고 말하는 전도서 11장에 나오는 말씀입니다.

그러므로 지혜자는 젊은이들을 향하여 원하는 대로 살아 보라고, 마음에 기뻐하는 대로 살아 보라고 권면합니다. '마음껏 살라'는 자유의 명령을 건네고 있습니다. 젊은 시절을 놓치지 말라는 말씀이기도 합니다. 사람의 현재 중에 가장 좋은 때는 언제일까요? 젊은이들이 경험하는 현재가 아닐까요? 왜 그렇습니까? 인간의 삶이 허무하기 때문입니다.

그런데 전도서는 "젊은이여, 즐겁게 살라"는 말로 끝나지 않습니다. 전도자는 덧붙여 말합니다. "그러나 하나님이 이 모든 일로 말미암아 너를 심판하실 줄 알라"(전 11:9하). 유한한 인생을 살아가는 사람이 가져야 할 지혜로운 삶의 태도란, 하루하루를 즐겁게 살아가는 것이라는 말입니다. 마음껏 살아가라는 것입니다. 그런데 단 한 가지 조건이 있습니다. 하나님이 심판하실 것을 염두에 두며 살아가라고 합니다.

아니, 그렇다면 병 주고 약 주는 것일까요? 우리의 자유를 억압하는 말씀처럼 들리기도 합니다. 하지만 전도자가 이렇게 말한 데는 중요한 이유가 있습니다. 우리가 마음대로 산다고 해서 살인하며 살 수는 없지 않습니까? 하고 싶은 대로 하며 살라고 해서 간음하면서 살 수는 없지 않습니까? 이러한 당위성이 말씀 안에 내포되어 있다고 할 수 있습니다. 다시 말해서, 우리의 자유가 다른 이의 자유를 억압하거나 침해해서는 안 된다는 의미입니다.

이를 눈치챈 지혜자는 이 사실을 받아들이며 살아가는 것이 참다운 지혜라고 말합니다. "청년이여 네 어린 때를 즐거워하며 네 청년의 날들을 마음에 기뻐하여 마음에 원하는 길들과 네 눈이 보는 대로 행하라 그러나 하나님이 이 모든 일로 말미암아 너를 심판하실 줄 알라"(전 11:9). 네 마음껏 살아도 된다고 하고서 마지막에 기말 시험이 있다고 말하는 것과 비슷한 느낌이지 않습니까? 왜 우리는 마음껏 살 수 없을까요? 결과에 책임을 져야 하기 때문이지 않습니까? 그래서 딜레마에 빠지기도 합니다. 마음껏 살아도 되지만 결과는 책임져야 한다는 딜레마 말입니다.

이러한 딜레마를 우리 젊은이들이 많이 경험하는 것 같습니다. '욜로'(Yolo)라는 표현이 있습니다. 'You Only Live Once'의 약자로 '인생은 오직 한 번뿐이다'라는 의미를 가지고 있습니다. 그래서 욜로족은 마음껏 살아갈 것을 모토로 삼는 젊은이들을 가리킵니다. 2016년, 옥스퍼드 사전에 신조어로 등재될 정도로 아주 유명해진 이 단어는 불확실한 미래를 대비하며 전전긍긍하기보다는 현재의 삶에서 최대한 기쁨을 누리며 살자는 정신적인 세계를 보여 줍니다. 지금 자신이 누리는 행복감이 중요하기 때문에 과하게 소비하더라도 괜찮다는 정신입니다.

한때는 굉장히 각광받는 것 같던 '욜로족'의 흐름도 근래에 들어서 조금씩 옅어지는 분위기입니다. 엠브레인 트렌드모니터(Trendmonitor.co.kr) 기관에서 최근에 조사한 내용인데, 2022년 1월에 19세부터 59세까지 전국의 남녀 1천 명을 대상으로 조사했다고 합니다. "하고 싶은 것을 하면서 살아야 후회가 없다'는 말에 어떻게 생각하느냐? 이 말에 동의하느냐?" 물었더니 74퍼센트가 동의한다고 대답했다고 합니다. 그러니까 많은 사람이 자신의 행복을 위해서 살고 싶다고 생각한 것입니다. "개인의 행복을 우선시하느냐?"는 질문에 대해서도 74퍼센트에 육박한 사람이 그렇다고 대답했습니다.

한편 "당신이 원하는 대로 살 수 있을 것 같으냐?"는 물음에는 그렇지 못할 것 같다고 대답한 사람이 많았습니다. 무려 62퍼센트가 노후 준비에 대한 부담감과 불안감 때문에 마음대로 살기가 어렵겠다고 대답했다는 것입니다. 욜로의 삶을 즐기고는 싶지만, 미래에 대한 걱정과 근심 때문에 그렇게 살지 못한다는 것입니다. 실제로는 마음껏 살고 싶지만, 정작 미래에 대한 걱정 때문에 그러하지 못한다는 것입니다.

전도서 말씀을 보면서 지금 어떤 생각이 듭니까? 마음껏 살라고 한 다음에 하나님이 심판하실 줄을 알라는 말씀이 어떻게 다가옵니까? '마음대로 살다가 하나님 앞에서 책망을 받으면 어쩌나' 근심거리가 아닐 수 없습니다. 그런데 우리 안에는 이것을 넘어서는 원초적인 근심거리가 있습니다.

독일의 철학자이자 문학가인 요한 볼프강 폰 괴테(Johann Wolfgang von Goethe)가 쓴 《파우스트》(*Faust*)라는 작품 중 2부 5막에 보면 근심이 말을 걸어오는 내용이 나옵니다. 근심이 이렇게 말합니다. "내 목소리, 귀에는 들리지 않아도 마음속엔 쟁쟁히 울릴 거예요. 온갖 형상으로 바뀌면서 나는 무서운 힘을 발휘한답니다. 오솔길에서나 파도 위에서나 영원히 불안한 길동무이지요."[1] 근심이 또다시 말합니다. "누구든 내게 한 번 붙잡히면, 온 세상이 쓸모없게 되지요. 영원한 어둠이 내리덮어서 해는 뜨지도 지지도 않고, 외부의 감각이 완전하다 해도 내부엔 어둠이 자리잡게 됩니다. 온갖 보화 중 어느 것 하나도 제 것으로 소유할 수 없어요. 행복도 불행도 시름이 되어 풍족한 속에서도 주리게 되지요."[2]

근심은 강력한 힘을 가지고 있습니다. 이 시대를 살아가는 수많은 사람이 근심과 걱정거리에 억눌려 살아갑니다. 진학에 대한 걱정, 취업에 대한 걱정, 직장과 사업에 대한 걱정, 자식에 대한 걱정, 질병에 대한 걱정, 노후에 대한 걱정… 아마 근심거리를 나열하라면 끝도 없을 것입니다. 어쩌면 우리 자신이 더 잘 알 것입니다. 인생을 즐겁게 살고 싶은데 하나님의 심판이 걱정되고, 미래에 대한 막연한 걱정도 있습니다. 이것이 우리의 삶의 모습입니다.

● 진정 행복한 인생을 위한 두 가지 비결

이때 지혜자는 심판을 염두에 두면서도 행복하게 살아가는 두 가지 비결을 함께 말해 줍니다. "그런즉 근심이 네 마음에서 떠나게 하며 악이 네 몸에서 물러가게 하라 어릴 때와 검은 머리의 시절이 다 헛되니라"(전 11:10).

1 요한 볼프강 폰 괴테, 《파우스트 2》, 정서웅 역(서울: 민음사, 2018), p. 357.
2 위의 책, pp. 358-359.

인생을 행복하게 사는 비결이 무엇입니까? 먼저, "네 근심이 떠나가게 하라"고 지혜자가 말합니다. 사실 어느 누가 근심하고 싶어서 근심합니까? 근심이 다가오는데 어떻게 합니까? 근심이 우리를 싸매고 공격해 오는데 어떻게 도망쳐 나올 수 있습니까?

우리는 이 말씀이 예수 그리스도와 연결되어 있다는 사실을 알고 있습니다. 전도자는 근심으로부터 멀어져야 한다고 말하지만, 근심으로부터 멀어지는 길을 제시하지는 못합니다. 그러나 우리는 압니다. 주님이 이 땅에 오셔서 우리의 모든 죄를 짊어지고 돌아가실 때 친히 말씀해 주셨습니다. "너희는 마음에 근심하지 말라 하나님을 믿으니 또 나를 믿으라"(요 14:1). 여기에 해결의 길이 열려 있습니다. "너희는 마음에 근심하지 말아라." 이렇게만 본다면 이루어질 수 없는 길 같지만, 이 길을 주님이 열어 주시며 "하나님을 믿고 또 나를 믿으라"라고 말씀하십니다. 이것이 우리가 근심하지 않을 수 있는 이유입니다.

우리는 우리를 선한 길로 인도해 주시는 하나님을 믿을 때 근심에서 멀어질 수 있습니다. 우리를 언제나 사랑으로 인도해 주시는 주님, 우리와 언제나 동행해 주시는 성령님을 믿을 때 근심에서 멀어질 수 있습니다. 하나님을 사랑하는 자, 곧 그의 뜻대로 부르심을 입은 자들에게는 모든 것이 합력하여 선을 이룬다(롬 8:28 참조)는 믿음을 가지고 살아갈 때 비로소 우리는 근심하지 않을 수 있습니다.

주님은 근심 자체를 보지 말고 주님이신 그분을 바라보라고 명령하십니다. 이것이 근심을 물리치는 길이고, 근심에서 벗어나는 길입니다. 마태복음 14장을 보면, 예수님이 물 위로 걸어오시는 모습을 보면서 베드로가 물 위를 함께 걷게 됩니다. 그러다가 그만 두려워 물속에 빠져들어 갑니다. 그때 주님이 말씀하시지 않았습니까? "믿음이 작은 자여 왜 의심하였느냐"(마 14:31). 걱정과 근심으로부터 벗어나는 길을 예수님이 열어 주셨습니다.

근심의 끝에는 무엇이 있습니까? 사망의 권세가 놓여 있습니다. 실패에 대한 두려움이 있습니다. 그런데 주님이 모든 것을 짊어지셨습니다. 우리를 위하여 십자가를 지시고, 죽으시고, 부활의 능력으로 살아나셨습니다. 그래서 우리가 구주 예수님을 믿을 때 두려움에서 벗어나게 됩니다. 이 또한 주님이 원하고 계십니다.

또 하나, 인생을 즐겁게 사는 비결이 전도서 11장 10절에 나옵니다. "그런즉 근심이 네 마음에서 떠나게 하며 악이 네 몸에서 물러가게 하라"(전 11:10). 우리가 악을 멀리해야 하는 이유는 악이 근심을 유발하기 때문입니다. 우리가 무엇인가를 잘못했을 때 그것이 또 다른 근심을 만들어 내며, 심판을 견딜 수 없게 만듭니다.

간음하다 잡혀 온 현장에서 예수님이 잡힌 여인을 놓아주면서 말씀하시지 않았습니까? "나도 너를 정죄하지 아니하노니 가서 다시는 죄를 범하지 말라"(요 8:11). 간음하다 현장에서 붙잡힌 여인을 주님은 놓아주며 용서해 주십니다. 그녀는 자유하게 되었지만, 그렇다고 해서 간음죄를 지어도 된다는 말씀은 분명 아닙니다. 오히려 죄를 범하지 않는 길이 자유를 누리는 비결이기도 합니다. 기억하십시오. 주님은 우리가 인생을 즐겁게 살아가기를 원하십니다.

우리 앞에 즐겁게 살라는 주님의 명령이 놓여 있습니다. 이를 위해서 우리가 할 수 있는 일이 무엇입니까? 모든 걱정과 근심으로부터 벗어나는 것인데, 우리를 위해 죽으신 그리스도를 바라보며, 선하신 그분의 계획을 바라보며 믿고 살아가는 것입니다. 삶을 기쁘게, 즐겁게, 행복하게 살아가기를 바랍니다. 주님을 믿고 의지하며 마음껏 살아가기를 바랍니다. 악에서부터 떠나 주님과 늘 동행하며, 주님이 이루시는 귀하고 아름다운 삶을 살아 내는 그리스도인이 되기를 간절히 소망합니다.

질문과 나눔

1. 당신의 인생을 즐겁게 하는 것은 무엇입니까? 그 즐거움을 누리기 위해 치러야 하는 대가는 무엇입니까?

2. 만일 인생을 다시 시작할 수 있다면 가장 하고 싶은 것은 무엇입니까? 그것을 하고 싶은 이유는 무엇입니까?

3. 인생의 근심이 오히려 기쁨이 되었던 경험이 있다면 나누어 보십시오.

22

꼭 필요한 것만
남기라

우리에게 정말 필요한 것

인간은 벌거벗은 몸으로 태어납니다. 태어난 후부터는 무엇인가 많은 것을 필요로 합니다. 그리고 자라나면서 점점 필요한 것들이 늘어납니다. 그러다 보면 어느 날에는 멋진 마크가 찍힌 명품도 필요한 듯 느껴집니다. 품위 있어 보이는 멋진 물건이나 가구, 자동차 등이 필요하게 될지도 모릅니다. 이것들을 하나씩 모으다 보면, 언제 쓸지 모르는 물건들까지도 하나씩 하나씩 저장하게 됩니다. 이것이 인간의 삶의 여정이 아닐까 하는 생각이 듭니다.

그런데 우리에게 필요한 것들을 모아 가다 보면, 자칫 그것들에 의해서 우리의 정체성이 규정될 때가 종종 있습니다. 주위에 명품으로 자신을 감싸지 않으면 존재 가치를 느끼지 못하는 사람이 있을 것입니다. 그런 사람은 '내 몸에 이 정도의 가치 있는 것을 가지고 다녀야 나 같다'는 생각을 할지도 모릅니다. '나는 이만큼 가진 부자야'라는 의미도 있겠고, '나는 이 정도 가질 수 있는 잘난 사람이야'라는 의미도 담겨 있을 것입니다. 그렇지만 '내가 가지고 있는 것, 내가 두르고 있는 것이 정말 나의 정체성인가?'

생각해 본다면, 그것은 진정한 자신의 모습이 아니라는 사실을 깨닫게 됩니다.

장례식장에서 입관 예배를 드릴 때 보면 아주 잘살던 사람도, 아주 못살던 사람도 마찬가지의 모습을 하고 있습니다. 젊은이나 노인도, 남자도 여자도 똑같습니다. 그저 수의를 입고 평범하고 공평하게 마지막 삶을 보내는 모습을 보게 됩니다. 이것이 진정한 인간의 모습이 아닌가 생각하곤 합니다.

제가 목회를 시작했을 때 많은 사람을 소개받았는데 어느 날엔가 한 분이 저에게 누군가를 소개하면서 직함이나 자세한 이야기는 하지 않고 이렇게만 말했습니다. "이분은 건물주입니다." 그 후 저는 그분을 볼 때마다 건물이 생각났습니다. 그 건물을 본 적은 한 번도 없는데 말입니다. 건물이 그분을 지칭하는 말은 될 수 있겠지만, 과연 그분의 정체성이 될 수 있을까요? 건물은 잠시 소유하지만 가져갈 수도 없는 것 아닙니까? 그것이 진정한 정체성은 아닐 것입니다.

얼마 전에 사랑하는 은사님이 세상을 떠나셨습니다. 그분은 평생 열심히 책을 쓰셨습니다. 그래서 100여 권의 책을 쓰고 세상을 떠나셨습니다. 100권의 책을 쓰다니 얼마나 놀랍습니까? 저는 젊었을 때 교수님을 보면서 이런 생각을 했습니다. '이분 장례식에서는 아마 100권의 제목이 한 권씩 다 읽히고, 아주 장엄하고 성대한 장례식이 치러질 것 같다.' 그런데 얼마 전 장례식을 치르는데 은사님의 오랫동안의 업적이 단 한 줄로 끝났습니다. "많은 책을 쓰셨으며." 참 안타깝지 않습니까? 한 권, 한 권 제목도 읽히지 못하고 짧게 지나가는 것이 마지막 인생길과 같다는 것을 깨달았습니다.

어떤 사람이 지진으로 모든 것을 다 잃어버렸다고 합니다. 집이 무너져 다 파묻히고 아무것도 구하지 못했습니다. 그런데 지진을 경험하고 나니 집에 있는 대부분의 물건이 필요 없는 것들이었음을 깨달았다고 합니다. 잃어도 곤란하지 않은 것들이었습니다. 잃어버리고 나니 그것 없이도 살 수 있다는 것을 깨달았다고 합니다. 인생의 원점으로 최대한 돌아가고 나서야 정말 중요한 것이 무엇인지를 알게 되었다는 것입니다.

어떤 사람은 금식하거나 훈련을 받으며 인생에서 가장 중요한 것이 무엇인지를 깨닫게 되었다고 말합니다. 또한 비워 낼수록 과거에 대한 집착이나 미래에 대한 두려움에서 벗어나 현실에 충실할 수 있게 되었다고 고백하는 것을 보았습니다.

유학 시절 마지막쯤에 남은 일들을 정리하기 위해 3개월 정도 미국의 어느 수도원에 머문 적이 있습니다. 수도원에서 3개월 정도 살아야 했기에 나름대로 필요한 물건들을 정리했습니다. 이민 가방 세 개 정도에 물건들을 정리해서 수도원으로 들어갔고, 저에게는 조그마한 방이 배정되었습니다. 그곳에는 작은 책상 하나, 다섯 벌 정도 들어가면 꽉 찰 것 같은 옷장 하나, 무엇인가 올려놓을 수 있는 조그마한 탁자 하나, 침대 하나 그리고 컵 하나가 전부였습니다. 그리고 실제로 제가 그곳에서 이민 가방에 들어 있던 물건을 꺼내 쓴 경우는 거의 없었습니다. 그저 옷 몇 가지만 가지고 3개월을 충분히 견디는 모습을 보면서 '내가 너무 많이 남겨 두었구나'라는 생각을 했습니다.

돌이켜 보면 저도 나름대로 좋은 숙소를 여러 번 경험해 보았습니다. 그렇지만 그 수도원에서 경험했던 것처럼 생명의 기운이 역동하고 삶의 의미가 분명해지는 잠자리에서 자 본 적은 거의 없었던 것 같습니다. 소박하고 아무것도 없는 침대였습니다. 그저 리넨 하나 덮고 자는데, 그때 삶의 의미가 가장 투명해지고 더 명료해졌던 기억이 지금도 남아 있습니다.

'나에게 필요한 것은 이것뿐이다', '결국 이것밖에 필요한 것이 없다'는 것을 깨달을 때가 있습니다. 어쩌면 이것이 지혜를 얻는 순간이라고 할 수 있지 않겠습니까? 우리를 돕기 위해 있던 것들이 도리어 우리에게 짐이 된다는 것을 깨닫는 순간부터 우리 삶에는 변화의 조짐이 일어납니다.

바람직한 신앙의 그림을 그리라

우리가 살아가는 삶 속에는 잡동사니가 참 많습니다. 옷장을 한 번 열어 보면 입지 않는 옷이 얼마나 많은지 확인할 수 있을 것입니다. 부엌에도, 창고에도 여기저기 많은 잡동사니가 있습니다. '언젠가는 한 번쯤 쓰겠지'라고 생각하거나 '마음에는 안 들지만 남에게 주기는 뭐하니 그냥 갖고 있자' 해서 주지도, 쓰지도 못하는 물건이 얼마나 많이 있습니까?

또한 물리적인 물건만이 아니라 정신적인 잡동사니도 얼마나 많은지 모릅니다. 정신적인 작업을 해 나가는 사이에 우리의 머릿속에 남겨진 나쁜 기억과 생각이 얼마나 복잡하게 얽혀 있습니까? 이것들에서부터 벗어나고 싶은 마음이 듭니다. 감정적으로도 잡동사니가 정말 많습니다. 억울함이라든가 야망, 분노, 아쉬움, 불만 등 이러한 상처들이 가득 들어 있는 우리의 모습을 보게 됩니다. 우리는 '정결해지고 싶다', '깨끗해지고 싶다', '이제 바른 자리로 돌아가고 싶다' 같은 마음을 늘 갖고 살아갑니다. 풍요로움이 결코 우리를 행복하게 해 주지 않는다는 사실과 필요하다고 생각한 것이 그렇지 않다는 사실을 기억할 필요가 있습니다.

종종 산티아고 순례길을 여행하는 분들의 글을 봅니다. 산티아고 순례길을 떠나는 사람들에게 항상 주어지는 교훈은 '절대로 무거운 짐을 가지고 떠나서는 안 된다'는 것입니다. 그래서 처음 출발할 때 아주 간편하게 짐을 꾸린다고 합니다. 그리고 출발해서 하루, 이틀, 사흘쯤 가면 짐을 더 덜어 낸다고 합니다. 짐을 버리거나 도착할 곳에 소포로 보내는 것입니다. 이틀 정도 걸어 보니 더 필요한 것이 없다는 것을 깨닫게 되었고, 줄였는데도 또 알게 되었다고 고백합니다. 우리도 우리의 삶을 정돈하려는 다짐을 해야 합니다.

어떻게 하면 우리의 삶을 제대로 정돈할 수 있겠습니까? 잡동사니의 무거움으로부터 어떻게 벗어날 수 있을까요? 2015년 〈타임〉지에서 '세계에 가장 영향력 있는 100인'에 선정된 한 일본 여성이 있습니다. 곤도 마리에인데, 《설레지 않으면 버려라》(더난출판사)라는 유명한 책을 썼습니다. '정리의 여신'으로 알려져 있는 그분은 한마디로 "설레지 않는 것은 다 버려라"라고 조언했습니다. "나를 설레지 않게 하는 것은 다 버릴 만한 것들이거나 나눠 줄 만한 것들이다." 어떤 사람은 책에 감명을 받아 가지고 있는 것을 다 버렸다고 합니다. 그러고는 백화점에 가서 다시 설레는 것들을 샀다는데, 저자의 의도와는 다른 방향으로 간 것 같지만, 어쨌든 설레는 물건들만 남기는 것이 그분이 우리에게 주는 교훈입니다.

그분의 글에 재미있는 이야기가 나옵니다. 정리하는 방법을 소개하는 내용입니다. '집을 정리해야지'라고 생각하고 물건들마다 쓸 만한 물건인지 아닌지를 살펴보면 조금 가다가 혼란스러워지고 더 이상 제대로 정리를 할 수가 없게 된다고 합니다. 이것도 저것도 쓸 만한 것 같기 때문입니다. 그분은 이렇게 이야기합니다. "정리를 하기 전에 내가 살고 싶은 집을 그려 보라." 자신이 원하는 집이 어떤 모습인지 분명해지면 원칙에 따라 버릴 것은 버리고 가질 것은 가지며 제대로 정리를 할 수 있다고 조언합니다. 한번 해 볼 만하지 않겠습니까? 먼저 어떤 집을 그릴지 생각하는 것이 우선입니다.

저는 이 문장을 보면서 이런 생각을 했습니다. '우리 인생에서도 무엇인가 정리하고 절제하려고 할 때 원칙이 있어야겠구나.' 물건이나 생각을 그냥 버리는 것이 아닙니다. 어떤 것을 좋은가, 나쁜가 살펴보고 더 좋아 보이니까 가지는 것도 아닙니다. 우리가 정리하고 절제하는 이유는 무엇인가 이루고자 하는 것이 있기 때문입니다.

당신이 생각하는 그리스도인의 모습은 무엇입니까? 바람직한 그리스도인은 어떤 그림입니까? '나는 어떠한 그리스도인이 되고 싶다'는 그림을 먼저 그려야 할 것입니다. 그 그림에 맞춰서 버릴 것과 보충해야 할 것을 결정하는 과정이 필요합니다. 교회도 마찬가지입니다. 교회가 그리는 그림이 있을 것입니다. 그 안에 필요한 것과 뺄 것이 있다면 무엇일까요? 과분한 것은 내려놓아도 된다고 생각합니다. 이것이 매우 중요합니다.

소명을 붙잡고 꼭 필요한 것만 남기라

우리 삶에 절제와 정리가 중요한 이유는 다시 한번 '나'의 진정한 의미를 살려 내고 신앙의 의미를 붙잡기 위해서입니다. 더 이상적인 신앙생활의 모습으로 나아가기 위함이라고 할 수 있습니다. 히브리서 기자는 이렇게 권면합니다. "이러므로 우리에게 구름 같이 둘러싼 허다한 증인들이 있으니 모든 무거운 것과 얽매이기 쉬운 죄를 벗어 버리고 인내로써 우리 앞에 당한 경주를 하며"(히 12:1). 믿음의 선진들의 모습을 설명하면서 우리가 경주를 하는 사람과 같다고 말합니다. 한마디로 말하면, 달리기를 하는 운동선수와 같은 모습이라는 것입니다. 무엇인가를 목표로 달려가는 중이라고 이야기합니다.

달리는 운동선수에게 가벼움은 가장 중요한 조건일 것입니다. 우리가 어딘가 목표를 향해 달려가고 있다면 우리에게 가장 중요한 덕목은 가벼움일 것입니다. 목표가 무엇입니까? 성경은 예수님이 달려가셨던 목표 지점을 이렇게 알려 주고 있습니다. "믿음의 주요 또 온전하게 하시는 이인 예수를 바라보자 그는 그 앞에 있는 기쁨을 위하여 십자가를 참으사 부끄러움을 개의치 아니하시더니 하나님 보좌 우편에 앉으셨느니라"(히 12:2).

예수님은 이 땅에 올 때 분명한 목적이 있으셨습니다. 인류를 구원하기 원하는 목적이 단 하나로 자리 잡고 있었다는 것입니다. 인류를 구원하기 위해 주님은 그 길을 달려가셨습니다. 십자가의 부끄러움을 개의치 않고 그 길을 달려가셨고, 마침내 하나님의 보좌 우편에 앉으셨습니다. 이와 같은 삶을 살아가는 것이 그리스도인입니다.

예수님은 인류를 구원하는 사명에 불타셨고, 이를 위해 인생을 올인하셨습니다. 우리가 가는 길은 어떻습니까? 우리가 바라보고 있는 목적지는 어디입니까? 많은 사람이 부러워하거나 많은 것을 가지는 그런 것은 아닙니까?

우리 주위에 어려운 이웃들을 보살피는 분들이 있습니다. 특별히 어렵게 폐지를 수집하면서 큰돈을 마련해 장학금으로 쾌척하는 어르신들의 이야기가 종종 뉴스에 나오지 않습니까? 그런 분들을 보며 '왜 이분은 폐휴지를 주우면서까지 장학금을 모으셨을까?' 하는 생각이 들기도 합니다. 참 미련한 삶을 사셨다는 생각이 들기도 하지만, 한편 이런 생각이 듭니다. '이분은 분명한 자신의 목표가 있었구나.' 자신의 삶에 그림이 그려져 있던 것입니다. 자신의 인생에서 어려운 이웃을 도와주는 일을 하겠다는 모습을 그려 놓고 모든 힘을 다해 검소하게 살아왔던 것입니다. 그리고 그 일을 마침내 이루었습니다. 얼마나 멋진 삶입니까.

예수님이 그렇게 하셨듯이 우리도 그렇게 살 것을 주님은 말씀하십니다. 바울의 고백을 들어 보십시오. "형제들아 나는 아직 내가 잡은 줄로 여기지 아니하고 오직 한 일 즉 뒤에 있는 것은 잊어버리고 앞에 있는 것을 잡으려고 푯대를 향하여 그리스도 예수 안에서 하나님이 위에서 부르신 부름의 상을 위하여 달려가노라"(빌 3:13-14). 하나님이 부르신 소명을 붙잡고 하나님이 주실 상을 향해 달려가는 것이 바울이 그리고 있는 아름다운 미래상입니다. 그것이 바울의 삶의 모습이라고 할 수 있습니다.

어떤 모습으로 인생을 마무리하고 싶습니까? 모든 것이 다 끝나면 우리는 홀로 남을 것입니다. 우리 앞에 주님이 계시고, 주님 앞에 우리가 있을 것입니다. 그때 우리는 건물주나 명품을 두른 멋진 사람도 아니고, 인기가 많은 사람도 아닙니다. 그저 하나님 앞에 서 있는 한 사람일 뿐입니다. 그때 우리는 누구일까요? 이 물음을 하며 다시 한번 인생을 가치 있게 살아가기를 결단하십시오. "꼭 필요한 것만 남기라." 이것이 우리의 결단이 되기를 그리고 이 결단이 해방을 주고, 희망과 기쁨이 되기를 간절히 바랍니다.

1. 당신이 가지고 있는 물건 중에 가장 오래된 것은 무엇입니까? 그것을 버리지 않고 가지고 있는 이유는 무엇입니까?

2. 믿음의 경주를 하는 당신이 삶에서 가벼움을 위해 덜어 내야 할 것이 있다면 무엇입니까?

3. 당신은 어떤 모습으로 인생을 마무리하고 싶습니까? 원하는 모습을 머릿속으로 그리고 나누어 보십시오.

23

오래 사는 것보다
소명 따라 살라

어느 권사님에 관한 이야기입니다. 정말 자태가 곱고 점잖으며 신앙도 깊은 분이었습니다. 양반 출신이라선지 항상 한복을 입고, 집에서는 병풍 앞에서 늘 꼿꼿한 모습으로 계시곤 했습니다. 그분이 늘 갖고 있는 기도 제목이 하나 있었는데, 주변 사람들도 다 알고 있었습니다. 그것은 죽지 않고 예수 그리스도의 재림을 직접 경험하는 것이었습니다. 그래서였는지 꼿꼿하게, 하나도 삐뚤어짐 없이 언제나 예수님이 오시면 바로 달려나갈 수 있을 것 같은 모습으로 살아가셨습니다.

어렸을 때 저와 친구들의 관심은 정말 그 권사님이 예수님의 재림을 보실지에 대한 것이었습니다. '만약 그렇게 된다면 우리는 젊음을 펴 보지도 못하고 죽는데, 큰일 났다'는 마음으로, 궁금함을 가지고 권사님의 기도를 바라보았던 적이 있습니다.

그런데 권사님은 정말 오래 사셨습니다. 제 기억으로는 100세 이상 사신 것 같은데, 지금도 그렇지만 당시로서는 상당히 오래 사신 것이었습니다. 그런데 문제가 있었습니다. 오래 사시는 것은 좋았지만, 그러다 보니 살면서 이런저런 힘든 일을 경험할 수밖에 없었습니다. 아들의 사업이 잘

되고 있었는데, 시간이 지나다 보니 어려움과 파산을 겪는 경험을 했습니다. 그리고 조금 더 지나다 보니 아들마저도 나이가 들어 병으로 먼저 떠나보냈습니다. 본인의 몸도 점점 쇠약해져 갔습니다.

결국 권사님의 기도 제목이 바뀌었다는 이야기를 듣게 되었습니다. '이제 예수님의 재림을 직접 보지 않아도 되니 저를 속히 하나님 나라로 데려가 주십시오.' 그리고 얼마 되지 않아 하나님의 부르심을 받으셨습니다. 정말 신실한 믿음을 가진 권사님이었습니다.

누구나 오래 살기를 원합니다. 하지만 우리가 원하는 대로 오래 살면 우리는 잘 살 수 있을까요? 우리에게 정해져 있는 시간보다 조금 더 살게 된다면 우리는 그 시간을 잘 채울 수 있을까요? 더 좋은 일을 하고, 하나님께 영광도 올려 드리며, 하나님 나라를 이루는 일에 큰일을 감당할 수 있을까요?

하버드 대학 교정 가운데는 와이드너도서관이 있고, 건너편에는 자그마한 예배당이 하나 있습니다. 저는 종종 그 예배당에 들르곤 했는데, 예배당에 가면 벽에 동문들의 이름이 가지런히 적혀 있는 것을 볼 수 있습니다. 한편에는 6·25 전쟁 때 한국을 돕기 위해 하버드 대학 학생들 중에서 자원한 이들의 이름이 적혀 있습니다. 파병되었다가 목숨을 잃은 이들의 이름인데, 그 이름을 볼 때마다 마음이 참 뭉클했습니다. 정말로 훌륭한 인재들이었을 텐데, 이름도 알지 못하는 나라의 자유를 위해 목숨을 버렸으니 얼마나 안타깝습니까. 한편으로는 이런 생각도 들었습니다. '그분들이 만약에 목숨을 부지해서 하버드로 돌아와 공부를 마치고 세상으로 나갔다면 얼마나 큰 인재가 되었을까?'

어찌 이뿐만이겠습니까? 너무 일찍 하나님의 품으로 떠난 수많은 사람의 이야기는 우리 모두의 가슴속에 담겨 있기도 합니다. 우리 가정과 주변에도 이런 슬픔을 당한 사람이 참 많이 있습니다. 이런 경우들을 보면서 우리는 어떤 마음을 가져야 할까요? 또 한편으로 우리에게 병이나 여러 어려움으로 죽음이 가까이 오고 있음을 깨달을 때 우리는 어떤 태도로 죽음을 마주해야 할까요?

끝이 있는 삶의 시간을 대하는 태도

본문은 히스기야왕에 관한 내용입니다. 히스기야는 하나님 앞에서 신실한 왕이었습니다. 하나님 앞에서 아주 드물게 선한 왕이었습니다. 그런데 하나님을 의지하던 히스기야왕에게 병이 찾아왔습니다. 그것도 불치의 병이었습니다. 열왕기하 20장은 이렇게 묘사합니다. "그때에 히스기야가 병들어 죽게 되매 아모스의 아들 선지자 이사야가 그에게 나아와서 그에게 이르되 여호와의 말씀이 너는 집을 정리하라 네가 죽고 살지 못하리라 하셨나이다"(왕하 20:1). 병에 걸린 히스기야왕에게 선지자 이사야가 "네가 죽고 살지 못한다"는 선언까지 하는 상황이었습니다. 다시 말하면, 죽음이 확정된 상황이라고 할 수 있습니다.

히스기야는 이런 상황 속에서 하나님 앞에 나아가 통곡하면서 기도합니다. 그리고 그 기도는 하나님의 마음을 움직입니다. 하나님은 히스기야의 기도를 듣고 그를 고쳐 주기로 작정하십니다. 그리고 그에게 표적을 보여 주며 15년 동안 생명을 연장해 주겠다고 약속하십니다. 기적적으로 살아난 히스기야는 15년이라는 시간을 더 누리게 됩니다. 그에게는 개인적으로 하나님의 축복이 아닐 수 없었습니다.

그런데 열왕기하 20장 이하를 읽어 보면 매우 흥미로운 사실을 발견하게 됩니다. 히스기야가 병에서 나음을 얻고 다시 살아났다는 이야기가 1-11절까지 이어지고, 12-20절에 한 가지 사건이 소개됩니다. 그리고 21절에 가면 15년을 훌쩍 뛰어넘어 그의 죽음에 대한 이야기가 묘사됩니다. "히스기야가 그의 조상들과 함께 자고 그의 아들 므낫세가 대신하여 왕이 되니라"(왕하 20:21).

15년 동안 생명을 연장받았다는 이야기와 이어지는 15년 및 그의 죽음에 관한 이야기 사이에는 약 10절밖에 없습니다. 그가 다시 살게 된 후의 이야기는 열왕기하에 단 한 가지만 소개되고 있습니다. 그는 새롭게 선물받은 15년 동안 어떻게 산 것일까요? 성경은 그의 새로운 15년의 시간에 대해서 침묵하고 있습니다. 무슨 뜻일까요? 기록할 만한 내용이 없다는 의미일 것입니다.

그 단 한 가지 사건이 11-19절의 내용입니다. 히스기야가 병이 들었다는 이야기를 듣고 바벨론 왕 브로닥발라단이 편지 및 예물과 함께 사신들을 보냅니다. 사신들이 도착했을 때 히스기야는 하나님의 도우심으로 병이 나았습니다. 죽지 않고 건강을 회복했습니다. 이때 바벨론 사신들을 만난 히스기야는 한 가지 큰 실수를 합니다. 그들에게 자신이 가지고 있는 모든 보물과 군기고와 창고의 모든 것을 보여 주는 실수를 범한 것입니다. "히스기야가 사자들의 말을 듣고 자기 보물고의 금은과 향품과 보배로운 기름과 그의 군기고와 창고의 모든 것을 다 사자들에게 보였는데 왕궁과 그의 나라 안에 있는 모든 것 중에서 히스기야가 그에게 보이지 아니한 것이 없더라"(왕하 20:13).

왜 히스기야가 이런 행동을 했는지 그 이유는 알 수 없습니다. 아마도 생명을 얻고 살아난 기쁨 때문이었을 가능성이 큽니다. 그런데 이것은 매우 큰 실수였습니다. 이사야는 히스기야를 책망하며 훗날 바벨론이 쳐들어와서 이곳에 있는 모든 보물을 가져가고 자녀들을 포로로 잡아갈 것이라는 예언의 말씀을 전합니다.

이렇게 히스기야왕이 실수한 이야기 하나만을 적고 성경은 21절에 이어서 그의 죽음에 대해 기록하고 있습니다. 히스기야왕의 15년 동안의 삶이 압축되어 있다고 해도 과언이 아닐 것입니다. 여러 사람을 만나 식사도 많이 하고, 관계도 맺었을 것입니다. 그리고 여러 가지 정책을 세워 나라에 보탬이 될 만한 일들도 했을 것입니다. 심지어 자녀도 낳았을 것입니다. 그럼에도 성경은 그 이야기들에 관해 침묵하고 있습니다. 모든 것을 생략한 채 그의 죽음에 대해서만 이야기합니다. 한마디로, 그가 덤으로 살았던 15년의 삶은 하나님에게나 백성에게 큰 도움이 되지 못했다는 뜻입니다.

삶의 길이보다 삶의 의미가 중요하다

한 걸음 더 나아가, 이어지는 열왕기하 21장은 히스기야가 생명을 연장받아서 남긴 매우 치명적인 사실을 또 하나 전합니다. "므낫세가 왕이 될 때에 나이가 십이 세라 예루살렘에서 오십오 년간 다스리니라"(왕하 21:1).

히스기야에 이어서 나라를 다스리게 된 왕은 그의 아들 므낫세입니다.

그런데 사실 므낫세는 하나님 앞에서 볼 때 태어나서는 안 될 악한 왕이었습니다. 유다의 왕 중에서 하나님 앞에서 범죄한 경력을 보면 가장 악했던 왕 중의 하나가 므낫세라고 할 수 있습니다. 성경은 그에 대하여 이렇게 평가합니다. "유다 왕 므낫세가 이 가증한 일과 악을 행함이 그 전에 있던 아모리 사람들의 행위보다 더욱 심하였고 또 그들의 우상으로 유다를 범죄하게 하였도다"(왕하 21:11).

착하고 선한 왕 히스기야는 예루살렘과 유다를 29년간 다스립니다. 그런데 악한 왕 므낫세는 예루살렘과 유다를 55년간 길게 통치합니다. 그동안 온갖 범죄를 저지르며 하나님 앞에서 악을 행합니다. 므낫세의 악행으로 인하여 하나님은 진노하셨고, 유다가 바벨론으로 잡혀갈 것이라는 예언의 말씀이 선지자를 통하여 전해집니다. "내가 내 소유인, 내 백성 가운데서 살아남은 사람을 모두 내버리겠고, 그들을 원수의 손에 넘겨주겠다. 그러면 그들이 원수들의 먹이가 될 것이고, 그 모든 원수에게 겁탈을 당할 것이다"(왕하 21:14, 새번역). 므낫세의 악행은 결국 모든 유다 백성에게 큰 짐이 되고 말았습니다. 유다의 심판을 가져오는 하나의 출발이 된 것입니다.

그런데 한 가지 흥미로운 사실이 눈에 띕니다. 므낫세가 왕위에 오른 나이입니다. "므낫세가 왕이 될 때에 나이가 십이 세라"(왕하 21:1). 히스기야왕이 죽은 다음에 므낫세가 왕위에 올랐으니, 성경의 흐름을 따라가면 므낫세는 히스기야왕이 덤으로 얻게 된 15년 사이에 얻은 자녀라는 사실을 알 수 있습니다. 아마도 병 나음을 얻은 후 3년쯤에 아이를 낳고, 그 아이가 12세가 되었을 때 히스기야가 15년의 삶을 마치고 열조에게 돌아갔다고 할 수 있습니다.

정리하면, 므낫세는 히스기야가 병들어 죽었다면 태어나지 않았을 아들입니다. 하나님이 생명을 연장해 주심으로 예정에 없던 아이가 태어난 것입니다. 그는 왕이 된 후에 하나님을 55년 동안 지속적으로 대적합니다.

돌이켜 생각하면 히스기야는 자신이 더불어 얻은 15년 동안에 의미 있는 일을 하지 못했다고 할 수 있습니다. 도리어 문제의 단초들만 만들어 내는 상황이 되고 말았습니다. 그가 더불어 살았던 15년의 삶은 이스라엘 백성에게 축복이 아니라 민족의 환란을 잉태하는 출발이 되었습니다. 히스기야가 이전에 하나님이 정하신 때에 열조에게 돌아갔다면 더 좋았겠다는 생각이 들기도 합니다. 오래 살면 더 잘 살 수 있을까요? 다시 이 질문으로 돌아옵니다.

주어진 삶의 시간에는 하나님의 뜻이 있다

예수님은 33세까지 살고 십자가를 지셨습니다. 만약 예수님이 그때를 모면하고 더 사셨다면 더 크고 놀라운 일을 하셨을까요? 우리가 알지 못한 더 크고 비밀스러운 일을 행하셨을까요? 물론 그렇게 하실 수도 있을 것입니다. 아마도 예수님이 더 사셨다면 병자들을 더 고쳐 주시고, 악한 귀신들을 물리치는 일도 더 하셨을 것입니다. 그렇지만 예수님은 33세라는 당신에게 주어진 인생을 꽉 채우고 가셨습니다. 그 시간을 온전하게 살아 내셨습니다. 십자가 사건은 예수님의 삶의 완성이기도 합니다. 종지부이면서 그분의 삶을 가장 충실하게 만들어 낸 멋진 순간이기도 합니다.

우리는 더 살고 싶어 합니다. 오래 살면 복이라고 말하기도 합니다. 물론 오래 살면 좋은 점도 많습니다. 저도 오래 살고 싶습니다. 그러나 오래 사는 것은 한편으로 또 다른 위기이기도 합니다. 저는 히스기야의 이야기를 읽으면서 이 말씀이 우리에게 주는 의미가 무엇일까를 곰곰이 생각하곤 합니다. 히스기야가 15년 동안 생명을 연장받은 말씀은 많은 사람에게 희망이 됩니다. 주님께 기도하면 우리의 기도를 듣고 생명을 연장해 주실 것이라는 기대를 갖게 하는 중요한 말씀이기도 합니다.

그러나 본문 뒤에 이어지는 말씀을 살펴보면서 이 말씀의 참뜻이 무엇일까를 깊이 생각해 봅니다. 마치 이 말씀은 이런 뜻 같습니다. 도마에게 예수님이 나타나셔서 "네가 보지 않고는 믿지 못하겠다고 했느냐? 그러나 보지 않고 믿는 자가 복이 있다"라고 하셨던 말씀과 닮아 있지 않을까 생각합니다(요 20:29 참조). 하나님은 병이 낫기를 원하며 주님 앞에 기도했던 히스기야에게 "그래, 병 낫기를 원하느냐. 내가 낫게 해 주마" 하며 고쳐 주셨습니다. 그런데 하나님은 이때 "네가 세상을 떠나서 내가 준비한 곳으로 와도 괜찮다. 충분히 넉넉하다"라는 말씀을 함께 하신 것이 아닐까 생각합니다.

어찌 죽음의 문제만이겠습니까? 사업이 힘들 때도 그러하고, 어려운 일을 당할 때도 그러합니다. 병들었을 때도, 심지어 죽음 앞에 설 때도 그러합니다. '하나님의 크신 뜻이 있겠지. 신실하신 하나님이 가장 좋은 길로 나를 인도하실거야.' 이것이 우리의 믿음이 되어야 하지 않겠습니까?

단 하루라도 주님의 선한 능력에 둘러싸여 살기를

마지막으로 안타까운 삶을 마감한 한 사람의 이야기를 하려고 합니다. 독일의 디트리히 본회퍼(Dietrich Bonhoeffer) 목사입니다. 본회퍼는 나치 정권에 저항하다가 잡혀 39세의 젊은 나이에 교도소에서 교수형을 받고 처형되었습니다. 1944년 12월 19일, 감옥에 있을 때 그는 한 편의 시를 써서 사랑하는 약혼자에게 보냈습니다. 그 시의 제목은 〈선한 능력으로〉(*Von guten Mächten*)입니다. 그리고 그는 100여 일이 지난 1945년 4월 9일에 교수형으로 세상을 떠났습니다. 지그프리트 피에츠(Siegfried Fietz)라는 작곡가가 이 시에 노래를 붙여서 많은 사람에게 불리도록 했습니다. 그 내용은 이렇습니다.

> 선한 능력에 언제나 고요하게 둘러싸여서
> 보호받고 위로받는 이 놀라움 속에
> 여러분과 함께 오늘을 살기 원하고
> 그리고 여러분과 함께 새로운 날을 맞이하고 싶습니다.
> 선한 능력에 우리는 너무 잘 보호받고 있으며
> 믿음으로 일어날 일들을 기대하고 있습니다.
> 하나님께서는 밤이나 아침이나 우리 곁에 계십니다.
> 또한 매일의 새로운 날에 함께하십니다.

본회퍼는 죽음이 바로 옆에 있는 것을 느끼고 있습니다. 이제 곧 사형이 집행될 것을 알고 있습니다. 그럼에도 "선한 능력이 나를 감싸고 있습니다"라고 고백합니다. 그리고 "나는 믿음으로 일어날 일들을 기대하고 있습니다"라고 이야기합니다. 본회퍼가 믿음으로 기대했던 것은 석방되거나 자유의 몸이 되는 것이 아니고, 죽음을 통해 생명으로 옮겨지는 것이었습니다. 더 오래 사는 것이 중요한 것이 아니라, 하루하루 주님의 선하신 능력에 둘러싸여서 살아가는 것이 진정한 기쁨이요, 행복이라고 그는 고백합니다.

훗날 강제수용소에서 본회퍼의 죽음을 바라보았던 담당 의사 피셔 휠스트룽(H. Fisher-Huellstrung)은 이렇게 회고합니다.

"나는 본회퍼 목사가 죄수복을 벗기 전에 바닥에 무릎을 꿇고 자신의 주 하나님께 진심으로 기도하는 모습을 보았다. … 어찌나 경건한지, 하나님이 그의 기도를 들어주셨다고 확신할 정도였다. 그는 형장에서 다시 짤막한 기도를 드린 다음, 계단을 밟고 교수대에 올랐다. … 처형은 몇 초 만에 끝났다. 나는 지난 50년간 의사로 일하면서 그토록 경건하게 죽음을 맞이한 사람을 본 적이 없다."

삶과 죽음은 함께 있습니다. 죽음은 너무도 우리 가까이에 있습니다. 더 오래 사는 것도 축복이지만, 오늘을 행복하게 사는 것이 더 큰 축복입니다. 하루하루 새롭게 살아가는 것이 축복입니다. 더 많이 가지는 것이 아니라, 내가 가지고 있는 작은 것으로 행복을 누리는 것이 축복입니다. 조금 더 사는 것이 아니라, 벅찬 감격으로 우리에게 주신 오늘 이 시간을 살아 내는 것이 진정한 축복입니다.

1. 당신은 몇 살까지 살기를 원합니까? 그 이유는 무엇입니까?

2. 히스기야처럼 생명이 더 연장된다면, 당신은 그 시간 동안 무엇을 하며 살고 싶습니까?

3. 히스기야의 이야기처럼 오래 사는 것이 언제나 복된 삶이 아니라면, 하나님이 기뻐하시는 복된 삶은 무엇일까요?

하나님은
믿음을 기억하신다

하나님께 어떤 사람으로 기억되고 싶은가

목회하는 중에 조금 당황스러운 현장을 만날 때가 종종 있습니다. 멀리서 성도님이 달려와 인사하면서 "저 기억하시겠어요?"라고 물을 때입니다. 조금 더 당황스럽고 잔인한 것은 "제 이름 기억하시겠어요?"라고 질문할 때입니다. 그럴 때는 이름이 기억나다가도 그 순간 잊어버리고 맙니다. 그래서 답을 제대로 하지 못하는 경우가 종종 있습니다.

사람은 누구나 자신을 기억해 주기를 바랍니다. 자신이 했던 일 중에서 자랑하고 싶은 것, 또 기억되고 싶은 것들을 누군가가 기억해 준다면 그처럼 좋은 일은 없을 것입니다. 어떤 사람이 우리를 기억하는 것도 매우 중요할 것입니다. 권위 있는 사람이나 사랑하는 사람, 가까운 사람이 좋게 기억해 준다면 정말 기쁠 것입니다.

당신의 가족들이 당신을 어떤 모습으로 기억할까요? '그냥 좋은 사람' 말고 당신이 했던 어떤 일들 중에 기억하는 것이 있을까요? 만약에 우리가 세상을 떠난다면 '그분은 이런 큰일을 하셨어'라고 기억할 만한 것이 무엇이겠습니까? 멀리 갈 것도 없이 자신에게 한번 물어보십시오. 자신의 인생을 자신이 가장 잘 알 테니 말입니다. 스스로 생각하기에 '내가 살아오면서 이것만은 잘했지. 이것만큼은 기억할 만해. 다른 사람들이 나의 인생 중에서 적어도 이것은 기억해 주었으면 좋겠어'라고 생각되는 것이 있다면 무엇입니까?

한 걸음 더 나아가 보겠습니다. 우리가 어느 날 하나님 앞에 설 때 하나님께 "하나님, 제가 그래도 이런 것은 하고 왔습니다. 하나님, 기억하시죠?"라고 말할 수 있는 것이 있다면 무엇일까요?

제가 이런 질문을 하게 된 이유가 있습니다. 느헤미야서를 읽으면서 제 마음속에 깊은 감동이 있었기 때문입니다. 느헤미야는 이스라엘 백성이 예루살렘으로 귀환할 때 3차 귀환자 명단 중에 있던 사람입니다. 남유다 백성은 바벨론에 포로로 잡혀간 후에 오랜 시간 바벨론에 머물게 되었습니다. 그러다가 50년쯤 지났을 때 1차로 바벨론에서 예루살렘으로 귀환하는 사람들이 생겨났습니다. 바사 왕 고레스가 칙령을 내려 잡혀 온 모든 백성으로 하여금 고향으로 돌아가 자신이 섬기는 신에게 예배할 수 있도록 허락해 주었기 때문입니다.

1차로 귀환했던 사람 중에는 스룹바벨과 많은 유대인이 함께했습니다. 그들은 예루살렘으로 돌아와서 가장 먼저 예루살렘 성전을 지었습니다. 그러고 나서 80여 년이 훌쩍 지난 후에 두 번째 귀환자들이 예루살렘으로 돌아오게 되었습니다. 그때 중심인물은 에스라였습니다. 율법을 읽고 회개하며 거룩한 백성으로 살아갈 것을 다짐하는 영적 부흥 운동이 에스라를 통해서 일어났습니다. 그리고 에스라가 예루살렘에 온 지 13년쯤 지난후에 세 번째로 느헤미야를 비롯한 많은 사람이 예루살렘으로 돌아오게 되었습니다.

당시 느헤미야는 바사의 고위 관료였습니다. 그는 왕의 술을 맡은 관원이었습니다. 지금은 하찮게 보일지 모르지만, 당시로서는 비서실장에 해당하는 일을 하던 사람입니다. 그는 자신의 고향에서 예루살렘 성벽이 무너져 내렸다는 소식을 듣고는 심히 슬퍼합니다. 그리고 왕에게 나아가서 그 사실을 이야기합니다. 그 후 자신의 고위직을 내려놓고 예루살렘으로 돌아갈 것을 결심합니다. 예루살렘의 총독이 되어서 예루살렘 성벽을 수축하는 일을 맡았던 사람이 바로 느헤미야입니다. 그는 주변의 많은 반대에도 불구하고 리더십을 발휘하며 예루살렘 성벽을 잘 수축했습니다. 또 백성을 한마음으로 모아서 예루살렘성을 온전하게 만들어 낸 사람이 느헤미야입니다. 이후에 많은 개혁을 했던 사람 또한 느헤미야입니다.

느헤미야서를 읽는 중에 반복해서 나오는 느헤미야의 기도에 마음이 갔습니다. 느헤미야서에 종종 나오는 문장입니다. "하나님, 이것을 기억하여 주십시오." 저는 이 문장을 읽을 때마다 느헤미야가 늘 하나님께 기도하는 마음으로 개혁을 단행했다는 사실을 알 수 있었습니다. 그러면서 한편으로는 저 자신을 돌아보게 되었습니다. 만약에 나라면 느헤미야와 같은 기도를 드릴 수 있을지 생각도 해 보았습니다. "만약 하나님이 '내가 너를 어떤 것으로 기억해 주면 좋겠느냐?'라고 물으실 때, 나는 어떻게 기억해 달라고 주님께 말씀드릴까?"라는 질문을 스스로 하게 되었기 때문입니다. 그러면서 스스로 "나를 기억하소서"라고 말한 느헤미야가 참 대단하다고 생각했습니다. 그래서 저도 같은 질문을 한 것입니다.

하나님 앞에서 열심히 그리고 정직하게

하나님 앞에서 "나의 이것을 기억해 주십시오"라고 말씀드릴 만한 것이 있습니까? 그것이 무엇입니까? 그것을 생각하면서 느헤미야의 이야기로 함께 들어가 보면 좋겠습니다. 느헤미야는 그의 기도 속에서 하나님께 무엇을 기억해 달라고 기도했을까요?

제일 처음 만나게 되는 느헤미야의 기도는 느헤미야 1장 8-9절에 나옵니다. "옛적에 주께서 주의 종 모세에게 명령하여 이르시되 만일 너희가 범죄하면 내가 너희를 여러 나라 가운데에 흩을 것이요 만일 내게로 돌아와 내 계명을 지켜 행하면 너희 쫓긴 자가 하늘 끝에 있을지라도 내가 거기서부터 그들을 모아 내 이름을 두려고 택한 곳에 돌아오게 하리라 하신 말씀을 이제 청하건대 기억하옵소서."

그는 예루살렘으로 돌아와서 총독의 직분과 모든 개혁을 시작하기 전에 먼저 하나님께 기도를 드렸습니다. 그 기도는 말씀 그대로입니다. 느헤미야는 하나님이 모세와 하신 약속인 "하나님을 멀리하면 하나님이 백성을 흩으시고, 백성이 하나님께로 돌아오면 다시 정한 자리로 그들을 불러들이신다"라는 말씀을 언급합니다. 그리고 "그 약속의 말씀을 이제 기억하여 주옵소서"라고 기도합니다.

여기서 '기억하다'에 사용된 히브리어는 '자카르'(זָכַר, zakar: remember)라는 단어입니다. 이 단어가 느헤미야서에 반복적으로 등장합니다. 우선 느헤미야는 하나님께 "모세에게 하신 그 약속을 기억하옵소서"라고 기도합니다. 이 기도의 의미는 무엇이겠습니까? "하나님이 하신 말씀을 기억하시지요?"라는 물음입니다. 동시에 하나님 말씀의 확실성을 신뢰하며 붙잡겠다는 단호한 태도입니다. "하나님, 과거에 하신 이 약속은 변치 않는 것이지요? 제가 이 약속을 붙잡고 예루살렘에서 개혁을 이루어 보려고 합니다. 하나님, 괜찮겠습니까?"라고 묻는 질문이라 할 수 있습니다.

아이들이 부모에게 종종 이런 이야기를 하곤 합니다. "아빠, 전에 아빠가 나에게 약속한 것 잊지 않았죠? 만약에 내가 학교에서 1등 하면 핸드폰 바꿔 준다고 했죠? 그러니까 아빠, 절대로 잊지 마세요." 이런 이야기와 비슷한 것입니다. 지금 느헤미야는 하나님의 약속을 먼저 붙잡으면서 "하나님, 이 약속 기억하시지요?"라고 묻고 있습니다. 이 말씀에 전적으로 순종해 보겠다고 고백하는 결의에 찬 기도입니다. 약속에 대한 전적인 신뢰가 들어 있는 태도입니다.

느헤미야는 이렇게 하나님의 약속에 대한 전적인 신뢰를 가지고 예루살렘의 개혁과 성벽을 수축하는 일을 감당하기 시작합니다. 이것이 그가 개혁자로 서는 출발점이었습니다. 그는 출발하는 그 자리에서 하나님의 약속을 붙잡았습니다.

두 번째로 '기억하소서'라는 탄원은 느헤미야 5장에 나옵니다. "내 하나님이여 내가 이 백성을 위하여 행한 모든 일을 기억하사 내게 은혜를 베푸시옵소서"(느 5:19). 무언가 자신 있는 태도입니다. 무언가 좀 칭찬받을 만한 일을 한 것 같습니다. 그래서 느헤미야는 당당하게 "내가 하나님께 한 이것을 기억해 주십시오"라고 이야기합니다. 한마디로, "내가 상 받을 만한 일을 했습니다. 하나님, 이것 잊어버리시면 안 됩니다"라는 말이기도 합니다.

도대체 무엇을 했기에 이렇게 당당하게 하나님께 이것 좀 기억해 달라고 말한 것일까요? 이 기도는 느헤미야가 예루살렘의 총독으로서 공적인 직위를 감당하던 삶과 관련되어 있습니다. 이 기도의 앞부분을 보면 느헤미야는 총독으로서 봉사하면서 마땅히 받아야 할 녹을 받지 않았다고 기록되어 있습니다(느 5:14 참조). 한 걸음 더 나아가, 다른 총독들과는 달리 올바른 총독이 되기 위해서 노력했다고 그는 증언합니다. "나보다 먼저 총독을 지낸 이들은 백성에게 힘겨운 세금을 물리고, 양식과 포도주와 그 밖에 하루에 은 사십 세겔씩을 백성에게서 거두어들였다. 총독들 밑에 있는 사람들도 백성을 착취하였다. 그러나 나는 하나님이 두려워서도 그렇게 하지 않았다"(느 5:15, 새번역). 느헤미야는 자신이 총독의 직무를 수행하는 데 있어서 하나님을 두려워하는 마음으로 바른 삶을 살았다고, 다른 이들을 착취하지 않고 도리어 자신이 받아야 할 녹을 받지 않았다고, 그렇게 성실하게 맡겨 주신 일을 감당했다고 말합니다.

그리고 더 나아가 날마다 자기 집에서 있었던 잔치에 대해서도 이야기합니다. 그는 유다 사람들과 관리 150여 명이 함께 매일 한 식탁에서 먹었다고 증언합니다. 그리고 이를 위해 자신은 매일 소 한 마리와 양 여섯 마리를 내어놓곤 했다고 증언합니다. 어마어마한 희생을 했다는 뜻입니다. 하나님이 맡겨 주신 공적인 사무와 사명을 감당하기 위해서 그는 열심히, 정직하게 살았습니다.

그리고 느헤미야는 이렇게 말합니다. "하나님, 제가 행한 이 모든 것을 기억해 주십시오. 그리고 저에게 은혜를 베풀어 주십시오." 저는 이 기도가 참 멋지다고 생각합니다. 교만함이 느껴질 수도 있습니다. 그러나 사실 그의 마음속에서 교만함보다는 하나님을 향한 진실한 마음이 느껴지지 않습니까? "하나님, 저 잘했죠? 이것만큼은 하나님이 기억해 주시기를 바랍니다. 저에게 맡겨 주신 일을 제가 이렇게 잘 감당했습니다"라고 기도한 것입니다.

내가 한 일들을 기억해 주소서

　　세 번째로 그는 하나님께 또 기억해 달라고 기도하는데, 이 기도의 내용은 조금 흥미롭습니다. 다소 뜻밖이기도 합니다. 한마디로 말하면, 악인들이 느헤미야에게 행한 모든 악한 일을 기억해 달라고 기도합니다.

　느헤미야서를 보면 끊임없이 그의 개혁을 반대하고 방해한 사람들의 이름이 나옵니다. 산발랏, 도비야 같은 사람이 그렇습니다. 모함하는 글을 왕에게 써서 조서를 올리기도 했고, 죽일 음모를 꾸며 여러 번 그를 살해하려고 노력하기도 했습니다. 성전 안에 자기 방을 몰래 만들어 살기도 했던 참으로 악한 사람들이었습니다. 느헤미야는 그들의 소행을 하나님이 꼭 기억해 달라고, 마치 고자질을 하듯이 하나님께 기도를 드립니다. "내 하나님이여 도비야와 산발랏과 여선지 노아댜와 그 남은 선지자들 곧 나를 두렵게 하고자 한 자들의 소행을 기억하옵소서 하였노라"(느 6:14). "나에게 못된 짓을 한 사람들을 기억해 주십시오. 하나님, 이 사람들을 잊지 말고 원수를 좀 갚아 주시면 좋겠습니다"라는 기도입니다. 이 말에 숨겨진 고백은 이렇습니다. "하나님, 제가 직접 원수를 갚지 않으렵니다. 제가 이 일에 관여하지 않겠습니다. 그러나 정의로우신 하나님이 이 문제에 관여해 주실 줄로 굳게 믿고 살겠습니다."

　느헤미야는 한 걸음 더 나아가, 마땅히 선한 일을 해야 할 제사장들의 탈선에 대해서도 기도합니다. 탈선, 다시 말하면 마땅히 해야 할 일을 하지 않고 악한 일에 가담하며 잘못된 일에 빠져든 제사장들과 레위인들을 향하여 하나님께 이렇게 탄원의 기도를 드립니다. "내 하나님이여 그들이 제사장의 직분을 더럽히고 제사장의 직분과 레위 사람에 대한 언약을 어겼사오니 그들을 기억하옵소서"(느 13:29).

하나님의 백성을 잘 관리해야 할 임무를 맡은 제사장들 중에 탈선한 사람이 일부 있었습니다. 느헤미야서에도 그런 인물들이 나옵니다. 그런데 느헤미야는 그들을 직접 처리하려고 하지 않습니다. 대신 하나님께 기도를 드립니다. "그들을 기억해 주십시오. 그들을 온전하게, 정의롭게 처단해 주십시오. 하나님께 모든 것을 맡기겠습니다"라고 기도합니다. 자신이 그들에게 직접 징벌을 내리지는 않지만, 하나님이 그들의 악함을 심판하고 적절히 보응해 주실 것을 굳게 믿는 태도라 할 수 있습니다.

우리는 때로 악인의 왕성함이나 지도자들이 탈선하는 모습을 보면서 하나님이 계시는지 질문을 던질 때가 있습니다. 이런 하나님이라면 안 믿겠다는 마음을 가질 때도 있습니다. 그런데 느헤미야는 그렇게 하지 않았습니다. 느헤미야는 하나님의 계심의 진실성을 믿었습니다. 하나님이 그들을 반드시 처단하고 징벌하며 바로 세우실 것이라는 사실을 믿고 있었습니다. 그래서 그는 하나님께 그들을 기억해 달라고 기도했습니다.

그리고 네 번째로, 느헤미야는 또다시 기억해 달라는 기도를 드립니다. 제사장 중에 탈선하고 악한 일에 가담한 이들도 있었지만, 그렇지 않은 이들도 있었습니다. 제사장과 레위인들은 하나님의 일을 해야만 했던 사람들이었고, 그들 중에는 하나님의 일을 올바르게 하기 위해서 노력하는 이들도 있었습니다. 그런데 그들에게는 한 가지 문제가 있었습니다. 제사장과 레위인들이 먹을 것을 제대로 얻을 수가 없어서 생계를 위해 다른 곳으로 가야 하는 상황이 펼쳐진 것입니다. 왜입니까?

하나님은 이스라엘에 열두 지파를 세운 다음 열한 지파에게는 땅을 분깃으로 주고 그 땅에서 소산을 얻도록 해 주셨습니다. 그러나 레위 지파만큼은 땅을 주지 않으셨습니다. 분깃이 아닌 첫 곡식들과 십일조를 통해서 하나님께 드려지고 남은 것을 레위인들과 제사장이 먹고살 수 있도록 배려해 주셨습니다. 그런데 세월이 지나갈수록 그 일이 제대로 이루어지지 않았습니다. 살기가 어려웠기 때문인지 많은 지파의 사람들이 십일조를 내지 못했습니다. 첫 곡식을 하나님께 바치기도 어려워했고, 하나님께 무언가를 드리는 일을 쉽게 할 수 없었습니다. 믿음도 점점 약해지고 있었습니다. 그것을 본 느헤미야는 하나님의 율법을 따라서 제사장들과 레위인들이 생계를 유지할 수 있게 만듭니다. 이스라엘 백성이 하나님께 드린 제물을 받게 하고 성전 예배를 이어 갈 수 있게 합니다.

보이는 성전으로서 스룹바벨 성전은 오래전에 이미 완성되었습니다. 그렇지만 성전의 기능이 제대로 돌아가게 하기 위해서는 레위인들과 제사장들의 역할이 매우 중요했습니다. 그래서 느헤미야는 모든 제사장을 위해 백성으로 하여금 성전세를 내게 합니다. 또한 첫 곡식과 십일조를 바치게 하는 등의 노력을 합니다. 그리고 안식일을 제대로 지킬 수 있도록 장사하는 사람들이 들어오는 것도 막습니다. 온전한 제사가 드려질 수 있도록 모든 일을 감당해 냅니다.

이 모든 일을 마친 후에 느헤미야는 하나님께 기도드립니다. "내 하나님이여 이 일로 말미암아 나를 기억하옵소서 내 하나님의 전과 그 모든 직무를 위하여 내가 행한 선한 일을 도말하지 마옵소서"(느 13:14). 이 기도의 의미가 무엇이겠습니까? "내가 하나님의 전을 위하여 한 일, 하나님의 뜻에 부합하는 일을 위하여 한 일을 하나님, 기억하여 주십시오. 이것을 도말하지 말아 주십시오." 그는 이렇게 기도했습니다.

느헤미야가 기도한 제목들을 하나씩 살펴보다 보면 정말 알맞은 기도를 했다는 사실을 깨닫게 됩니다. 첫째, "하나님, 하나님의 말씀을 꼭 기억하여 주십시오. 저는 이 말씀을 붙잡고 갈 것입니다." 둘째, "하나님, 하나님이 저에게 주신 공적인 직무를 잘 감당했습니다." 셋째, "하나님, 하나님의 일을 하면서 악을 행한 사람을 많이 보았습니다. 제가 그들을 직접 어떻게 할 수는 없지만, 하나님이 모든 것을 기억하여 주실 줄 믿습니다." 마지막으로, "하나님, 내가 교회와 하나님의 일, 성전을 위하여 한 일을 기억하여 주십시오." 이렇게 그는 기도했습니다.

느헤미야는 아마 하나님 앞에 대면하여 섰을 때도 이런 말을 하지 않았을까 생각합니다. 참 멋진 사람입니다. 그리고 당신에게 이런 권면을 하고 싶습니다. 우리도 느헤미야처럼 당당하게 기도할 수 있는 사람이 됩시다.

나를 기억해 주소서

그런데 한편으로 말씀을 들으면서 이런 생각을 하는 사람이 있을지도 모릅니다. '목사님, 그 말씀을 조금 더 일찍 들었으면 좋았을 텐데 제가 이미 다 늙어 버렸습니다. 이제 더 이상 힘도 없고요. 이미 공직에서도 다 물러나고 권한도 없습니다. 교회에서도 이미 모든 직분을 다 내려놔서 더 이상 할 일이 별로 없습니다. 이럴 때 저는 어떻게 기도해야 합니까?' 또는 이런 생각을 하는 사람도 있을지 모릅니다. '저는 느헤미야보다는 산발랏, 도비야 같습니다. 저는 못된 짓만 했습니다. 그런데 제가 하나님 앞에 무엇으로 저를 기억해 달라고 감히 이야기하겠습니까?'

저도 사실은 느헤미야의 이야기를 읽으면서 자신이 별로 없었습니다. 그래서 혹시라도 희망이 되는 말씀이 없을까 하는 마음으로 신약성경을 읽었습니다. 그러던 중에 한 말씀이 저의 시선에 들어왔습니다. 예수님이 십자가에 달리신 장면입니다. 그 장면에서 한 강도가 예수님께 이렇게 기도하지 않습니까? "이르되 예수여 당신의 나라에 임하실 때에 나를 기억하소서 하니"(눅 23:42). 이 강도에게 하나님의 아들 예수님께 자신을 기억해 달라고 할 만한 내용이 있었을까요? 어떤 자랑거리가 있었을까요? 그는 많은 죄를 짓고 사형 선고를 받아 지금 십자가에 달려 죽어 가는 중입니다. 내놓을 것이 하나도 없지 않습니까?

그는 예수님께 "내가 한 이것을 기억해 주십시오"라고 기도할 수 없었습니다. 그래서 그는 "주 예수여, 당신의 나라에 가실 때 나를 좀 기억해 주십시오"라고 기도했습니다. 이 기도의 내용은 어떤 것입니까? "저는 죄인입니다. 내세울 것 하나 없고, 하나님께 드린 것도 없습니다. 저는 하나님이 주신 인생을 제대로 살지도 못하고 아무것도 한 게 없습니다. 그런데 하나님, 저를 불쌍히 여겨 주시면 안 되겠습니까? 저를 기억해 주시면 안 될까요?" 이것이 강도의 기도였습니다.

이것이 구약과 신약을 나누는 매우 중요한 관점의 차이이기도 합니다. 구약에서는 '우리가 어떻게 삶을 통해서 하나님께 영광을 돌릴 수 있을까'를 고민합니다. 물론 신약에도 그 고민이 있지만, 그보다 '나 같은 죄인도 주님이 사랑하신다'라는 사실을 깨닫는 것이 가장 중요합니다.

한 강도가 주님께 기도합니다. "하나님, 저는 내세울 것이 하나도 없습니다. 그러나 저를 불쌍히 여기고 기억해 주시면 안 되겠습니까?" 그때 우리 주님이 말씀하십니다. "네가 오늘 나와 함께 낙원에 있을 것이다." 이것이 은혜입니다. 그러므로 우리는 은혜받은 사람들입니다.

느헤미야와 같이 살 수 있기를 바랍니다. 그리고 그런 결단이 있기를 바랍니다. 혹시 우리의 죄가 너무 커서 하나님 앞에 나아갈 수 없을지라도 우리는 주님께 기도할 수 있습니다. "하나님, 나를 기억하소서. 나 같은 죄인을 기억하소서." 그때 주님은 우리를 맞아 주시고, 우리를 새롭게 해 주실 것입니다. 이 믿음으로 살아가는 소망의 성도가 되기를 바랍니다.

질문과 나눔

1. 당신은 사람들에게 어떤 모습으로 기억되기를 바랍니까? 가장 가까운 가족에게는 어떤 모습으로 기억될 것 같습니까?

2. 그렇다면 당신은 하나님에게 어떤 모습으로 기억될 것 같습니까? 그렇게 생각하는 이유는 무엇입니까?

3. 느헤미야처럼 '나를 기억해 주십시오'라는 내용으로 기도문을 작성하고 나누어 보십시오.